U0615913

国土空间利用评价研究

周 兴 潘晓桦 庞 丽 李文辉 著

广西科学技术出版社
·南宁·

图书在版编目（CIP）数据

国土空间利用评价研究 / 周兴等著 . -- 南宁：广西科学技术出版社，2024. 11. --ISBN 978-7-5551-2337-8

Ⅰ . F129.9

中国国家版本馆 CIP 数据核字第 2024LW9487 号

GUOTU KONGJIAN LIYONG PINGJIA YANJIU

国土空间利用评价研究

周兴　潘晓桦　庞丽　李文辉　著

责任编辑：丘　平　　　装帧设计：梁　良
责任校对：冯　靖　　　责任印制：陆　弟

出 版 人：岑　刚　　　出版发行：广西科学技术出版社
社　　址：广西南宁市东葛路 66 号　　　邮政编码：530023
网　　址：http：//www.gxkjs.com

经　　销：全国各地新华书店
印　　刷：广西民族印刷包装集团有限公司

开　　本：787 mm × 1092 mm　1/16
字　　数：220 千字
印　　张：13.25
版　　次：2024 年 11 月第 1 版
印　　次：2024 年 11 月第 1 次印刷
书　　号：ISBN 978-7-5551-2337-8
定　　价：60.00 元

前言

国土空间利用评价是国土空间规划、国土空间管理等方面的基础性工作，是促进国土空间合理利用与保护的技术手段。国土空间利用评价的范围广泛，评价类型多样。本书主要在国土空间利用功能特征、国土空间利用冲突、国土空间利用质量3个方面开展评价，将理论与实践相结合，内容共3篇12章。

上篇为国土空间利用功能特征评价篇，包括第一章至第四章。第一章分析了国土空间利用功能特征评价的目的和意义。第二章分析了国土空间利用功能特征评价的研究概况。第三章探讨了国土空间利用功能特征评价的相关概念、理论基础和具体方法。第四章以广西沿海地区为例，分析了广西沿海地区国土空间利用功能的时空格局特征和空间聚集特征，探讨了广西沿海地区国土空间利用功能协调机制及协调关系，研究了广西沿海地区国土空间利用功能驱动因子及国土空间利用功能时空分异的驱动机理，提出了广西沿海地区国土空间利用功能提升对策。

中篇为国土空间利用冲突识别篇，包括第五章至第八章。第五章分析了国土空间利用冲突识别的目的和意义。第六章分析了国土空间利用冲突识别的研究概况。第七章探讨了国土空间利用冲突识别的相关概念、理论基础、具体方法和国土空间利用冲突权衡决策方法。第八章以广西贵港市为例，对贵港市国土空间适宜性进行了评价，以国土空间适宜性评价为主要依据，对贵港市国土空间利用潜在冲突强度和类型进行了识别，并对国土空间利用现状冲突进行了识别，同时，对贵港市国土空间利用潜在冲突和利用现状冲突分别进行了权衡决策。

下篇为国土空间利用质量综合评价篇，包括第九章至第十二章。第九章分析了国土空间利用质量综合评价的目的和意义。第十章分析了国土空间利用质量综合评价的研究概况。第十一章探讨了国土空间利用质量的概念及国土空间利用质量综合评价的理论基础和具体方法。第十二章以广西贵港市为例，以乡镇为评价单元，建立了贵港市国土空间利用质量综合评价指标体系，对贵港市国土空间利用质量进行了综合评价，划分为高质量、中等质量和低质量的国土空间类型，并针对不同类型的国土空间利用提出了质量提升对策。

本书出版得到了南宁师范大学自然资源与测绘学院、北部湾环境演变与资源利用教育部重点实验室和广西地表过程与智能模拟重点实验室的资助。本书的撰写参考了国内外有关学者的相关成果及论文，在资料收集的过程中得到了广西各级政府及相关部门的大力支持和帮助，在此对给予帮助的领导、专家和部门一并表示最诚挚的谢意！

由于著者水平有限，本书的错误和不妥之处在所难免，敬请读者批评指正。

著 者

2024 年 9 月

目录

上篇

国土空间利用功能特征评价

第一章　国土空间利用功能特征评价的目的和意义

第一节　国土空间利用功能特征评价的目的

随着社会经济的发展，我国亟须建立国土空间利用新格局。当前工业化和城镇化驱动的建设用地快速扩张，导致国土空间出现农业空间缩小、生态系统退化等问题，加之城镇、农业、生态空间功能的冲突加剧，国土空间利用与合理布局面临更为复杂严峻的挑战与考验。为此，2019 年发布的《中共中央 国务院关于建立国土空间规划体系并监督实施的若干意见》强调，要科学有序统筹布局生态、农业、城镇等功能空间，强化底线约束，为可持续发展预留空间。国土空间利用功能的演变特征及协调关系作为国土空间优化的重要基础（邹利林等，2022），在生态文明建设的大背景下，亟须从区域自然生态现状与人类生产生活阶段特征着手，深入探索国土空间利用功能演变规律及其相互作用关系，并按照地域空间主体功能的发展与优化目标，建立高效和谐、秀美健康、持续安全及适度宜居的国土空间格局，以此作为新时代应对我国经济快速发展、社会全面转型带来的挑战的重要途径，也是建设生态文明的关键举措。广西沿海地区作为促进经济高质量发展的重要地带，随着近些年“一带一路”倡议、西部陆海新通道等众多促进西部沿海地区发展的措施相继落地，以及一系列国际开放合作窗口先后搭建，沿海地区人地关系日渐复杂，致使国土空间利用功能时空分异特征日渐显现，功能间的相互作用关系日趋明显，因此，广西沿海地区亟须建立国土空间利用新格局，以促进资源的高效利用和合理配置，推动经济社会的高质量发展。

推进空间用途管制和落实国土空间规划需要探明国土空间利用功能开发利用现状。国土空间用途管制与国土空间规划是增强空间治理能力的关键手段，由国土空间资源与要素构成，满足人类生存和发展的国土空间利用功能是落实国土空间规划和开展特殊管制的重要依据（姜海等，2021）；明晰其定位、相互作用关系、区域划分既是推进用途管制，强化底线控制的先决条件，又是落实国土空间规划，加快国土空间治理现代化的重要一步。伴随国土空间“三线”[①]的落地，各地明晰国土空间利用功能用地现状和布局方向的迫切性进一步增强，由此，探明国土空间利用功能演变规律成为摸清国土空间资源现状和缓解空间矛盾的重要基础。通过行政单元构建指标体系和根据土地利用现状数据归并功能类型的方式相结合，在中微观尺度下探讨区域内部、区域与区域间的国土空间利用功能时空异质性，掌握广西沿海地区国土空间利用功能演变的驱动因素及其发展规律，并从摸清国土空间利用功能的开发利用现状出发，准确判断沿海地区国土空间利用结构优化方式，能为沿海地区推进空间用途管制和落实国土空间规划提供参考。

沿海地区国土空间利用功能的协调与提升事关区域高质量发展。广西沿海地区国土空间竞争与协调之间的冲突日趋凸显。在新发展格局构建、“一带一路”倡议实施及海洋强国建设的背景下，沿海地区是陆海统筹、对外交流合作及区域发展集散的关键区域。广西沿海地区作为我国西部大开发与西部海上对外人文交流、经贸往来的重要窗口，在我国西部地区向海发展和国际开放发展中居于重要地位。然而，受历史原因和现实条件影响，该区域科技创新人口基数较低、产业链不够完善、市场竞争力有待增强，同时面临自然灾害频繁、生态破坏、土地粗放利用等问题。西部大开发的深入开展、广西北部湾经济区的建立、北钦防一体化战略实施、中国—东盟自由贸易区的建设等战略都对广西沿海地区国土空间利用功能变化与互动关系产生了重要影响，城镇功能用地挤占农业用地或生态功能用地，国土空间功能冲突与空间矛盾逐渐加剧，因此提升国土空间利用功能质量事关国土空间可持续利用与区域高质量发展。

沿海地区国土空间利用功能特征的研究可为协调沿海地区人地关系与提升国土空间治理水平提供参考依据。党的十八大以来，随着生态文明建设纵深推进，国土空间利用研究逐渐从东部经济重点区、黄河流域、长江流域、生态脆弱区及平原区向陆海交错带、西部生态敏感区延伸，西部沿海地区的国土空间利用问题受到越来越多研究者的重视。广西沿海地区作为西部海上对外经贸合作的重要区域，受历史因素与特殊地理条件的影响，国土空间结构与功能快速变化，各区域的国土空间利用功能时空分异格局日渐显现，功能间的相互作用关系日趋明显，亟待探明国土空间利用功能变化及其功能间的相互作用关系。现今，西部沿海地区国土空间利用功能研究尚未获得研究者的充分重视，在国土空间规划探索与陆海统筹发展的新时期

①“三线”是指分别对应城镇空间、农业空间、生态空间划定的城镇开发边界、永久基本农田保护红线、生态保护红线三条控制线。

下，“城镇 – 农业 – 生态”功能的分类体系、评价及相互作用关系的定量分析，以及中微观尺度下冲突激烈的沿海区域国土空间利用功能演变和提升的对策探索仍有待完善。因此，剖析沿海地区国土空间利用功能特征及其功能间的相互作用关系，探索国土空间利用功能演变的驱动机制，研究国土空间利用功能的提升对策，有助于把握国土空间利用功能在沿海地区城镇化与乡村振兴进程中的演变规律，可为协调沿海地区人地关系与提升现代化空间治理水平提供理论依据和实践经验。

第二节　国土空间利用功能特征评价的意义

国土空间利用功能格局演变与协调关系是国土空间利用评价研究的重要内容。探讨国土空间利用功能及演变的基本概念、国土空间利用功能特征评价的理论基础和方法，探析国土空间利用功能演变特征与驱动机理，揭示国土空间利用功能协调特征，提出国土空间利用功能提升对策，不仅能丰富国土空间利用功能理论体系，还能为国土空间利用研究提供理论基础和新视角，具有重要的现实意义。

加快广西沿海地区国土空间高质量发展，需要优化国土空间“城镇 – 农业 – 生态”功能总体格局，形成更加高效和谐、秀美健康、持续安全及适度宜居的国土空间。广西沿海地区生态系统与地理空间错综复杂，在经济发展与生态保护矛盾日趋激烈的背景下，国土空间利用冲突形势发生了巨大变化，研究广西沿海地区国土空间“城镇 – 农业 – 生态”功能演变趋势、协调关系及提升对策，对加快广西沿海地区国土空间高质量发展具有重大现实意义。本研究介绍的国土空间利用功能特征评价方法可以为其他地区开展国土空间利用功能特征评价研究提供参考思路和借鉴。

第二章　国土空间利用功能特征评价研究概况

第一节　国土空间利用功能分类研究

一、国土空间利用功能分类的研究尺度

尺度是表示观察或探讨的目标或阶段的时空范畴和分辨单位（Wiens J A，1989）。地理形态特征与过程的演变变化、时空分异、彼此关联都依存于尺度，评价结果会根据尺度的差异而改变，因此在不同的时间和空间特征下探讨同一目标或不同目标时，需选取合适的评价指数与对应的幅度或粒度，最后确定恰当的研究尺度（邬建国，2007）。当前，地理网格与行政单元是国土空间利用功能的研究尺度。地理网格载体的基础为栅格单元，国土空间利用功能类型在各个网格中至少存在一种，才能使分析结果的空间量化更加精细（刘继来等，2017；张振龙等，2022；张扬等，2022）。行政单元的分析信息载体与基本评价单元为矢量面元，根据国家、省（自治区、直辖市）、市、县、乡（镇）等行政范围线进行识别，以便进行区域横向比较分析。通常会按照各自的研究区域选择恰当的评价单元，如全国区域一般选择省域或经济区开展时空演变规律和结构分析（张红旗等，2015；Tao et al.，2014）。瞄准市 / 县单元的特殊地貌区、流域尺度的国土空间利用功能地理分异特征研究，细化了国土空间利用功能分析的尺度范畴，地方特征也被凸显出来，结果发现自然资源禀赋、社会变化、经济发展水平的差异对国土空间利用功能时空分异特征及走向的驱动作用迥异（焦庚英等，2021；赵筱青等，2019；柳冬青等，2019）。随着多源数据的不断扩展，评价单元进一步微观化，根据镇域或村域划分的中心城市、乡镇国土空间利用功能类型划分、演变规律、结构优化、价值提升等研究分析逐步深化（程宪波等，2022；李欣等，2020；黄安等，2018；李广东等，2016），或者镇域下的斑块、网格尺度的功能水平测度及空间分异特征分析逐渐增多（张振龙等，2022；Taleai et al.，2007；李思楠等，2020）。近年来，研究者根据各自的研究区范围选取了相匹配的评价单元，一般侧重探索对评价单元改变的驱动作用，评价单元逐渐趋向精细化，但鲜有探索幅度改变的驱动作用，因此，尚需

完善全面的尺度体系，兼顾中观与微观尺度研究。此外，对中心城市、特殊地貌区、长江流域、黄河流域等地域的集成研究和运用较为重视，对小尺度典型区域的探索还需进一步强化。在乡村振兴的背景下，过去围绕城市开展各项研究的状况已逐步向乡村转变，但是典型村域的案例分析与综合运用仍处于初步探索时期，成熟的模式尚未得到有效提炼。同时，国土空间利用功能是一个特殊的系统，尺度存在显著的递变性，不同的尺度需要侧重的探究点各不相同，必须对国土空间利用功能的尺度递变与功能表达进行强化研究（见图 2–1）。

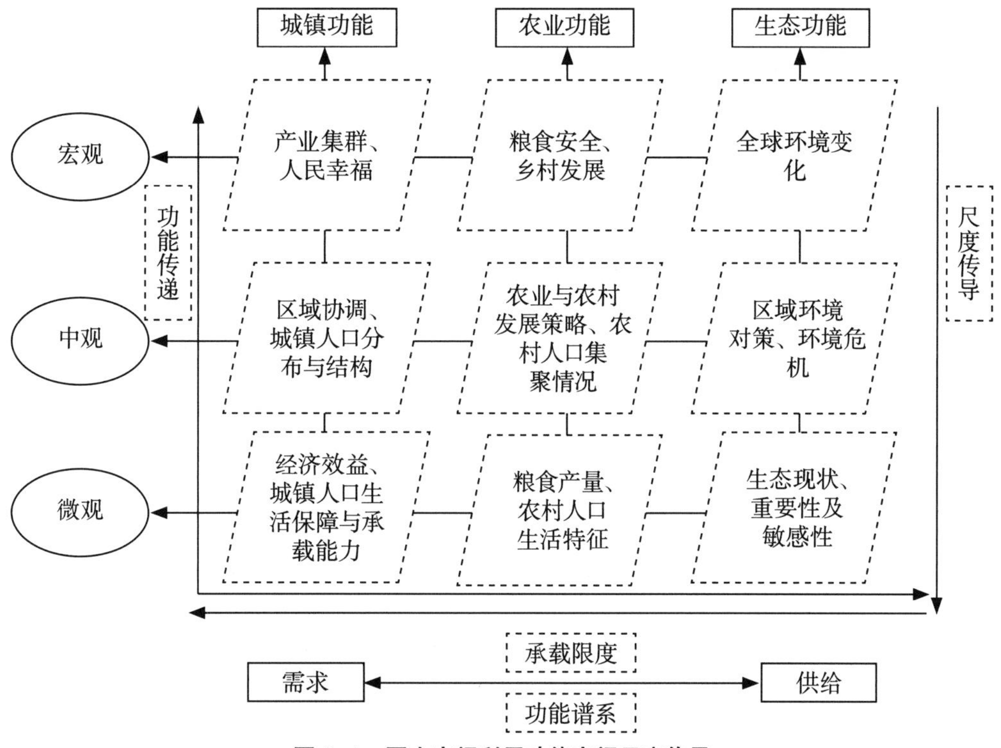

图 2–1　国土空间利用功能空间尺度传导

二、国土空间利用功能分类的研究视角

关于国土空间利用功能分类的研究视角，按照主导目的和利益主体的差别，根据各自属性的差异可以划分为 6 种类型：以主体功能为导向的国土空间利用功能分区、基于土地利用主导功能的国土空间利用功能识别、基于主题要素的国土空间利用功能分析、综合主观用地意图的国土空间利用功能研究、“城镇－农业－生态”空间功能识别、空间管制（见表 2–1）。

表 2-1　国土空间利用功能分类研究视角

研究视角	研究方向	代表人物
①以主体功能为导向的国土空间利用功能分区	与主体功能区规划相衔接，根据人口分布、产业发展、资源现状等探讨其主体功能并作为划分依据	樊杰、刘传明、李传武、朱跃
②基于土地利用主导功能的国土空间利用功能识别	以土地利用功能为划分的主要原则，分析国土空间中的生产、生活、生态功能，以主导功能作为其主要划分依据	徐磊、梁小英、徐雯雯
③基于主题要素的国土空间利用功能分析	基于“要素－功能”思路，从功能角度融合生态环境、土地资源、社会经济等国土空间不同主题要素，探究国土空间利用功能水平和可持续发展的密切关系	杨忍、葛世帅
④综合主观用地意图的国土空间利用功能研究	按照国土空间所产生的产品服务类型进行分类，如生产功能以生产农业产品、工业产品为依据；生活功能以获得服务产品为依据；生态功能以满足生态需求为依据	张红旗、赵筱青、刘春芳
⑤“城镇－农业－生态”空间功能识别	以“三区”*空间功能为划分的主要原则，探讨国土空间中的城镇、农业、生态功能，其主要分类依据以主导功能为主	巩垠熙、李思楠
⑥空间管制	以国土空间“三线”为分类底线，衔接国土空间规划	王亚飞、冉娜、岳文泽

注：*“三区”指城镇空间、农业空间、生态空间三种类型的国土空间。

（一）以主体功能为导向的国土空间利用功能分区

“主体功能”表示区域内所赋予的主要功能，对其区域的空间属性与变化趋势起着关键性作用，以期处理好开发与保护之间的冲突来优化空间结构，达到区域协调发展的目的（樊杰，2007）。国外尚未有与“主体功能区规划”一致的术语，但其实际上还是分区管制（空间管制的典型方式）。目前，国外做了较多的研究与实证探索。一是基于可持续发展理念，构建经济实力、土地利用压力、社会整合度等7项空间发展评价指标来探讨国土空间发展、平衡和保护三者的协调关系（Weiland et al.，2010；King et al.，2003；Babcock et al.，2005）。二是根据区域问题、自然本底、生态现状、文化风俗等条件，应用主导因素法及其他多种方法进行标准区域划分（Hamoudi et al.，2012；Talen et al.，2016；Shertzer et al.，2018）。国内主体功能的研究多基于"十一五"规划的提法并持续深化。目前较高层面的区划适合四类功能区的观点较为统一，而部分研究者表示因为划分区域较小，低于省级的区划应该突破四类功能区的限制，可根据功能亚区等功能类别的扩展来更合理地表征不同尺度的功能区别（刘传明等，2007；李传武等，2010；樊杰，2013）。随着国家将推进主体功能区战略纳入生态文明建设的重要任务之一，国土空间利用从过去的以开发方式为主导转向以主导功能为导向，并从内涵解析、配套政策、指标体系等方面展开了主体功能区系列研究（刘金花等，2013；樊杰，2015）。2019 年《中共中央 国务院关于建立国土空间规划体系并监督实施的若干意见》印发后，中国国土空间规划开启了"多规合一"的新篇章，以主体功能为导向的国土空间规划研究迈上了新的台阶。樊杰（2021）探索了基于主体功能区划开展空间规划的路径；解永庆等（2021）认为省级国土空间规划编制应以主体功能区为基础，并从要素、空间、配套等方面提出了建议；朱跃等（2021）通过探究皖南旅游区的乡村主体功能特征，发现不同的主体功能区存在显著异质性，旅游休闲、生态服务功能、农业生产比重分别呈现出增长、下降、下降的趋势。总而言之，以主体功能为导向识别国土空间利用功能已成为国土空间规划的重要部分。

（二）基于土地利用主导功能的国土空间利用功能识别

多功能的含义起源于农业多功能，具有粮食生产、景观保持等功能（Maier et al.，2001；König et al.，2014），后被应用到土地多功能研究中，结合可持续发展理论深入探讨土地利用多功能的时空规律。随着研究的持续深入，国土空间利用功能评价、演变特征、影响机制探索逐步成为国内研究的重点，且功能划分类型不断扩展，由单一类型向复杂类型转变，但目前还未形成统一标准，主要根据可持续发展理论与系统论两个方面进行探讨。从可持续发展理论进行的国土空间利用功能分类主要来自土地可持续性利用研究，学者基于社会、经济、生态 3 个可持续发展维度，将功能归纳为社会（促进社会保障、文化休闲服务，支撑就业的功能）、经济（开展第一产业、第二产业、第三产业生产并提供其产品与服务的功能）、生态（保障生态安全，带来生态资源与服务的功能）功能 3 类（Pérez-Soba et al.，2008）。而围绕系统论的国土空间利用功能研究则是将国土空间利用功能视为由众多子系统构成的复杂系统（梁小英等，2014），将其功能归结为生产、社会、生态功能，或者生产、生活、生态功能，同时有研究者认为生态功能是其他功能的先决条件，对国土空间利用功能起着基础性作用。伴随国土空间利用功能的持续探索，以土地功能为主导的国土空间利用功能研究逐渐深入发展，同时学术界对各个方面的功能分类更加细化，如生产功能进一步细化为农业生产、非农业生产、经济发展功能；生活功能细化为生活保障、人居服务等功能；生态功能细分为生态维持、生态调节等功能（徐磊等，2018）。为有效衔接国土空间规划中“城镇 – 农业 – 生态”空间的划定，近年来部分学者已从“三生空间”[①]功能分类向“城镇 – 农业 – 生态”功能分类延伸（徐雯雯等，2021；林树高等，2022），具有鲜明的分类导向性（见图 2–2）。

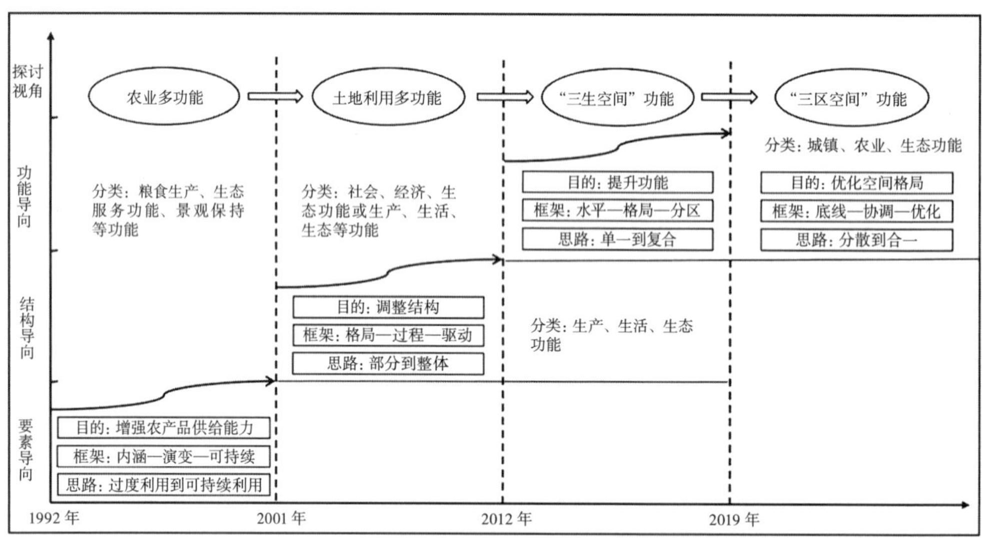

图 2–2　国土空间利用功能分类视角演变

（三）基于主题要素的国土空间利用功能分析

社会、经济、生态等可持续发展要素是国土空间的重要组成基础，有研究者集成众多主题要素作为着手点，根据各自的探讨角度建立了国土空间利用功能评价指标体系，探究国土空间利用功能水平和可持续发展的密切关系。如 Akadiri S S 等（2019）采用 1973—2014 年的时间序列数据，探索经济与环境的互动关系；杨忍等（2015）运用耦合协调度模型探讨了人口、土地、产业等主题要素之间的协同演化关系；Momblanch A 等（2019）通过“水 – 粮食 – 能源 – 环境”的关系来剖析水资源对社会变革与国土空间变化的影响；葛世帅等（2021）以黄河经济带为研究区，剖析城市化与生态环境的时空耦合关系，结果表明两者在该区域的耦合协调度具有

① “三生空间”是“生产空间、生活空间和生态空间”的简称，是我国新时期国土空间开发优化的重要风向标。

显著的空间异质性与行政指向性。以上研究均是从社会、经济、自然环境等主题要素展开，但鲜有重视城镇、农业、生态功能主体，在协调国土空间时对“三区”功能的协调程度理解不够，难以缓解空间冲突。

（四）综合主观用地意图的国土空间利用功能研究

由于国土空间利用功能具有明显的交互重叠，有学者在功能分类的过程中，基于利用视角充分考虑了人的主观意图。如张红旗等（2015）按照用地意图，结合不同区域的社会经济状况，将地类分为生态用地、生产生态用地、生态生产及生活生产用地，其中，考虑裸岩石砾地、苔原、盐碱地等具有良好的生态效应，故将其划为生态用地。随后，研究者根据尺度与发展需要对这种分类方式展开了归并，如凌子燕等（2022）将地类分成生产用地（农业生产用地、工矿生产用地）、生活用地（城镇生活用地、农村生活用地）、生态用地（绿地、水域、潜在生态用地）；刘春芳等（2019）根据居民的生产、生活与生态行为进行功能分类，探索“人本化”空间优化逻辑。随着国土空间规划的进一步推进，学者由“三生”空间功能用地延伸至“三区”空间功能用地，如赵筱青等（2019）结合“三区”空间功能用途将地类分为城镇功能用地（商服用地、工矿仓储用地等）、生态功能用地（林地、草地等）、农业功能用地（耕地、园地等）。该类功能分类方式精简了过程，对国土空间利用功能的主体进行了考虑，同时凸显了国土空间主导功能，然而该类方式也限制了各地类的多功能利用，地类的简单归并不利于空间功能分区管控。

（五）“城镇－农业－生态”空间功能识别

相互依托的城镇化与工业化使得生产与生活功能密切相关，且城乡产业发展、生活习俗存在明显不同，而“三生空间”功能的划分具有交互重叠性，这不利于中小尺度的靶向判别，也使得国土空间难以被管控。以主体功能区划为基础推进“多规合一”的国土空间规划深度实践，划定“三区三线”，以达到科学管控国土空间的目的。以城镇、农业、生态为主导的国土空间利用功能已成为国土空间研究的重点，目前部分研究者对国土空间进行了城镇、农业、生态功能分类。如李思楠等（2021）通过构建城镇、农业、生态功能分类体系剖析了喀斯特地区的国土空间利用功能水平；巩垠熙等（2021）从资源环境承载力、空间开发适宜性的实际出发，应用多元信息与分类模型探究了市县国土空间利用功能分区。由此可见，以城镇、农业、生态为指向的国土空间利用功能类型的划分已成为决策者与研究者关注的关键问题之一。

（六）空间管制

该视角主要服务于管理部门的决策者，目的是为满足人类需求的国土空间而实施的各种、各级规划体系，以便科学安排国土空间各类用地。研究者以生态保护红线、永久基本农田保护红线、城镇开发边界的“三线”为底线确定功能区，以“多规合一”为指引，凸显用地的主导功能，关注国土空间的多功能性和复合性（冉娜等，2018；王亚飞等，2019；岳文泽等，2020）。简而言之，近年来底线与弹性思维主要是基于研究成果提供的数据。

总体而言，学者的关注点经历了“土地利用功能—主体功能—‘三生空间’功能—‘三区空间’功能”的渐进过程。现有研究偏重“三生空间”功能的协调性与演变性，在空间感知上对于国土空间利用主体的重视不足。国土空间利用功能是自然生态与人类活动特征等多重因素叠加的结果，构建“城镇－农业－生态”空间功能分类体系已成为重要风向标。目前，探究的难点在于怎样根据要素的差别展开综合探索，而过去的成果还侧重于单一功能的探索或简单的归并。从真正意义上来看，把三者整合到一个研究框架的成果尚未形成，“三生空间”功能存在某些交叉、复合，界定的精准度不够，如在城市，农田果林类属于生态功能范畴，然而在乡村，这类区域却属于生产功能（岳文泽等，2020）。此外，主导功能与多功能复合利用已是研究者关注的热点，但空间的不同使得功能具有主次强弱，各自影响其方式和水平。

第二节　国土空间利用功能评价研究

科学评价国土空间利用功能是实现国土空间可持续利用的重要路径，也是衡量人地关系的主要内容之一。目前，国土空间利用功能评价主要聚焦于“三生”功能的时空变化分析及其影响因素研究。

在国土空间“三生”功能时空变化分析上，部分研究者针对国土空间利用的多功能性，以国土空间利用功能的二级功能为对象构建指标体系来评价国土空间利用功能水平。如念沛豪等（2014）应用生态位理论模型探讨湖南省国土空间利用功能分区，检验了湖南省主体功能区和生态功能区分区类型对应关系及分区成果的空间一致性；徐磊等（2018）基于生产功能、生活功能、生态功能协调视角，探讨了城市群国土空间利用的时空协调规律；谢晓彤等（2021）分析了河南省“三生功能”水平时空演变特征，发现各县域“三生”功能出现显著变化，空间上具有地域分异性。也有一些研究者从“三生”功能分类体系出发，根据主体功能导向将用地类型展开空间合并，对每类用地的“三生”功能展开分级赋分，最终运用综合评价法测度各个功能的水平。如刘继来等（2017）通过功能赋分的方式进行用地分类，探讨了中国“三生空间”的时空变化特征；金星星等（2018）在探究闽三角城市群“三生”功能的时空规律时发现，受自然与人为因素影响，该区域“三生”功能表现出相对集中的空间分布特征。也有一些研究者根据多源数据（社会经济、地理信息等）建立评价指标体系，开展国土空间利用功能的多尺度实证评价。如李欣等（2019）按照“系统 – 要素 – 功能”思路，通过 GIS（地理信息系统）空间分析、地理探测器等方法探讨江苏省国土空间利用功能特征，结果表明生产、生活、生态功能分别形成了南高北低、“中心 – 外围”减小、依山傍水的空间分布特点；张磊等（2022）以京津冀城市群为研究区，从“三生”功能的含义出发，引入生态位适宜度评估模型、社会网络分析法剖析其功能演化特征，结果发现京津两地生产、生活功能仍处于“领头羊”位置，已开始形成跨区域的深度功能关系。通过赋分方式对各类用地展开功能分类，可以表现各功能用地的本底状况与交叉程度，有利于摸清各功能用地底数，并进行系统性管理；而按照社会、经济和生态等维度，通过多源数据构建评价指标体系，开展“三生”功能评价，既有利于精准反映国土空间开发与保护的成效，也有利于表征国土空间利用功能在人类活动影响下的适宜能力和承载力。因此，两种研究各有优劣势，在研究中应优势互补进行国土空间利用功能评价。

在国土空间利用功能影响因素的研究上，在“三生空间”互竞日趋激烈的形势下，如何探明影响国土空间利用功能演变及其协调的因素，以达到功能提升、协同发展的目的，成为目前国土空间高质量发展亟待探讨的重要议题。逯承鹏等（2022）运用地理探测器识别影响黄河流域甘肃段“三生”功能时空特征的因素时，发现其时空特征既受单个因素影响，又受多个因素共同作用，其中，城乡一体化水平是主导因素。陕永杰等（2022）以长江三角洲城市群为例，引入面板数据模型与 Robust 回归分析，建立影响因素指标体系，探讨“三生”功能协调性的影响机制，发现地均固定资产投资、建成区绿化覆盖率等因素对“三生”功能协调性具有明显促进效应，而农村常住居民人均可支配收入却存在一定的限制作用。目前，相关研究多应用单一方法探测国土空间利用功能的主导因素，或时间变化导致的影响，抑或地理位置带来的作用程度，而对其主导因素及其时空一体变化进行整体考虑的研究较少。

第三节　国土空间利用功能相互作用关系研究

由于空间布局不均衡与功能外溢性的存在，加之要素配置与人类需求的变化，致使不同的功能为实现最大效益而出现互竞矛盾，产生协调或失调关系。研究发现，非平衡的功能关系通过自身条件难以兼顾公平和效率，功能冲突性较弱的空间“聚敛效应”较为显著，而“涓滴 – 扩散效应”在冲突性较强的空间却不明显，局部地区的经济、人口及产业会相对集中，由于“回程效应”逐步增大空间差异，导致国土空间利用功能水平在不同地区出现时空分异且有极化态势，难以达到“俱乐部收敛”（李小建等，2006）。路昌等（2023）以三大城市群为研究实例，发现生产功能、生活功能、生态功能三个功能集中体现为低水平耦合型与过渡型阶段。国土空间利用功能受地域分异特征和社会经济条件的作用，历经耦合协调各类型交替并存的阶段，表现的耦合协调类型各有不同（Willemen et al.，2010；Peng et al.，2015）。人类需求的多样性和地域供给的有限性持续磨合，国土空间利用功能的利用方式会随之改变，作用强度会持续加大，空间组合方式的转换也会变快。根据国土空间利用功能的相互关系，研究方向可简要归纳为以下两个方面：

① 表现形式。

按照国土空间利用功能互动关系的演变规律，可将其划分为权衡与协同、协调与失调的关系（Carpenter et al.，2006；Haken，2018），二者彼此交织、相互作用，构成有机整体。通过空间关联关系能够将权衡 / 协同关系分为正、无、负关联等类别（王全喜等，2020），在空间上表现为高高、高低、低高、低低四种集聚特征。这一较为直观的划分方法，从空间关联关系表达了国土空间利用功能间的相互作用关系，使国土空间利用功能间的非线性交叉关系得到了精简。

② 研究方法。

目前，相关研究以统计分析、空间运算、情景模拟等方法为主，其中，研究者在识别功能间的协调 / 失调关系时多以量化测算与空间分析相结合进行探索（钱彩云等，2018；彭焕智等，2022）。统计分析中的相关性分析表征某种数据布局特征，而功能间正相关并不表明彼此提升集聚，负相关也并不一定表明相互消退。此外，现有研究发现，在区域的各个发展时期，功能间的关系会发生动态演变，其相关性特征不一定都凸显或统一，个别功能在空间上也会出现集聚或缺乏。

功能耦合协调能够更为精准地揭示国土空间发展格局演变过程，识别国土空间中人类生产生活活动对生态系统所形成的作用，但当前国内学术界多侧重于对其进行静态与宏观研究，对空间分异特征的探索相对较少。然而，仅根据截面数据探究时间断点的空间规律不足以揭示自然环境条件和人类活动的驱动循环过程及机制，应有效发挥地理学对地理时空规律研究的长处，进一步融合生态学、规划学等学科实践，以期探索出一种或多种国土空间利用功能演变的成熟模式。

第四节　国土空间利用功能提升对策研究

国土空间利用功能提升对策的科学构建是国土空间治理靶向施策的重要前提。目前，国土空间利用功能提升对策探索主要集中在两个方面：一方面是根据驱动因素，有针对性地构建与之对应的国土空间利用功能提升对策；另一方面是基于地域分异规律构建国土空间利用功能分区模式，进而提炼国土空间利用功能提升对策。

在根据驱动因素有针对性地构建国土空间利用功能提升对策方面，一些学者通过地理探测器、障碍因子诊断等方法探测包含自然、经济、交通等在内的国土空间利用功能影响因素，进而提出与之对应的国土空间利用功能提升对策。如彭焕智等（2022）应用障碍度模型诊断湘江流域土地利用多功能水平提升的制约因素，提出“严格耕地保护、增加乡村从业人口、加强生态用地保护”的土地利用多功能水平提升对策；卓蓉蓉等（2020）为提升江汉平原乡村地域功能水平，提出要弱化城镇化、工业化、资金、技术等外源驱动力的负向影响，有效调整外源动力，进一步激活自然资源条件等内生响应力，推进农业 / 农村多功能发展，有效发挥辐射作用；崔树强等（2020）以空间格局优化为导向，兼顾“质”与“量”两个方面，对城市空间生态、生产、生活功能提出“合理规划‘三生’功能用地的数量配比，并合理设计其组合配置”的调控路径。

在基于地域分异规律构建国土空间利用功能分区模式，进而提升国土空间“三生”功能方面，一些学者探讨在国土空间利用功能冲突加剧的新形势下，如何根据不同地域的功能状况，因地制宜地进行治理与提升，促进功能之间协调有序。如张玉臻等（2021）根据“三生”功能协调性与差异性进行分区调控，增强短板功能，促进“三生”功能协调发展，加强国土空间开发利用的可持续性；冀正欣等（2020）以乡镇为基本单元，按照综合提升区、生态保育区、生产主 - 生活生态提升区、生活主 - 生产生态提升区、生产生活均衡 - 生态提升区展开优化分区，以期实现“三生”功能协调发展；付晶莹等（2022）以 2018 年为基期，叠加齐齐哈尔市多尺度下“三生”功能冲突耦合协调分析及其分区结果，构建国土空间利用功能提升路径的架构；吴宇斌等（2022）借助两维图论聚类算法，以呼和浩特市为例，基于空间邻接性与区域完整性，按照每个乡镇的最小生成树生成状况展开国土空间利用功能分区，并提出提升建议。整体来看，现有成果主要集中在土地利用功能视角下的“三生”功能提升对策研究，面向新一轮国土空间规划的城镇空间、农业空间、生态空间功能提升对策的研究较少，且研究多针对流域、中心城市与内陆平原等区域，对沿海地区国土空间利用功能提升的对策研究尚需拓宽。

第三章　国土空间利用功能特征评价的理论与方法

第一节　国土空间利用功能特征的相关概念

一、国土空间

国土空间是城镇、农业与生态文明发展的重要载体，各领域对其概念的解析各有差异，目前在规划领域应用较多。2010年国务院发布的《全国主体功能区规划》明确提出："国土空间是指国家主权与主权权利管辖下的地域空间，包括陆地国土空间和海洋国土空间。国土空间是国民生存的场所和环境，包括陆地、陆上水域、内水、领海、领空等。"

本研究以《全国主体功能区规划》中国土空间主体功能的内涵辨析为基础，重点研究地理实体空间（地表平面空间）和实际地域相关联，基于土地资源综合其他本底因素，实现各块国土本身的主体功能价值。国土空间作为自然生态变化过程和人类生产生活活动演化阶段的空间映射和产物，存在明显的时空动态性，在某个时间，地理实体根据内部的自然生态条件（如不同的植被资源等）与外部的因素变化（如气候变暖等）的综合影响，表征一定资源环境承载力下的人类生产生活活动利用强度的结果。例如，动态博弈是生产生活活动利用强度和资源环境承载力持续存在的状态（樊杰，2007）。国土空间不仅需要满足人口发展、经济提升等诉求，还需要应对水资源匮乏、生态退化等众多挑战，实质上反映了人地关系不断碰撞和优化协调的过程。对国土空间展开细化探索，有利于资源要素合理配置与高效集聚，提升国土空间开发质量，靶向诊断不同地方的发展矛盾，从而为地方可持续发展提供理论借鉴与实践应用。

主体功能的识别是推进国土空间可持续利用的重要基础。主体功能区划主要基于土地利用多功能性，通过优化开发区域、重点开发区域、限制开发区域和禁止开发区域划分国土空间（樊杰，2015），各个功能类型区域内的"三区空间"或"三区空间功能"配置规则、利用程度均存在差异。国土空间根据其赋予的主体功能差异，分成城镇空间、农业空间、生态空间，各类空间既存在主体功能，也具备其他次要功能，在地域上表现出功能重叠与多重功能的状况。

二、国土空间利用功能

国土空间利用功能表示国土空间在某个发展时期，根据其本底条件和潜力，在区域自然环境空间与人类生产生活活动中所发挥的作用，其涵盖国土空间系统特殊的自然生态本底与长期形成的人类活动特征，通常分为城镇功能、农业功能、生态功能。其中，城镇功能是以城镇居民生产生活为主体功能，农业功能是以农业生产和农村居民生活为主体功能，生态功能是以提供生态服务或生态产品为主体功能（林树高等，2022）。国土空间利用功能具有空间分布动态性、尺度递变性、类型复合性等特征，是人地关系的空间映射，这决定了其最基础的特征是空间尺度效应。土地利用类型在微观尺度上可以看作国土空间利用功能；国土空间利用功能在宏观尺度上通过更宽广的地理区域来考量，综合表征土地利用类型时，会凸显主导用地用途且忽略其他用地功能。一般国土空间具有多功能特性，在不同的组合序列与作用条件下，类型不一的要素呈现不同强弱的多种功能类型。功能与空间两者之间的联系不是一对一的简单关联，而是多对多的复杂对应。在推动可持续发展的进程中，不同地域表现的主体功能存在差异，并且可能因政策变化、优势资源调整或某种资源利用的兴起而发生动态演变。

三、国土空间利用功能演变

演变不等同于进化，它是没有方向的变化，或是由简单到复杂的进化，抑或是由复杂到简单的退化。从哲学上讲，演变是指某特定时空内一切运动形式的总和。从运动上来讲，是质量在时空中的线性迁移。时间的永恒前行使运动具有空间方向性。国土空间利用功能作为囊括国土空间系统特殊的自然生态本底与长期表现的人类活动特征的复合体（邹利林等，2022），它的演变是可持续性、适宜性、耦合性、协同性的一个长期过程（付晶莹等，2022；冯晓娟等，2022）。一方面，受到经济发展、政策导向、大气候等因素影响，大尺度的国土空间利用功能会侧重于可持续性与协调性演变；另一方面，在自然本底条件、地理区位等先天因素作用下，小尺度下的国土空间利用功能适宜性会发生演变，如林地、耕地等地类功能会发生变化。

第二节　国土空间利用功能特征评价的理论基础

一、人地关系协调理论

人地系统是根据自然环境与人类行为相互作用形成的具有相应的结构与功能的巨系统（刘彦随，2020）。“人”主要体现在根据生产关系聚集在一起的人类及为其生存发展从事的人类活动（吴传钧，1991），如农业、工业生产等；“地”主要体现在为实现人类生存和发展而被吸收进人类认知与实践领域的地理环境整体（方创琳，2004），如森林、土地等。国土空间作为满足人类需求的重要载体，其利用是一种动态过程，反映了错综复杂的人地关系，例如，人类按照自身发展对土地展开干预的过程。国土空间利用功能是自然生态环境和社会经济要素互相影响组成的动态巨系统，是区域人地交互关系的空间反映。国土空间利用也是对国土空间利用功能的利用，即人们在进行国土空间的具体利用时，按照各自的使用要求，对国土空间利用功能进行选择，例如，选择国土空间的农业生产功能和城镇生活功能，或选择国土空间的生态维护、生态调节等功能。古往今来，在国土空间利用上人类多考虑经济性与便捷性，更侧重生产功能而对生态维护功能相对忽视（吴次芳等，2009）。受国土空间利用矛盾加剧的影响，国土空间发展质量持续减弱，甚至生态风险的不断提升，对人类生活已产生了威胁，人类逐渐转变对国土空间“从易到难，先好后坏”的利用次序，开始对国土空间展开保护、整治与修复。因此，人地关系对协调社会生产、资源环境、生活发展的指导作用举足轻重。厘清国土空间利用结构与功能的演变规律、科学合理的国土空间利用结构及有序的国土空间利用功能组合关系，是促进国土空间利用保护的有效方式。

在国土空间利用上，人地关系是决策者和研究者关注的核心问题之一，国土空间利用是人地关系最为直观的空间映射，因此，人地关系为探索国土空间利用功能的时空演变特征与提升对策提供了理论依据。

二、地域功能理论

地域功能理论以陆地表层空间秩序为探究对象，侧重探究地域功能的产生原因，以及功能空间的交互作用、演变特征、准确识别与有效调控（盛科荣等，2016）。地域功能理论是在人地关系、地域分异、可持续发展等理论的影响下逐渐形成的，并作为探明区域空间功能演变特征的有效理论指导，是开展国土空间规划的重要工具（樊杰等，2019）。地域功能表示在一定地域范围内，人地关系系统在背景区域的资源利用、生态承载、人类生产与生活中所表现出的综合作用，是地域系统的固有属性，是自然资源环境与人类发展需求交互影响的结果（陈小良等，2013）。地域功能随着人类活动的深入，不断在自然本底功能上叠加新的地域功能，逐渐由简单向复杂演化（史莎娜等，2022）。农业社会时期，地理表面生态景观在刀耕火种的影响下，产生了聚居与提供就业、商品交换、农业生产的地域功能；与此同时，人类为保护自身充足的生存资源，出现了专门的军事防御地域功能。伴随人类进入工业社会，以工业生产为主的地域功能和与之匹配的经济文化、生活保障的地域功能相继出现。由于人类的无节制攫取，自然资源的可持续性遭到破坏，随着人类生态保护意识的提高，人类开始注重生态性服务的地域功能利用，如生态功能、粮食保障功能等不断延伸。近些年来，基于中国国土空间开发的现实需要，政府和学术界根据国土空间的顶层设计与空间治理体系的现代化发展，结合地域功能的生成机理、识别、空间分异规律，将国土空间划分为优化开发、重点开发、限制开发和禁止开发四类主体功能区，协调“人口－土地－产业”的发展，确保粮食安全与生态安全，最终形成了地域功能理论（见图 3-1）。

地域功能理论不仅为解析国土空间利用功能的构成因素、把握演变规律、认识相互作用关系等提供理论支撑，也为国土空间利用功能的精确识别和空间探索等奠定牢固的技术基础。

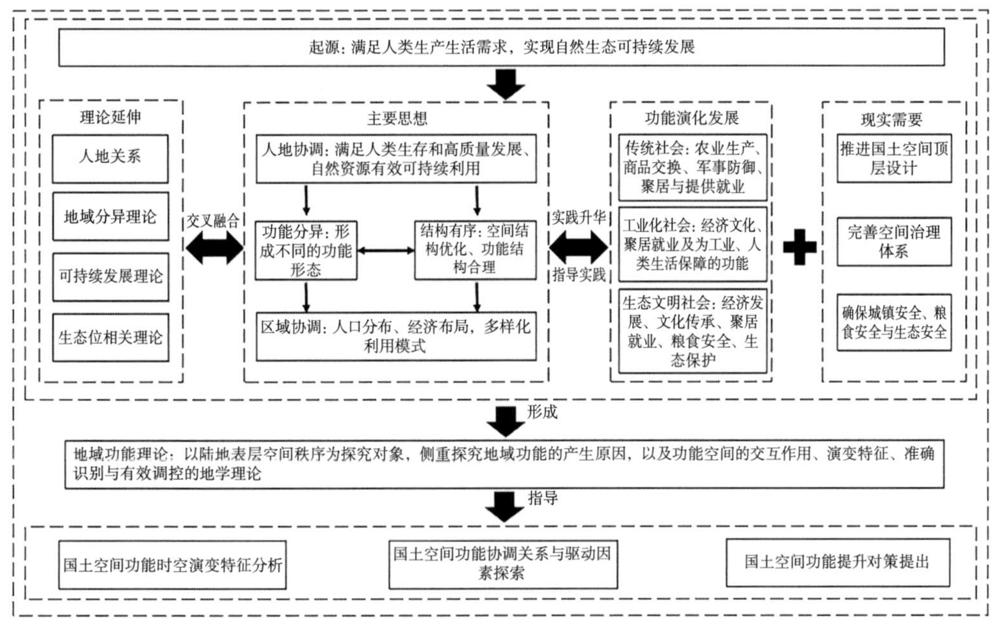

图 3–1　地域功能理论的起源、形成与指导示意图

三、协调发展理论

协调发展理论是指根据系统内部的各要素交互作用，达到全面、均衡、统一的良性协调运行路径的社会发展观，该理论已在地理学研究中被广泛应用（周绍杰等，2010）。协调发展是在互相依存、整体均衡条件下的可持续健康发展，重点涵盖经济、文化、人口与外部因素的统一发展，外部因素主要包括自然本底环境维持与调节所需的配套设施等。从协调发展理论的视角，国土空间利用功能协调运行能够归纳成一个涵盖城镇、农业、生态功能的交互系统。国土空间利用功能是显著的受人为作用系统，其各系统功能的协调关系受自然环境、区域政策变化、经济发展等多种因素的复杂影响，特别是在时空演变进程中与不同时期的人类发展紧密关联。国土空间利用功能协调发展从横向方面被视为各系统功能间彼此作用、彼此推进的依存联系，从纵向方面被视为各系统功能的相互作用关系随着时间推移而形成转变，达到动态平衡的演进过程（殷平，2013）。国土空间利用功能的各子系统功能无法各自自发地达到协调发展，协调发展侧重的是协调系统内部各要素之间和系统之间的相互关系，进而达到国土空间利用功能的协调发展。

协调发展理论是探索国土空间利用功能协调性的关键理论来源，只有厘清国土空间利用功能之间的相互影响方式、状况及其作用机制，才能深刻了解不同发展时期、不同地区国土空间利用功能交互关系的影响，从而为权衡国土空间利用功能关系，为国土空间优化配置提供理论依据与参考方法（见图 3–2）。

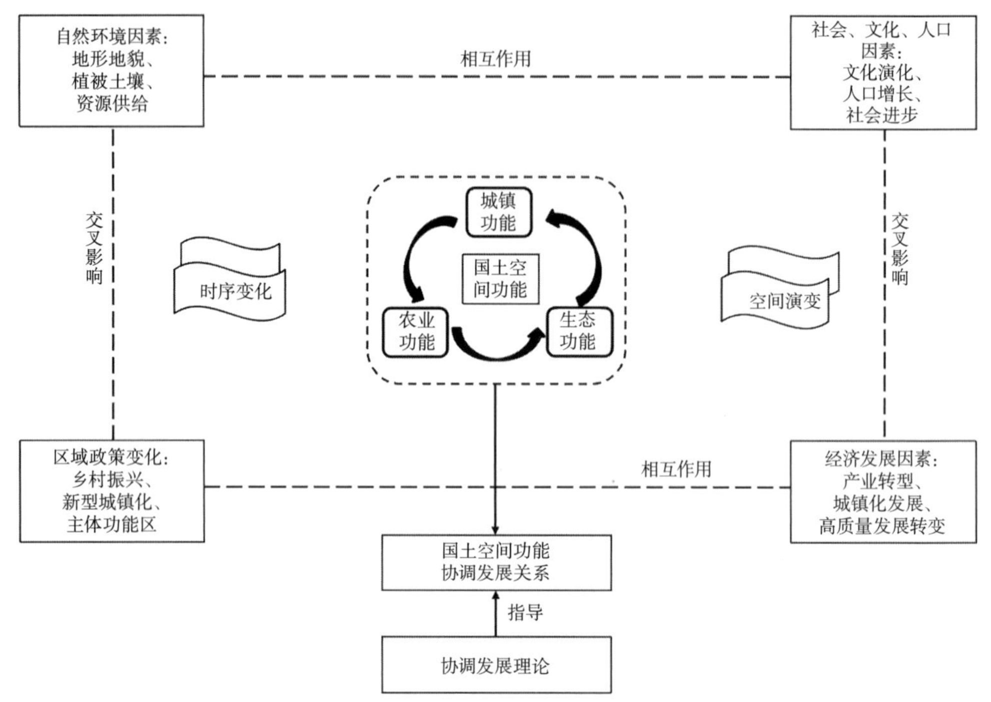

图 3–2　协调发展理论下的国土空间利用功能协调过程

四、区位论

国土空间优化配置源自区位论，应用于最适宜的空间位置选择及区域内经济行为的组合优化（刘树成，1994）。杜能的农业区位论与韦伯的工业区位论是区位论系统研究的开端，是古典区位论的主要代表。其中，杜能探索农业区位论孤立化的演绎法给后来韦伯等其他研究者的区位论探究提供了深刻的启示和影响，并根据该理论第一次全面地解析了空间摩擦对人们经济行为的作用，由此确立了土地利用的一般理论基础作为探究区位论理论的重点；工业区位论解析了“区位因素”的含义，并被运用到工业布局中。随着近代资本主义的繁荣，供过于求的市场特征显现，拓展市场是企业存活的关键，出现了主要剖析在需求作用下的工业区位的区位论，逐渐形成了近代区位论。克里斯塔勒的中心地理论探明了一定空间内中心对城市定位与规模的作用特征。城市区位论通常涵盖扇形理论、同心圆理论等。20 世纪 50 年代，区位论研究得到纵深发展，进入现代区位论的探索阶段。艾萨德从新古典微观区位论出发，应用宏观均衡法动态化、综合化分析区位论微观下的局部静态均衡。克鲁格曼通过构建“中心–外围”模型把区位论和空间经济模型结合，搭建研究框架，探明了产业集中化与经济地理集聚的作用机理，从微观经济学视角为区位论的一般均衡提供了依据。由此，随着各国、各行业众多研究者的沿袭、深化和创新（金相郁，2004；徐阳等，2012），区位论从宏观向微观扩展研究，从重视客观因素作用到注意主观条件影响，从重视理论解析到关注实证应用，逐步构成了跨学科、跨行业的理论体系。

区位论探明了区位环境对国土空间利用行为规律的作用，有助于了解区位环境对国土空间功能及其协调关系的作用状况。不同的区位环境决定了国土空间利用功能协调和提升的基础。国土空间利用功能应以区位论为指导进行优化配置，按照各种国土空间类型的特征及其在自然区位、经济区位与交通区位等方面的布局特点，将区域内的城镇功能空间、农业功能空间与生态功能空间进行合理分配，使国土空间结构与功能布局达到最佳状态。

五、系统论

系统论的中心思想是以系统整体为基础，将各个部件要素的特点与功能联结到一起。在系统中，要素、系统、环境三者之间构成了交叉复杂的联系（梁留科等，2003）。国土空间利用功能系统作为一个具有多重属性与多种元素的动态系统，其自身处于不稳定平衡状态，一直处在动态运行之中。由于人类活动的持续强化，部分重点因素会致使城镇功能、农业功能、生态功能的总体结构产生演变，并且因为部分主导因素的共同影响，国土空间利用功能的各构成因素也会自发地相互配合、协调以推动整体功能向同一方向前进，即要素、功能之间向同一方向影响，最后使国土空间利用功能形成有序状态（刘超等，2018）。

系统论是本研究对国土空间利用功能整合探讨的着手点，也是本研究进行多尺度、跨类型对比分析的理论参考依据。

各相关理论为本研究提供了不同的思想、视角和方法支撑，它们与本研究的关系见图 3–3。

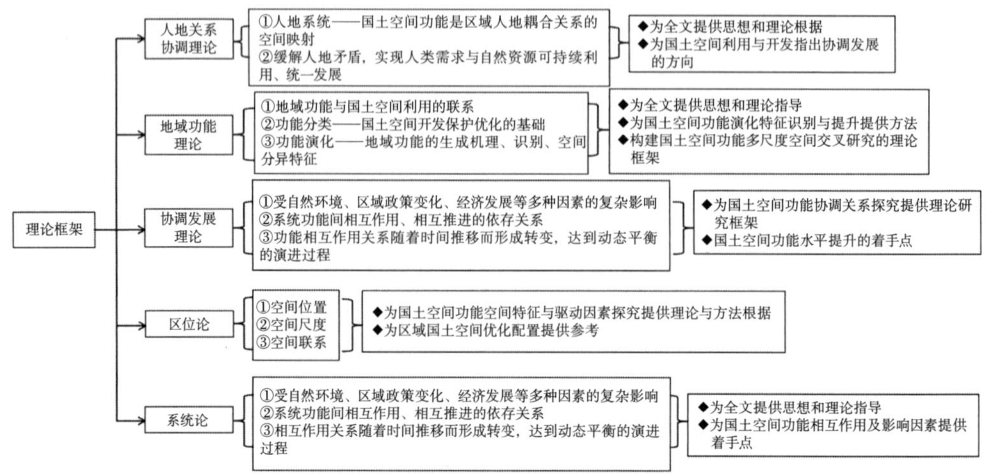

图 3-3　有关理论与本研究的关系

第三节　国土空间利用功能特征评价的方法

一、国土空间利用功能特征评价思路

在经济发展与生态保护之间的矛盾日趋激烈的情况下，国土空间利用冲突形势发生了很大变化。研究国土空间利用功能演变趋势、协调关系及提升对策，有助于把握国土空间在城镇化与乡村振兴进程中的演变规律，可为协调区域人地关系与提升现代化空间治理水平提供理论依据和应用经验，对加快国土空间高质量发展具有重大现实意义。

开展本研究的具体步骤如下：

（一）国土空间利用功能时空格局及其集聚特征评价

将国土空间利用功能划分为城镇功能、农业功能、生态功能，探索三者之间的交互关系，在不同尺度下构建国土空间利用功能评价指标体系或指数模型，同时借助多尺度融合模型，以 300 m × 300 m 的网格单元把行政尺度与网格尺度的国土空间利用功能进行综合集成，在此基础上借助 GIS 工具对地区国土空间利用功能的时空演变规律与空间集聚特征展开探索。

（二）国土空间利用功能协调关系评价

基于国土空间利用功能时空格局特征的探索，通过用地类型间的功能复合性、兼容性、相斥性，以耦合协调度模型分别量化分析国土空间利用功能的内部交互关系是否存在协调或失调状况，进而通过空间叠置识别国土空间利用功能的空间交互情形。

（三）国土空间利用功能驱动机理探究

应用地理探测器探明国土空间利用功能演化的主导要素及其相互作用关系，进而推演出国土空间利用功能时空分异的驱动因素、过程和机理。

（四）国土空间利用功能提升对策探讨

根据国土空间利用所产生的问题，以空间利用功能的均衡性与协调性为目标，运用定量分析方法，通过重构国土空间利用功能格局，有针对性地提出国土空间利用功能的提升对策。

二、国土空间利用功能时空格局及其集聚特征的评价方法

（一）国土空间利用功能测度方法

剖析格局特征是过程推演、机理归纳的重要基础（傅伯杰，2017）。通过国土空间利用功能测度结果来分析国土空间利用功能的时空格局与集聚特征，可为国土空间利用功能相互作用关系分析及其驱动机理推演提供基础。

科学合理地开展国土空间利用功能评价，是揭示其时空特征及其交互关系的重要前提。国土空间利用系统是一个由多元素构成的系统，其可持续性体现在功能连续并能够复合上，但由于存在尺度依存性，其所提供的服务与功能会随着尺度的变化而出现主次、强弱差异及作用方向不一的情形，因此，国土空间利用功能评价的过程、方法会略有不同（李欣等，2021）。首先，从行政单元尺度将国土空间利用功能的构成要素展开不同层次的分解，多以县域、镇（乡）域为最小尺度，以各种社会经济数据为主要来源，通过“自上而下”的方式运用综合评价法，有助于从中观角度分析各县域的发展能力，侧重探索目前“三区”功能空间格局支撑区域粮食安全的保障程度及促进社会经济可持续健康运行的能力。其次，网格尺度能够揭示

更精细的空间数据特征与微观上的功能间结构组合关系，可以在微观、细节上靶向地表征不同的功能，弥补宏观上归纳性过强的不足。相关研究在方法上多通过降尺度的形式空间化处理 GDP、人口密度等数据，而功能的空间传导实际上是通过国土空间利用结构和国土空间利用功能间的内在关联（金贵等，2017）。基于此，部分研究者以“自下而上、功能分级”的形式细化表达国土空间利用功能（刘继来等，2017）。因此，本研究在网格尺度（300 m × 300 m 的空间网格）下通过用地类型和功能的交互关系，根据功能的强弱展开层次叠加，侧重于土地资源和环境的承载情况及其适宜性程度。最后，根据迭代法构建行政单元与网格尺度的空间交互关系，通过相应尺度的各项功能评价指标得分值和权重，引入多尺度融合模型，在县域行政单元尺度与网格尺度交互作用下，对研究地区的国土空间利用功能进行综合测度，并分析其时空分异特征。

1. 行政单元尺度的国土空间利用功能评价

（1）行政单元尺度的国土空间利用功能评价指标体系构建。

社会、经济及生态等可持续发展要素是国土空间系统的重要组成部分，以“主题 – 要素”的指标构建思路，从包含社会、经济及生态在内的国土空间系统主题类型出发，根据国土空间利用的物质生产、社会保障与生活服务供给、生态维持与承载等方面建立城镇功能、农业功能、生态功能预选指标，通过指标相关性检验后，筛选合适指标，建立行政单元尺度的国土空间利用功能评价指标体系（见表 3–1）。

表 3–1　行政单元尺度国土空间利用功能评价指标体系

目标层	准则层	指标	单位	指标解释	属性	权重
城镇功能	城镇生活功能	地均社会消费品零售额（U1）	亿元 /km^2	社会消费品零售额 / 土地总面积	+	0.105
		公共服务设施覆盖度（U2）	%	公共服务设施面积 / 土地总面积	+	0.073
		万人医院床位数（U3）	床位数 / 万人	医院、卫生院床位数 / 总人口	+	0.053
		交通便捷度（U4）	%	交通用地面积 / 土地总面积	+	0.051
		城镇化率（U5）	%	城镇人口 / 总人口	+	0.040
		人均公园绿地面积（U6）	m^2/ 人	公园绿地面积 / 总人口	+	0.056
		城镇最低生活保障人数（U7）	人	反映城镇生活保障情况	+	0.065

续表

目标层	准则层	指标	单位	指标解释	属性	权重
城镇功能	城镇生活功能	距主城区距离（U8）	km	欧氏距离	−	0.058
	工矿生产功能	第二、第三产业比重（U9）	%	第二、第三产业产值 /GDP	+	0.031
		地均城镇固定资产投资（U10）	亿元 /km^2	城镇固定资产投资 / 城镇空间面积	+	0.040
		距交通干线距离（U11）	km	欧氏距离	−	0.056
		到最近主要港口码头距离（U12）	km	欧氏距离	−	0.055
		地均财政贡献率（U13）	亿元 /km^2	财政总收入 / 土地总面积	+	0.069
		规模以上港口货物吞吐量（U14）	t	反映沿海港口贸易往来情况	+	0.072
		AAA 级以上旅游景区个数（U15）	个	反映沿海旅游经济发展状况	+	0.071
		地均出口总额（U16）	亿元 /km^2	出口总额 / 土地总面积	+	0.105
农业功能	乡村生活功能	农村居民点密度（A1）	%	农村居民点面积 / 土地总面积	+	0.084
		农业从业人口比例（A2）	%	农业从业人员 / 总人口	+	0.073
		人均肉类产量（A3）	t/ 人	肉类产量 / 总人口	+	0.078
		粮食品质安全保障能力（A4）	—	化肥施用安全标准 /（化肥施用折纯量 / 耕地面积）	+	0.046
		农村恩格尔系数（A5）	%	农村居民用于食品消费的支出 / 家庭总支出	−	0.042
		乡村电力保障水平（A6）	万千瓦时 / 万人	乡村用电量 / 乡村人口	+	0.121
		乡村居民收入水平（A7）	元	反映农村居民收入状况	+	0.042
	农业生产功能	粮食单产（A8）	t/ hm^2	粮食产量 / 播种面积	+	0.086
		土地垦殖率（A9）	%	耕地面积 / 土地总面积	+	0.084

续表

目标层	准则层	指标	单位	指标解释	属性	权重
农业功能	农业生产功能	耕地破碎度（A10）	—	耕地图斑个数 / 耕地总面积	–	0.078
		人均耕地面积（A11）	hm^2/ 人	耕地面积 / 人口总数	+	0.083
		土壤含沙量（A12）	g/m^3	反映土壤沙化情况	–	0.040
		人均水产品产量（A13）	t/ 人	水产品产量 / 人口总数	+	0.069
		耕地灌溉率（A14）	%	反映农业水资源供给程度	+	0.074
生态功能	生态维持功能	植被固碳价值（E1）	t	反映生态调节能力	+	0.092
		水网密度（E2）	%	水域面积 / 土地总面积	+	0.068
		湿地面积比例（E3）	%	湿地面积 / 土地总面积	+	0.079
		人均森林面积（E4）	hm^2/ 人	森林面积 / 人口总数	+	0.105
		红树林面积（E5）	hm^2	反映沿海生态本底资源	+	0.117
	生态承载功能	地均二氧化碳排放量（E6）	t/hm^2	二氧化碳排放量 / 土地总面积	–	0.087
		生物丰度指数（E7）	—	反映生物多样性丰富程度	+	0.056
		河流入海污染物排放总量（E8）	10^4t	反映沿海污染物排放状况	–	0.106
		水土流失面积（E9）	km^2	反映沿海水土流失程度	–	0.102
		农用化肥投入强度（E10）	t/hm^2	农用化肥施用量 / 耕地面积	–	0.049
		人均用水量（E11）	m^3/ 人	用水量 / 人口总数	–	0.046
		土地退化指数（E12）	%	退化土地面积 / 土地总面积	–	0.093

注："+"代表正向作用，"–"代表负向作用。

根据新型城镇化发展中的"产城互动、生态宜居"要求（林树高等，2022），从城镇生活和工矿生产两个方面建立涵盖公共服务、区位条件、经济发展、生活保障、社会变化等角度的城镇功能指标体系，共16项指标。其中，社会发展程度、经济支撑水平和交通便捷条件可以表征城镇空间利用中城镇生活功能发挥水平及满足居民需求的程度。经济支撑水平是城镇生活功能能够持续发挥的重要基础，公共服务与生活保障是城镇生活质量提升的重要衡量标准，交通便捷条件反映居民衣食住行的辐射范围，主要表现在人口分布、城镇生活活力与公共服务等方面。故选取地均社会消费品零售额、公共服务设施覆盖度、交通便捷度及城镇最低生活保障人数等指标来评价城镇生活功能质量。经济发展水平表征工矿生产空间的产出状况，直接表现在支撑城镇发展所投入的资金数量上。与此同时，沿海地区因其独特的地理条件，经济带动方式多种多样，滨海旅游经济和港口贸易作为沿海地区的主要经济发展方式，是城镇经济产出的关键组成部分。因此，选取第二、第三产业比重，规模以上港口货物吞吐量，地均城镇固定资产投资及AAA级以上旅游景区个数等指标测度沿海区域的工矿生产功能水平。

根据乡村振兴中的“产业兴旺、生活富裕”要求（李思楠等，2021），从乡村生活和农业生产两个方面建立涵盖生活状况、物质产出状况、农业基础条件等角度的农业功能指标体系，共14项指标。其中，乡村生活功能发挥的主要目的是改善乡村人民的基本生活质量，表现在乡村人民的物质保障、收入状况、基础设施配套与就业支撑上。故选取农村居民点密度、农业从业人口比例、乡村居民收入水平和乡村电力保障水平等指标评价乡村生活功能。农业生产功能是维系经济持续发展和城镇活力的压舱石，也是保障粮食安全的重要支柱，集中表现在农产品产出和农业投入等方面。同时，农业基础条件对于农业生产能力至关重要，表征农业生产功能需要全面考量农业基础条件。此外，由于研究区地处沿海，水产品产量大，地势较为平坦，但土壤沙化面积较大，淡水资源不足，人多地少，需要考虑土壤条件与耕地垦殖状况。故选取粮食单产、人均水产品产量、土壤含沙量、耕地灌溉率等指标全面表征农业生产功能。

从生态维持和生态承载两个方面建立涵盖生态压力、生态调节、生态修复等角度的生态功能指标体系，共12项指标。研究区地处沿海地区，水土流失较严重，海岸侵蚀程度较高，生态稳定性较低。生态维持功能是该区域生态空间有效实现生态功能的重要前提，也是生态本底资源的直接体现。从生态敏感性与生态重要性两个维度集中选取植被固碳价值、人均森林面积、红树林面积等指标综合表征生态维持功能。生态空间承受的生态退化压力与环境污染压力是生态功能提升或下降的主要条件，即生态功能质量的高低与生态承载功能发挥程度紧密关联。由于广西沿海地区近十年经济的快速发展，常常存在水土流失、污染物排放量大、淡水资源供给不足等问题，故选择地均二氧化碳排放量、生物丰度指数、河流入海污染物排放总量等指标反映该区域的生态承载功能。

（2）行政单元尺度国土空间利用功能指标权重确定方法。

筛选出代表性的评价指标后，选择合适的权重确定方法对于国土空间利用功能评价的科学性与合理性十分关键。常用的权重计算方法主要包括德尔菲法、AHP 法、熵值法和变异系数法等。其中，德尔菲法、AHP 法的主观因素干扰较强且难以避免，因此，在当前研究成果中，以熵值法、变异系数法等客观方法计算权重为主。因为单一方法计算权重常常会使指标权重出现横向或纵向对比不足的现象，如通过截面数据计算的熵值法，难以适用于面板数据的时序多指标动态纵向比较；而变异系数法能够最大限度地表征各指标间的差异，弥补熵值法均衡性过强的缺陷，但对指标间的相对重要性未能考虑。为规避单一方法计算权重的偶然性偏误影响测度结果，在引入 Max–Min 法标准化运算数据后，借助熵值法、变异系数法（林树高等，2022；李文辉等，2021）综合测度权重（见表 3–1）。

（3）行政单元尺度国土空间利用功能水平测度方法。

借助综合评价法求取国土空间利用功能水平。综合评价法能够综合分析单项或多项指标改变时对国土空间利用功能水平的作用强度与方向，通过相应指标的综合权重与标准值相乘，再运用累计求和计算综合评价水平（林树高等，2022）。计算公式如式（3–1）、式（3–2）、式（3–3）。

$$u(x) = \sum_{i=1}^{n} g_i \times \omega_i \qquad \text{式（3–1）}$$

$$a(y) = \sum_{j=1}^{m} h_j \times \omega_j \qquad \text{式（3–2）}$$

$$e(z) = \sum_{k=1}^{q} s_k \times \omega_k \qquad \text{式（3–3）}$$

式中：$u(x)$、$a(y)$、$e(z)$ 依次代表城镇功能水平指数、农业功能水平指数、生态功能水平指数；g_i、h_j、s_k 依次代表研究地区相应空间功能的标准化值；ω_i、ω_j、ω_k 依次代表研究地区相应空间功能的综合权重；n、m、q 分别为研究地区相应空间功能的指标数量。

2. 网格尺度的国土空间利用功能测度

（1）网格尺度国土空间利用功能评价指标体系构建原则。

①以基本内涵为理论基础。

前文已明确了“三区”功能含义的界限，“三区”功能分类有必要在其内涵的基础上展开划分，以保证“三区”用地分类既满足“以人为本”的现实需求，又要适应国家战略导向和地区社会经济变化方向。

②以土地利用现状为应用前提。

“城镇－农业－生态”功能分类的构建要以土地利用现状为导向，土地利用的效果会随着其利用方式、利用强度的差异而不同。通过梳理因用地类型的不同所带来的效果强度，为“城镇－农业－生态”功能分类提供强大的现实应用效果支撑。

③以土地利用强度为生态用地的定级标准。

生态分类是“城镇－农业－生态”功能中分类难度较高的类别。生态性在理论上存在于全部土地，但从“三区”视角看，生态功能的兼容性不一致（即纯生态性、城镇兼生态性、农业兼生态性），且在生态功能发挥程度上也存在高低，其高低与土地利用强度紧密关联。参考国土空间生态系统相关成果，可按照人类对国土空间利用的强度来识别生态用地级别。

（2）网格尺度国土空间利用功能的分类基础－分类体系。

历经近 20 年的土地利用分类研究后，国土空间利用功能在理论上得到了系统的归纳，并且在实践中展开了调整和修正。随着研究的深入和发展的需要，目前，以土地利用分类为基础的国土空间利用功能分类方法得到了政府和学术界的广泛认可，并将其作为国土空间规划的关键分类方法。然而，该分类方法对于城镇的便捷性、农业的品质性与生态的安全性等方面的植入程度仍需加强。鉴于此，有必要将“以人为本”的“三区空间”功能理念融入土地利用分类中（见表 3–2）。

表 3–2　国土空间“三区空间”功能用地分类

一级类编码名称	二级类编码名称	城镇功能	农业功能	生态功能
01 耕地	0101 水田	0	3	2
	0102 水浇地	0	2	1
	0103 旱地	0	2	1
02 园地	0201 果园	0	2	2
	0202 茶园	0	2	2
	0203 橡胶园	0	2	2
	0204 其他园地	0	2	2
03 林地	0301 乔木林地	0	1	3
	0302 竹林地	0	1	3
	0303 红树林地	0	1	3
	0305 灌木林地	0	2	3
	0307 其他林地	0	2	2

续表

一级类编码名称	二级类编码名称	城镇功能	农业功能	生态功能
04 草地	0402 沼泽草地	0	0	3
	0403 人工牧草地	0	1	1
	0404 其他草地	0	1	3
05 商服用地	05 商业服务业用地	3	0	0
06 工矿仓储用地	0601 工业用地	3	0	0
	0602 采矿用地	2	0	0
	0604 仓储用地	2	0	0
07 住宅用地	0701 城镇住宅用地	3	0	0
	0702 农村宅基地	0	3	0
08 公共管理与公共服务用地	0802 科教文卫用地	3	0	0
	0809 公用设施用地	3	0	0
	0810 公园与绿地	1	0	2
09 特殊用地	——	2	0	0
10 交通运输用地	1001 铁路用地	2	0	0
	1003 公路用地	2	0	0
	1004 城镇村道路用地	2	0	0
	1005 交通服务场站用地	2	0	0
	1006 农村道路	0	2	0
	1007 机场用地	2	0	0
	1008 港口码头用地	2	0	0
	1009 管道运输用地	2	0	0
11 水域及水利设施用地	1101 河流用地	0	1	3
	1103 水库水面	0	1	1
	1104 坑塘水面	0	1	1
	1105 沿海滩涂	0	0	3
	1106 内陆滩涂	0	0	3

续表

一级类编码名称	二级类编码名称	城镇功能	农业功能	生态功能
	1107 沟渠	0	2	1
	1109 水工建筑用地	0	2	1
12 其他土地	1201 空闲地	2	0	3
	1202 设施农用地	0	2	1
	1204 盐碱地	0	0	2
	1205 沙地	0	0	2
	1206 裸土地	0	0	2
	1207 裸岩石砾地	0	0	2

注：评分标准借鉴刘继来等（2017）、赵筱青等（2019）、周浩等（2020）、付晶莹等（2022）的方法进行 0 分、1 分、2 分、3 分赋分，最大分值 3 分，无相应功能赋 0 分。

①提供粮食与基本农业产品的耕地，提供水果、橡胶、茶叶等产品的园地，提供木材、苗圃等产品的林地，以及提供草料喂养动物的牧草地和为农用地提供配套的设施农用地等都符合直接提供“农业产品”的特性，具有较高的农业生产功能。与此同时，以上用地还兼有不同强度的生态功能，需要通过其森林覆盖程度与土地利用强度来识别。

②裸土地、沙地等具有一定强度的生态功能，但难以支撑人类生存的用地，阻碍城镇或农业功能发展，可根据其影响程度进行确定。

③沟渠、田坎等作为农用地的关键构成要素，不直接提供农产品的地类，但存在较高的农业功能，且有生态性，可按照这些地类的生态容纳程度与生态要素本底进行生态能力定级。

④工业用地等工矿生产用地是能够提供工业产品的用地，具有较强的生产功能。在现代工业生产中，工业生产与生活配套紧密相连，存在提升生活保障的能力，但该地类在进行产品生产时会影响生态环境质量，其影响状况需要按照土地利用效率、利用强度来确定。

⑤城镇住宅用地、农村居民点用地等直接与生活保障水平息息相关，前者位于城镇空间，故其城镇生活功能较强，且对生态环境产生影响，需要按照其土地利用效率进一步确定；后者位于农业空间，故其乡村生活功能较强。

⑥河流水面、水库水面及部分未利用地作为生态用地，按照其现状类型来确定生态级别。

征询土地利用、乡村地理学、生态学等相关领域的专家（李欣，2020；曲衍波等，2021），同时考虑到部分用地发挥一种或几种国土空间正向功能，进而对各种用地类型按照“三区”功能的强弱评分，将“三区空间”功能分为4种类型并进行赋分，以城镇功能为例包含强城镇功能（3分）、半强度城镇功能（2分）、弱城镇功能（1分）、无城镇功能（0分）。鉴于此，对用地类型展开整理与评分（见表3–2）。

网格尺度国土空间利用功能评价结果受尺度差异的影响出现较大不同，也因为可变面元存在的影响，在探索各个时期的相同或不同区域格局时，尺度效应会出现显著的变化。一般来讲，尺度效应受研究区域的“人口–土地–产业”现状、国土空间利用格局、粒度的大小等方面的影响而产生不同的结果。在筛选合适的粒度时，研究者一般会综合区域实际与各自研究的侧重点，以等间距或等倍数的方式进行空间粒度转化（如50～10 000 m粒度大小，10 m、20 m、100 m粒度步长等）。基于此，参考已有成果与综合数据精度，本研究在选取网格评价单元大小时，借鉴了Jianchao Qi等（2019）在不同尺度的差异（1 km、5 km、10 km、20 km）下探索土地利用类型的分区结果和规模效应，结合广西沿海地区自然地理特点和土地开发现状，以300 m × 300 m的网格为基本评价单元测度网格尺度下的国土空间利用功能，以期精细化分析国土空间利用功能。广西沿海地区2009年、2019年的评价网格分别为114 131个、114 853个。

求取网格尺度国土空间利用功能的过程如下：①以2009年为例，根据前文国土空间利用功能含义解析和分类体系探索，通过46个土地利用二级分类依次展开国土空间利用功能赋分；②以中心像元分配法把国土空间利用功能赋分后的用地类型矢量数据输出为100 m分辨率的栅格数据；③通过ArcGIS 10.2“数据管理”功能的“创建渔网”工具将广西沿海地区用地类型数据划分为300 m × 300 m的最优网格大小，共获得114 131个网格，以每个网格内至少有1种用地类型为出发点，与步骤②获得的数据进行相交运算，既能够表征全域特征，又能够凸显空间分异与演变态势；④运用ArcGIS 10.2的“Spatial Analyst”的分区统计工具，基于300 m × 300 m的网格对步骤③相交运算后的数据求取其网格功能均值；⑤根据前述过程，依次生成2009年、2019年网格尺度下的广西沿海地区国土空间利用功能空间分布图。

（3）网格尺度的国土空间利用功能归并结果修正。

土地利用的类型与功能之间存在“一对一”或者“一对多”的关系（李文辉等，

2021）。在社会经济基础、生态资源与环境条件的作用下，不同区域同一地类所发挥的国土空间利用功能具有不同的效果。用地类型的空间归并可以在“量”上深刻地表征不同区域的国土空间利用功能差异，但其在“质”上未能体现功能差异（周浩等，2020）。为进一步揭示国土空间利用功能之间的区域差异性，运用单位开发强度 GDP、总初级生产力及生态系统服务价值 3 个特征变量分别修正对应的城镇功能（F_1）、农业功能（F_2）及生态功能（F_3）初始值。计算公式如式（3–4）。

$$F_i = f_i^{'} \times (TX_i - min_i)/(max_i - min_i) \quad 式（3–4）$$

式中：F_i 为国土空间利用功能水平指数，其中 i 为 1、2、3，分别表示城镇功能值、农业功能值、生态功能值；$f_i^{'}$ 为国土空间利用功能初始值；TX_1、TX_2、TX_3 分别为网格单元中单位开发强度 GDP、总初级生产力、生态系统服务价值的数值；max_i 和 mix_i 分别表示研究地区功能修正特征变量的最大值与最小值。

3. 多尺度融合

国土空间利用功能作为包含人文、自然等多种属性的复杂系统，在尺度上存在显著的层次性和差异性，在地域和空间范围上分别具有复合性、动态性，同时由于数据的获取、测算方法的受限等因素，多尺度融合研究始终是热点与难点。在不同的尺度下，国土空间利用功能的研究方向、侧重内容、表现形式各有不同。小尺度与宏中观尺度交叉作用和彼此影响，宏中观尺度作为小尺度的要素、结构的主要架构，同时小尺度的组成要素、结构受限于宏中观尺度的作用。进行宏微观尺度融合下的功能逐级传导，根据行政单元与网格单元融合下的多尺度研究，既能够得到宏中观尺度的“三区”功能区域发展条件，又能够获取小尺度所独有的细微信息。尺度由单一类型向多种类型集成探索，已是国土空间利用未来的研究方向。

参照 Verburg P H（2008）的多尺度融合模型开展测度，根据迭代法构建起行政尺度与网格尺度的空间联系（李欣，2020；付晶莹等，2022；单薇等，2019；冉娜，2018），计算公式如式（3–5）。

$$F_{U,A,E} = (1-\alpha)\ T_{U,A,E} + \alpha \sum_{i=1}^{n} X_i \beta \quad 式（3–5）$$

式中：$F_{U,A,E}$ 表示多尺度融合的国土空间利用功能水平指数；U、A、E 分别表示城镇功能量化测度指数、农业功能量化测度指数、生态功能量化测度指数；$T_{U,A,E}$ 代表网格单元尺度国土空间利用功能的测度指数；α 为行政单元尺度的国土空间利用功能所占权重；X_i 和 β 分别代表行政单元尺度国土空间利用功能的各个评价因子及其相应的权重。

运用 ArcGIS 10.2 的自然间断点法将国土空间利用功能水平分为高、较高、中等、较低、低五个级别。

（二）国土空间利用功能空间集聚特征的分析方法

采用空间自相关模型分析国土空间利用功能空间的集聚特征。由全局自相关和局部自相关两种类型组成的空间自相关方法，可以从空间上揭示相邻区域关联水平的高低（李欣等，2019）。其中，全局自相关能够探明国土空间利用功能是否具有集聚特征。根据国土空间利用功能测度结果，开展国土空间利用功能全局自相关分析。计算公式如式（3–6）。

$$Global_{全局}\ Moran's\ I = \sum_{i}^{n}\sum_{j\neq i}^{n} w_{ij}\left(x_i-\bar{x}\right)\left(x_j-\bar{x}\right) / S^2\sum_{i}^{n}\sum_{j\neq i}^{n} w_{ij} \qquad 式（3–6）$$

式中：I 是莫兰指数，$I\in[-1,1]$，当 I 大于 0 时，表现为正相关同质集聚，当 I 小于 0 时，表现为负相关异质集聚，当 $I=0$ 时不相关；n 是研究区样本总数，W_{ij} 为空间权重矩阵，x_i 和 x_j 分别为研究区 i 与 j 的属性值；S^2 为评分值的方差；$\bar{x}$为研究地区国土空间利用功能相应评分的平均值。

采用局部自相关深入揭示国土空间利用功能的集聚位置，可分为4种类型："高－高"（H–H）——功能高值区显著相关、"低－低"（L–L）——功能低值区显著相关、"低－高"（L–H）——自身功能水平低而周边区域功能水平高、"高－低"（H–L）——自身功能水平高而周边区域功能水平低。计算公式如式（3–7）（各变量代表含义解释同上）。

$$Local_{局部}\ Moran's\ I = \frac{\left(x_i-\bar{x}\right)}{S^2}\sum_{j=1}^{n} w_{ij}\left(x_i-\bar{x}\right) \qquad 式（3–7）$$

三、国土空间利用功能协调关系的评价方法

国土空间"三区"功能间具有相互作用、相互制衡的交互耦合关系。因此，在借鉴有关成果（林树高等，2022；冯晓娟等，2022；王成等，2018）并结合本研究的基础上，采用耦合度模型对国土空间利用功能协调关系进行评价。计算公式如式（3–8）。

$$C = 3 \times \left\{ \frac{U_i \times A_i \times E_i}{\left(U_i + A_i + E_i\right)^3} \right\}^{1/3} \quad 式（3-8）$$

式中：C 为耦合度，值域范围为［0,1］，其值高低取决于城镇功能、农业功能、生态功能水平大小，其值越高，表明城镇功能、农业功能、生态功能之间互相交织、交互作用的程度越大；U_i、A_i、E_i 分别是城镇功能水平值、农业功能水平值、生态功能水平值；$i \in \{1,2,3,\cdots,n\}$。

为进一步探明国土空间“农业－生态”功能、“城镇－生态”功能、“城镇－农业”功能相互之间的影响程度，耦合度模型推演如式（3-9）。

$$C_1 = 2 \times \left\{ \frac{U_i \times A_i}{\left(U_i + A_i\right)^2} \right\}^{1/2} \quad C_2 = 2 \times \left\{ \frac{U_i \times E_i}{\left(U_i + E_i\right)^2} \right\}^{1/2} \quad C_3 = 2 \times \left\{ \frac{A_i \times E_i}{\left(A_i + E_i\right)^2} \right\}^{1/2} \quad 式（3-9）$$

耦合度虽然可以探明城镇功能、农业功能、生态功能之间的相互影响状况，但无法反映各功能之间“一高一低”时的协调程度，因此，采用耦合协调模型以进一步探索国土空间利用功能的协调关系，计算公式如式（3-10）、式（3-11）。

$$D = \sqrt{CT} \quad 式（3-10）$$

$$T = \alpha U_i + \beta A_i + \pi E_i \quad 式（3-11）$$

式中：D 为国土空间“三区”功能耦合协调度；C 为国土空间“三区”功能耦合度；U、A、E 分别为城镇功能、农业功能、生态功能指数；α、β、π 分别为生态功能、农业功能、城镇功能的待定系数，取值为 $\alpha=\beta=\pi=1/3$。

同理，两个功能之间的耦合协调度测算公式如式（3-12）、式（3-13）。

$$D = \sqrt{CT} \quad 式（3-12）$$

$$T_1 = \alpha U_i + \beta A_i \text{或} T_2 = \alpha U_i + \pi E_i \text{或} T_3 = \beta A_i + \pi E_i \quad 式（3-13）$$

式中：借鉴有关专家意见，α、β、π 均取值 0.5。

基于国土空间“城镇－农业－生态”功能综合评价结果，参考相关研究成果，并结合本研究实际，采用自然间断点法将本研究的耦合协调度划分为 5 个等级（高、较高、中、较低和低），以期最大程度辨明耦合协调关系。

四、国土空间利用功能驱动因素分析方法

地理探测器作为一种探索空间分异并剖析其背后影响因子的统计方法，已被广泛运用到地理科学研究中（王劲峰等，2017）。本研究运用地理探测器模型，探测

各影响指标对国土空间利用功能时空分异的作用。计算公式如式（3–14）。

$$q = 1 - \frac{1}{n\sigma^2}\sum_{i=1}^{m} n_i \sigma^2{}_i \qquad \text{式（3–14）}$$

式中：q 为国土空间利用功能空间格局的影响力指数，$q \in [0,1]$，q 值越大，表示该因素对国土空间利用功能空间格局分异的影响力越强；n_i、n 分别为 m 类型的样本数和研究地区样本数；m 为多视角因素的数量；σ^2、$\sigma^2{}_i$ 分别为研究地区国土空间利用功能水平及 m 类型的方差。

第四章　广西沿海地区国土空间利用功能特征评价

第一节　广西沿海地区概况

一、研究区范围

本研究以广西防城港市东兴市、防城区、港口区，钦州市钦南区，北海市合浦县、海城区、银海区、铁山港区等 8 个沿海县（市、区）域行政边界的陆域部分（未涵盖海域部分）为研究范围，土地总面积 9 976.78 km^2。海岸线位于我国海岸线的西南端，东与广东省廉江市交界于英罗港，西与越南交界于北仑河口。

二、自然状况

广西沿海地区地貌类型多样，其中，山地占沿海地区总面积的 12.47%、丘陵占沿海地区总面积的 13.65%、台地占沿海地区总面积的 20.22%、平原占沿海地区总面积的 40.71%。平原面积大，在地势上呈现出由西北向东南降低的地域性特征；山地分布于防城区的西部和北部，为十万大山，海拔 700 ～ 1 200 m；丘陵主要分布于合浦县的北部和东北部、钦南区东北部、东兴市北部，海拔 200 ～ 500 m；台地主要分布于海城区、银海区、铁山港区及钦南区南部；平原可分为冲积平原和海成平原，冲积平原主要分布在南流江谷地和钦江谷地，海成平原分布于台地向海倾斜的边缘地带。广西沿海地区西北部山脉虽然受大陆气团影响，但其受海洋气候影响更大，海洋性气候明显。年平均气温 21.0 ～ 23.0℃，年平均降水量 1 650 ～ 1 800 mm。位于十万大山南坡的防城区处于迎风坡地带，降水量丰富，如那梭镇年降水量达 3 700 mm，是广西年降水量最多的地方。台风是该区域主要的气象灾害。境内河流主要有南流江、大风江、钦江、茅岭江、防城江、江平江、北仑河，都是独流入海河流。该区域土壤类型具有较强的地带性特点，表现为南、北部分别为砖红壤地带、赤红壤地带。十万大山土壤类型垂直分布有砖红壤、赤红壤、黄红壤、黄壤。该区域地带性植被为北热带季节性雨林，热带树种繁多。十万大山植被类型垂直分布有北热带季节性雨林、山地常绿阔叶林。除了在十万大山还存在天然的北热带季节性雨林分布，其他地区主要为人工植被，主要有桉树林、松树林、八角林、玉桂林、橡胶林、果林等。沿海分布有红树林。区域内生物种类丰富，十万大山国家级自然保护区已知维管束植物 2 233 种、陆生野生脊椎动物 406 种（谭伟福，2005；周放等，2004；广西林业勘测设计院，2002）；有宽叶苏铁、小叶红豆、紫纹兜兰等国家Ⅰ级重点保护野生植物和云豹、豺、林麝、大灵猫、小灵猫、金猫、穿山甲、圆鼻巨蜥等国家Ⅰ级重点保护野生动物。

三、社会经济状况

广西沿海地区在连接东盟贸易、融入"一带一路"、搭建西部陆海新通道中具有独特优势，尤其在 2008 年后，在北部湾经济区、自由贸易试验区等针对广西沿海地区发展的重大决策推动下，广西沿海地区社会进步，经济欣欣向荣。2019 年，广西沿海地区常住人口为 302.96 万人，常住人口城镇化率为 61.61%；GDP 为 2 239.29 亿元，是 2009 年的 3.44 倍，第二产业和第三产业产值比例达 82.01%，人均 GDP 由 2009 年的 2.22 万元增至 2019 年的 7.39 万元。

四、土地利用现状

基于 2019 年广西沿海地区 8 个县（市、区）的土地利用数据统计，根据土地利用类型及研究侧重点，将广西沿海地区土地利用类型划分为耕地、园地等 12 类（见表 4–1）。在广西沿海地区土地利用现状中，以林地为主（5 141.07 km^2），占比 51.53%；其次为水域及水利设施用地（1 869.00 km^2），占比 18.73%；第三为耕地（1 644.92 km^2），占比 16.49%。生态功能用地与农业功能用地资源丰富。

表 4–1　广西沿海地区土地利用现状统计

序号	地类	面积（km^2）	占比（%）
1	耕地	1 644.92	16.49
2	园地	176.13	1.77
3	林地	5 141.07	51.53
4	草地	149.91	1.50
5	商务用地	46.06	0.46
6	工矿仓储用地	141.34	1.42
7	住宅用地	388.48	3.90

续表

序号	地类	面积（km^2）	占比（%）
8	公共管理与公共服务用地	51.02	0.51
9	特殊用地	14.10	0.14
10	交通运输用地	311.69	3.12
11	水域及水利设施用地	1 869.00	18.73
12	其他土地	43.06	0.43
总计		9 976.78	100.00

五、数据来源与处理

（一）数据来源

本研究涉及的数据主要用于探讨广西沿海地区国土空间利用功能的时空格局、协调关系及其驱动机制，涵盖地理信息数据与社会经济数据，数据来源及用途见表 4–2。

表 4–2　数据来源及用途

数据名称	数据说明
广西沿海 8 个县（市、区）域行政区划界线	相关部门提供，用于研究区边界提取
广西沿海 8 个县（市、区）域土地利用现状数据	相关部门提供，用于网格地类功能评价
广西沿海 8 个县（市、区）域夜间灯光数据	从中国科学院资源环境科学数据中心下载，用于空间化处理 GDP 等数据
广西沿海 8 个县(市、区)域水系、交通路网数据	从 1：100 万的全国基础地理数据库下载，用于研究区概况图绘制
广西沿海 8 个县（市、区）域 DEM 数据	从地理空间数据云下载，30 m × 30 m 分辨率，用于提取高程、坡度等
广西沿海 8 个县（市、区）域 MODIS17 数据	从美国航空航天局（NASA）下载，用于测算总初级生产力
广西沿海 8 个县（市、区）域气象数据	从中国气象网的降水量数据和气温数据获取，用于影响因素的分析
广西沿海 8 个县（市、区）域土壤数据	从世界土壤数据库提取，用于功能评价指标体系构建

续表

数据名称	数据说明
广西沿海 8 个县（市、区）域社会经济数据	从《中国口岸年鉴》《广西统计年鉴》《广西水土保持公报》，以及各县的《县志》《国民经济和社会发展统计公报》获取，用于研究区概况分析和国土空间功能测度

（二）数据处理

根据第三次全国国土调查土地利用现状分类标准并综合国土空间利用功能分类，应用 ArcGIS 10.2 软件对土地利用类型进行归并，以此作为广西沿海地区网格尺度国土空间利用功能测度的基础；到最近主要港口码头的距离等数据通过 ArcGIS 10.2 的“欧氏距离”工具计算；坡度通过 ArcGIS 10.2 的“表面分析”工具计算；关于农业机械总动力、乡村居民收入水平等单一指标数据，直接从相关数据来源中获取；关于地均社会消费品零售额、农业从业人口比例等复合指标数据，在获取有关数据后，借助数学统计方法测算。

第二节　广西沿海地区国土空间利用功能时空格局及其集聚特征评价

一、广西沿海地区国土空间利用功能时空格局特征评价

采用第三章第三节所述的“国土空间利用功能评价方法”分别测度 2009 年和 2019 年广西沿海地区城镇、农业、生态等功能水平指数（见表 4–3）及功能网格数（见表 4–4 至表 4–6），以此分析广西沿海地区城镇功能、农业功能和生态功能的时空格局特征。

表 4–3　2009 年、2019 年广西沿海地区城镇、农业、生态等功能水平指数

区域	年份	城镇功能水平指数	农业功能水平指数	生态功能水平指数
海城区	2009	0.806 2	0.372 7	0.878 7
	2019	0.823 7	0.309 8	1.003 1
银海区	2009	0.372 1	0.840 2	0.965 6
	2019	0.375 3	0.850 8	0.957 6

续表

区域	年份	城镇功能水平指数	农业功能水平指数	生态功能水平指数
铁山港区	2009	0.266 6	0.878 7	1.033 2
	2019	0.269 8	0.819 5	1.176 9
合浦县	2009	0.187 3	0.810 6	1.255 3
	2019	0.239 8	0.819 5	1.176 9
港口区	2009	0.365 1	0.497 6	1.212 4
	2019	0.482 4	0.486 2	1.048
防城区	2009	0.178 5	0.600 5	1.519 3
	2019	0.220 5	0.519 3	1.498 2
东兴市	2009	0.242 4	0.637 4	1.391 9
	2019	0.314 9	0.679 5	1.276
钦南区	2009	0.263 6	0.733 7	1.368
	2019	0.314 9	0.679 5	1.276
广西沿海地区总体	2009	0.241 4	0.713 4	1.320 2
	2019	0.287 5	0.680 4	1.254 1

表 4-4　2009 年、2019 年广西沿海地区城镇功能网格统计

区域	年份	低		较低		中		较高		高		合计	
		数量（个）	比例（%）	数量（个）	比例（%）	数量（个）	比例（%）	数量（个）	比例（%）	数量（个）	比例（%）	数量（个）	比例（%）
海城区	2009	0	0.00	1 066	51.42	350	16.88	250	12.06	407	19.63	2 073	100.00
	2019	0	0.00	1 138	52.56	337	15.57	221	10.21	469	21.66	2 165	100.00
银海区	2009	4 065	63.76	1 107	17.36	593	9.30	362	5.68	248	3.89	6 375	100.00
	2019	4 108	64.43	1 457	22.85	368	5.77	178	2.79	265	4.16	6 376	100.00
铁山港区	2009	4 054	70.43	1 086	18.87	451	7.84	135	2.35	30	0.52	5 756	100.00
	2019	4 373	75.50	920	15.88	289	4.99	85	1.47	125	2.16	5 792	100.00
合浦县	2009	27 524	88.16	2 545	8.15	802	2.57	284	0.91	66	0.21	31 221	100.00
	2019	27 088	85.26	3 672	11.56	560	1.76	193	0.61	258	0.81	31 771	100.00
港口区	2009	3 276	66.46	803	16.29	365	7.41	336	6.82	149	3.02	4 929	100.00
	2019	2 615	51.51	1 169	23.03	582	11.46	241	4.75	470	9.26	5 077	100.00
防城区	2009	26 388	95.66	836	3.03	263	0.95	70	0.25	29	0.11	27 586	100.00
	2019	24 651	89.18	2 332	8.44	456	1.65	120	0.43	83	0.30	27 642	100.00

续表

区域	年份	低		较低		中		较高		高		合计	
		数量（个）	比例（%）	数量（个）	比例（%）	数量（个）	比例（%）	数量（个）	比例（%）	数量（个）	比例（%）	数量（个）	比例（%）
东兴市	2009	5 691	85.36	528	7.92	283	4.24	116	1.74	49	0.73	6 667	100.00
	2019	5 159	77.87	1 035	15.62	221	3.34	91	1.37	119	1.80	6 625	100.00
钦南区	2009	24 897	84.33	3 531	11.96	672	2.28	198	0.67	226	0.77	29 524	100.00
	2019	21 704	73.81	5 832	19.83	1 023	3.48	417	1.42	429	1.46	29 405	100.00
广西沿海地区总体	2009	95 895	84.02	11 502	10.08	3 779	3.31	1 751	1.53	1 204	1.05	114 131	100.00
	2019	89 698	78.10	17 555	15.28	3 836	3.34	1 546	1.35	2 218	1.93	114 853	100.00

表 4–5　2009 年、2019 年广西沿海地区农业功能网格统计

区域	年份	低		较低		中		较高		高		合计	
		数量（个）	比例（%）	数量（个）	比例（%）	数量（个）	比例（%）	数量（个）	比例（%）	数量（个）	比例（%）	数量（个）	比例（%）
海城区	2009	1 429	68.93	247	11.92	180	8.68	81	3.91	136	6.56	2 073	100.00
	2019	1 574	72.57	358	16.51	177	8.16	18	0.83	42	1.94	2 169	100.00
银海区	2009	1 526	23.94	729	11.44	1 279	20.06	1 154	18.10	1 687	26.46	6 375	100.00
	2019	1 245	19.53	551	8.64	1 154	18.10	1 890	29.64	1 536	24.09	6 376	100.00
铁山港区	2009	1 377	23.92	491	8.53	1 077	18.71	1 020	17.72	1 791	31.12	5 756	100.00
	2019	1 196	20.69	257	4.45	574	9.93	1 510	26.12	2 243	38.81	5 780	100.00
合浦县	2009	6 572	21.05	5 552	17.78	6 797	21.77	5 555	17.79	6 745	21.60	31 221	100.00
	2019	5 224	16.44	4 868	15.32	7 237	22.78	8 688	27.35	5 753	18.11	31 770	100.00
港口区	2009	2 417	49.04	1 154	23.41	876	17.77	348	7.06	134	2.72	4 929	100.00
	2019	2 301	45.32	1 386	27.30	972	19.15	370	7.29	48	0.95	5 077	100.00
防城区	2009	12 407	44.98	4 893	17.74	4 599	16.67	3 037	11.01	2 650	9.61	27 586	100.00
	2019	11 758	42.53	7 394	26.75	4 576	16.55	3 087	11.17	830	3.00	27 645	100.00
东兴市	2009	2 633	39.49	1 389	20.83	885	13.27	797	11.95	963	14.44	6 667	100.00
	2019	2 649	39.97	1 637	24.70	930	14.03	1 018	15.36	394	5.94	6 628	100.00
钦南区	2009	5 190	17.58	8 488	28.75	8 966	30.37	4 461	15.11	2 419	8.19	29 524	100.00
	2019	5 453	18.54	7 427	25.26	10 093	34.32	5 438	18.49	997	3.39	29 408	100.00
广西沿海地区总体	2009	33 551	29.40	22 943	20.10	24 659	21.61	16 453	14.42	16 525	14.48	114 131	100.00
	2019	31 400	27.34	23 878	20.79	25 713	22.39	22 019	19.17	11 843	10.31	114 853	100.00

表 4-6　2009 年、2019 年广西沿海地区生态功能网格统计

区域	年份	低		较低		中		较高		高		合计	
		数量（个）	比例（%）	数量（个）	比例（%）	数量（个）	比例（%）	数量（个）	比例（%）	数量（个）	比例（%）	数量（个）	比例（%）
海城区	2009	686	33.09	670	32.32	133	6.42	52	2.51	532	25.66	2 073	100.00
	2019	600	27.66	686	31.63	199	9.17	59	2.72	625	28.82	2 169	100.00
银海区	2009	846	13.27	2 731	42.84	1 557	24.42	472	7.40	769	12.06	6 375	100.00
	2019	1 132	17.75	3 058	47.96	1 264	19.82	218	3.42	704	11.04	6 376	100.00
铁山港区	2009	453	7.87	2 368	41.14	1 750	30.40	330	5.73	855	14.85	5 756	100.00
	2019	979	16.91	2 887	49.86	1 044	18.03	148	2.56	732	12.64	5 790	100.00
合浦县	2009	531	1.70	5 241	16.79	11 023	35.31	8 944	28.65	5 482	17.56	31 221	100.00
	2019	1 157	3.64	8 010	25.21	10 936	34.42	7 314	23.02	4 354	13.70	31 771	100.00
港口区	2009	366	7.43	458	9.29	1 809	36.70	1 479	30.01	817	16.58	4 929	100.00
	2019	648	12.76	1 652	32.54	1 489	29.33	681	13.41	607	11.96	5 077	100.00
防城区	2009	82	0.30	801	2.90	4 972	18.02	8 337	30.22	13 394	48.55	27 586	100.00
	2019	113	0.41	1 273	4.61	5 693	20.60	7 760	28.08	12 801	46.31	27 640	100.00
东兴市	2009	119	1.78	530	7.95	1 628	24.42	2 000	30.00	2 390	35.85	6 667	100.00
	2019	240	3.62	1 163	17.55	1 668	25.18	1 516	22.88	2 038	30.76	6 625	100.00
钦南区	2009	408	1.38	1 625	5.50	7 629	25.84	12 682	42.95	7 180	24.32	29 524	100.00
	2019	683	2.32	2 985	10.15	10 036	34.13	11 689	39.75	4 012	13.64	29 405	100.00
广西沿海地区总体	2009	3 491	3.06	14 424	12.64	30 501	26.72	34 296	30.05	31 419	27.53	114 131	100.00
	2019	5 552	4.83	21 714	18.91	32 329	28.15	29 385	25.58	25 873	22.53	114 853	100.00

（一）城镇功能

广西沿海地区 2009 年、2019 年的城镇功能水平指数均值分别为 0.241 4、0.287 5，城镇功能水平整体较低。但城镇功能从 2009 年到 2019 年呈现显著增长态势，低型城镇功能区域网格在研究区的比例从 2009 年的 84.02% 下降至 2019 年的 78.10%，较高水平和高水平城镇功能区域网格的比例从 2009 年的 2.58% 提升至 2019 年的 3.28%。受历史与社会因素影响，广西沿海地区社会经济基础较薄弱，城镇功能水平较低。直至进入 21 世纪后，为使西部地区取得长足发展并加强与东盟国家的经贸联系，促进社会稳定和边疆安全，在“兴边富民行动”与“西部大开

发”等政策引领下，国家相关部委与广西壮族自治区人民政府加大了沿海地区的基础设施建设力度。与此同时，2002 年《中国—东盟全面经济合作框架协议》的签订，开启了中国—东盟自由贸易区建设的新篇章，为广西沿海地区加快工业化和城镇化发展带来了必要条件，2009 年广西沿海地区城镇功能水平均值达到了 0.241 4。随着 2008 年广西北部湾经济区的成立，以经济发展为核心的工业园建设进入快速发展期，城镇功能用地快速扩增。在 2009 年发布的《国务院关于进一步促进广西经济社会发展的若干意见》与《广西壮族自治区人民政府关于促进广西北部湾经济区开放开发的若干政策规定》的推动下，广西沿海地区以空间换发展，加大基础设施建设投资与开放开发力度，以降低金融危机带来的经济风险。此外，为进一步发挥广西沿海地区东承西联、沿海沿边的独特优势，2017 年，国家发展改革委、住房城乡建设部印发了《北部湾城市群发展规划》。到 2019 年，国家发展改革委发布《西部陆海新通道总体规划》，同年，国务院设立中国（广西）自由贸易试验区，加快西部沿海与内陆的交通、经贸往来建设，完善海上运输大通道，极大地推动了国内外 2 个市场的资金、技术等向广西沿海地区输入，促进广西沿海地区城镇经济蓬勃发展，使得城镇功能水平不断提高，城镇功能水平指数由 2009 年的 0.241 4 增长至 2019 年的 0.287 5。

从空间分布格局来看，广西沿海地区城镇功能呈现“小聚集”分布特征，在各县（市、区）域中心城区及钦州港等重点开发区域形成小核心。2008 年，随着《广西北部湾经济区发展规划》的发布，广西沿海地区实施城镇化布局组团式发展，如北海组团逐渐由海城区核心区向东与铁山港区沿岸乡镇、向北与合浦县中心城区连片发展，城镇功能水平持续提升。2009 年，城镇功能高值区以团块状集中分布在东兴市东兴镇、防城区水营街道、港口区王府街道、渔洲坪街道、白沙万街道、钦南区钦州港经济技术开发区、文峰街道、水东街道、合浦县廉州镇、银海区银滩镇、海城区高德街道、驿马街道等土地利用程度较高的区域。2009 年，广西沿海地区有 107 397 个网格城镇功能处在较低型和低型水平，集中分布在防城区的十万大山地区、钦南区与合浦县耕地集中的乡镇及各地沿海滩涂区域。十万大山地区地貌为中山、低山，是水源涵养与生物多样性维护极重要地区，该区域作为生态保护极重要区域，城镇用地的扩张受到了限制；钦南区与合浦县耕地集中的乡镇地势平坦，是重要的农业生产基地，在耕地保护日趋紧张的形势下，坚持以农业生产优先；而广西沿海滩涂是红树林的重要生长区域，是生态保护的重要区域，不利于城镇用地的扩张。截至 2019 年，广西沿海地区城镇功能较 2009 年有所提升。随着 2017 年《北部湾城市群发展规划》的实施，广西沿海地区城镇功能高水平类型区域在原有的基础上进一步扩增，网格数较 2009 年增长 1 014 个。其中，东兴市沿口岸、沿海区域线性扩张；防城区由白沙万街道沿 210 国道向水东街道逐渐扩增；钦南区由钦州港经济技术开发区和区政府所在地这两个核心向外延伸；海城区在电子信息、滨海旅游产业推动下，由尖角端向东延伸，并向北与合浦县逐渐连片发展；地处铁山港东岸的兴港镇，在铁山港（龙潭）组团规划下，成为铁山港区城镇扩张的新区域。较低型及以下的城镇功能分布区域无较大变化，但部分区域较低型城镇功能数量出现增长。随着生态文明建设的提出与沿海红树林生态保护的实施，部分沿海区域开始调整环境保护与土地利用政策，如钦南区康熙岭镇坚持开发与保护并重，编制红树林生态恢复方案，退还部分城镇用地，沿海滩涂面积逐渐恢复，红树林用地面积逐步扩大。

（二）农业功能

广西沿海地区 2009 年、2019 年农业功能水平指数均值分别为 0.713 4、0.680 4，整体出现下降。伴随广西沿海地区开发上升至国家层面，广西沿海地区进入快速发展时期，工业化与城镇化驱动的建设用地需求增大，挤占农业功能用地，致使农业功能水平整体下降。从各县（市、区）域的时序变化情况来看，呈现出“三区县增长，五区县下降”的变化趋势。在《国家粮食安全中长期规划纲要（2008—2020）》《广西壮族自治区关于加快农业发展方式的实施意见》（桂政办发〔2016〕55 号）、《广西数字农业发展三年行动计划（2018—2020）》及乡村振兴等众多政策推动下，广西沿海地区的农业功能水平影响不尽相同，如东兴市、银海区、合浦县的农业功能水平指数由 2009 年的 0.637 4、0.840 2、0.810 6 分别增长至 2019 年的 0.679 5、0.850 8、0.819 5，而海城区、钦南区、港口区、防城区、铁山港区 5 个区域的农业功能水平出现降低。

从空间分布格局来看，2009 年广西沿海地区农业功能水平指数处在中型以上的区域网格数量比例达 50.50%，整体在空间上呈现由西向东递增的分布特征。广西沿海西部的峒中镇、那良镇、扶隆镇、十万山瑶族乡多为山地丘陵地貌，土壤肥力低、农业生产条件不足和基础设施配套差，致使这些区域的农业功能水平较低。农业功能水平较高的区域主要分布在石湾镇、公馆镇、南康镇、福成镇等东部乡镇，这些区域是国家现代农业示范区，相较于西部，地形起伏度小、土壤肥沃、气候适宜和耕作设施配套条件较好，为开展农业生产提供了较优的基础条件，农业功能水平指数较高。此外，这些区域经济基础较优，乡村居民可支配收入较高，医疗保障、教育支撑、基础设施建设等较为完善，因此乡村生活功能水平较高。2019 年，广西沿海地区农业功能空间格局无较大变化，农业功能指数处在中型以上的区域网格数量比例为 51.87%，但区域差异增大，东部的南康镇、沙岗镇、党江镇农业功能水平不断提升。随着生态文明建设与乡村振兴战略的实施，广西沿海各地开始调整乡村发展与农业发展政策，取得的成效各有不同。例如，合浦县以环境秀美、生活甜美、乡村和美、党建壮美为重点深入实施“美丽合浦 · 幸福乡村”建设活动，同时为落实《全国高标准农田建设总体规划》目标，推进高标准农田建设，以此促进乡村人居环境质量的提高，优化乡村用地布局，农业生产功能与乡村生活功能得到了显著提升，农业功能水平较高型和高型的网格数量比例由 2009 年的 39.39% 增长至 2019 年的 45.46%；而防城区西北部的十万山瑶族乡、那良镇等乡镇近年来随着脱贫攻坚的持续推进和现代农业技术的发展，耕作条件有较大改善，但受制于自然条件，农业功能水平相较东部平原区域提升缓慢。同时，随着城镇化快速扩张，各县域中心城区周围区域的优质农业用地被不断挤占，农业功能水平下降，呈现“城进农退，城兴农衰”的态势。

（三）生态功能

广西沿海地区生态功能整体水平较高，2019 年生态功能水平指数均值达到 1.254 1。但从 2009 年到 2019 年，国土空间生态功能整体上出现一定程度的破坏，生态功能水平指数均值由 2009 年的 1.320 2 下降至 2019 年的 1.254 1，低型生态功能区域网格数量在研究区的比例从 3.06% 提升至 4.83%，较高型和高型生态功能区域网格数量比例从 57.58% 下降至 48.11%。自西部大开发战略实施与《中国—东盟全面经济合作框架协议》签订以来，广西沿海地区经济发展进入快车道，尤其是北部湾经济区成立后，一直处于工业密集建设状态，在经济发展的同时，广西沿海地区面临红树林面积退化、环境污染加剧等重大风险挑战，尽管在生态文明建设的持续推动下，广西沿海地区大力实施“蓝色海湾”整治行动，对厂矿污染物排放进行管控，但在经济发展的同时难以避免占用生态用地，导致生态功能出现一定程度的衰退。

从空间分布格局来看，2009 年广西沿海地区全域 3 491 个（占 3.06%）网格处于生态功能水平指数低值区，以组团方式聚集在海城区驿马街道、高德街道、银海区银滩镇、东兴镇、廉州镇、钦州港经济技术开发区，部分低值功能区以条状分布在白沙万街道到水营街道，在福成镇、兴港镇局部也分布零星点状的生态功能低值区，以上区域是城镇重点开发区域，人类活动频繁，生态环境易受到破坏，生态功能较低；14 424 个（占 12.64%）网格属于较低值区，环低值区分布，主要以组团式集聚于东南局部地区；30 501 个（占 26.72%）网格属中值区，以“插花式”分散布局在全域；较高值区 34 296 个，比重相对较大，达 30.05%，主要集聚于西北部与中部等周边山地地区；31 419 个（占 27.53%）网格属高值区，依山傍水的空间分布趋势较明显，环西北山地、钦州林湖森林公园、北仑河、防城江、南流江、茅岭江、大风江、钦江、洪潮江水库、沿海滩涂等区域聚集，主要是由于该类区域水网密集、湿地多、森林覆盖率高。到 2019 年，低值区域扩大，与 2009 年相比增幅为 1.77%；高值区域缩小，与 2009 年相比减幅为 5.00%，呈现“南北高，中部低”的空间分布格局。随着中国—东盟区域经济一体化的持续推进、西部陆海新通道的不断建设与《北部湾城市群发展规划》的实施，广西沿海地区被赋予了新的发展使命，社会经济发展空前繁荣，城镇用地持续扩张，部分区域生态环境遭到一定破坏，如钦州港经济技术开发区和铁山港沿岸的兴港镇近年来在临港工业的建设下，以经济发展需要的城镇功能扩张和以生态本底维持的环境保护之间的矛盾越加激烈，生态用地受到挤占，生态功能水平出现下降。生态功能梯度变化从高到低依次为山地丘陵与沿海滩涂区、平原区、县（市、区）域所在中心城区。

二、广西沿海地区国土空间利用功能空间集聚特征评价

在国土空间利用功能测度结果的基础上，采用第三章第三节所述的国土空间利用功能空间集聚特征的评价方法，分别测算广西沿海地区 2009 年、2019 年的国土空间利用功能水平的 Moran′s *I* 指数，以此分析广西沿海地区国土空间利用功能空间集聚特征（见表 4-7）。

表 4-7　2009 年、2019 年广西沿海地区城镇功能、农业功能、生态功能 Moran′s *I* 指数

年份	城镇功能 Moran′s *I* 指数	农业功能 Moran′s *I* 指数	生态功能 Moran′s *I* 指数
2009	0.606 7	0.510 8	0.573 6
2019	0.602 1	0.579 9	0.558 2

（一）城镇功能空间集聚特征

广西沿海地区 2009 年、2019 年的城镇功能 Moran′s *I* 指数分别为 0.606 7、0.602 1，均通过 1% 置信水平与显著性水平（*Z* 绝对值等于 2.58），均为正值且总体稳定，表明城镇功能呈正相关分布特征，空间相邻区域相互作用平稳。

从时间上看，“高 – 高”（H–H）集聚区、“高 – 低”（H–L）集聚区、“低 – 高”（L–H）集聚区、“低 – 低”（L–L）集聚区网格数量分别由 2009 年的 8 730 个、454 个、1 403 个、10 837 个增长至 2019 年的 11 340 个、959 个、1 377 个、28 194 个（见表 4–8）。表明广西沿海地区近年来在《广西北部湾经济区发展规划》与《北部湾城市群发展规划》的推动下，优化城镇空间布局，推进钦（州）防（城港）组团、北海组团、铁山港（龙潭）组团等功能组团统筹发展，城镇发展及城镇功能格局优化获得了极大的助力，部分区域城镇功能集聚性取得了一定成效；但也说明了广西沿海地区的城镇功能区域间的差异性在逐步扩大，部分地方空间相邻区域城镇功能水平出现优于或差于周边区域的现象增多。从空间分布来看，2009 年，“高 – 高”（H–H）集聚区呈团状集中分布在 8 个县（市、区）域中心城区所在地、钦州港经济技术开发区及兴港镇，以上中心城区是各县（市、区）域的经济发展重点区域，生活设施配套齐全，交通便利，医疗、教育等公共服务设施完善，城镇溢出效应明显。近年来，钦州港经济技术开发区在钦州港临港工业的持续推动下，城镇用地成片区扩张，基础设施建设逐步推进，城镇功能水平快速提升。兴港镇随着铁山港临港新材料产业园的建立，推动了生物科技、新材料等产业的发展，城镇功能进一步发展。“高 – 低”（H–L）集聚区与“低 – 高”（L–H）集聚区数量较少，在空间上环绕分布在“高 – 高”（H–H）集聚区。“低 – 低”（L–L）集聚区主要分布在沿海滩涂区域与东部平原区域。广西沿海滩涂是红树林生长的重要栖息地，是生态功能重要保护区域，对城镇发展有诸多政策与自然条件的限制；而东部平原区域受耕地保护政策和永久基本农田分布特征的影响，城镇难以连片发展，城镇功能集聚性较低。2019 年，随着新型城镇化与广西沿海发展政策的不断深入推进，“高 – 高”（H–H）集聚区进一步扩张，其中扩张最为显著的是沙埠镇、企沙镇、兴港镇、钦州港经济技术开发区。沙埠镇大力实施“工业强镇”战略，以钦南新城区为依托，以南北高速、六钦高速、桂海高铁等路网为桥梁，推进城镇社会经济各项工作的开展，取得显著成效；企沙镇随着广西金川有色金属有限公司、柳钢基地等企业的进驻，城镇发展欣欣向荣；而钦州港经济技术开发区与兴港镇依托港口，平稳推进临港工业发展，城镇功能水平得到有效提升。“低 – 低”（L–L）集聚区空间出现扩大，其中，西北部区域面积最大。西北部区域以山地为主，产业发展不足，城镇活动受到地形因素的极大约束，城镇功能水平较低，作为生态保护的重点区域，随着生态保护政策的深入实施，逐步限制大规模经济活动，实施生态修复工程，提升生态功能质量，城镇功能集聚性下降。城镇功能的集聚效应与各地的地理区位、发展政策、功能定位等紧密关联。

表 4–8　2009 年、2019 年广西沿海地区城镇功能空间集聚类型网格统计　　单位：个

年份	“高 – 高”（H–H）集聚区	“高 – 低”（H–L）集聚区	“低 – 高”（L–H）集聚区	“低 – 低”（L–L）集聚区
2009	8 730	454	1 403	10 837
2019	11 340	959	1 377	28 194

（二）农业功能空间集聚特征

广西沿海地区农业功能 Moran′s *I* 指数由 2009 年的 0.510 8 提升至 2019 年的 0.579 9，均通过 1% 置信水平与显著性水平（*Z* 绝对值等于 2.58），表明农业功能呈正相关分布特征，空间相邻区域相互作用在逐步加强，并说明农业功能地理分布的空间集聚效应在进一步增强，空间趋同性持续增大。

从时间上看，2009 年、2019 年“高 – 高”（H–H）集聚区的网格数量分别为 33 646 个、33 178 个（见表 4–9），出现下降的趋势，但“低 – 高”（L–H）集聚区由 2 555 个减少至 1 981 个，表明低水平的农业功能逐步增强。近年来，广西沿海地区不断推进高标准农田建设和全域土地综合整治项目建设，补短板，不断提升农业生产水平。从空间分布来看，2009 年，“高 – 高”（H–H）集聚区形成“久隆镇 – 马路镇”的条状和东部团状的两个分布区域，以上区域地势平坦，农业配套设施较为齐全，生产条件良好，耕作距离近。有少量的“低 – 高”（L–H）集聚区与“高 – 低”（H–L）集聚区零散分布在各地，空间异质性较强。“低 – 低”（L–L）集聚区集中分布在沿海滩涂、西北部及各县（市、区）域城区所在区域。沿海滩涂区域以沙地为主，农业生产条件较差；西北部以山地为主，地势陡峭，交通不便，不利于农业生产活动的开展；而各县（市、区）域城区所在区域的城镇化水平高，城镇空间的扩张挤占了部分便于规模化、集约化耕作的优质农业用地，致使农业功能水平降低。2019

年，“高－高”（H–H）集聚区在空间上呈现“西减东升”的变化特征，区域差异性进一步增强。近年来，随着生态文明建设的深入推进，西部区域作为重要的生态屏障，逐步推进“退耕还林”工程建设，而东部区域地处冲积平原，是农产品重要生产基地，农用地图斑破碎度低，交通便利，伴随现代农业技术的进步与耕地保护政策的倾斜，一系列的农用地提质改造工程不断开展，农用地质量持续得到提升，农业生产能力进一步增强。“低－低”（L–L）集聚区的空间布局总体上较为稳定，但西部部分区域的“低－低”（L–L）集聚区出现扩大的现象，如峒中镇、那良镇是防城区西南部的重要乡镇，山地多、平地少，近年来以脱贫攻坚为契机，不断推进中越口岸和乡镇企业建设，在经济发展与农业生产的博弈中，地势平坦的农用地不可避免地被占用，农业功能呈现较小波动。

表 4–9　2009 年、2019 年广西沿海地区农业功能空间集聚类型网格统计　单位：个

年份	“高－高”（H–H）集聚区	“高－低”（H–L）集聚区	“低－高”（L–H）集聚区	“低－低”（L–L）集聚区
2009	33 646	2 503	2 555	31 624
2019	33 178	3 002	1 981	31 569

（三）生态功能空间集聚特征

广西沿海地区生态功能 Moran′s *I* 指数由 2009 年的 0.573 6 下降至 2019 年的 0.558 2，均通过 1% 置信水平与显著性水平（*Z* 绝对值等于 1.65），均为正值，表明生态功能呈正相关分布特征，但 Moran′s *I* 值下降，说明总体上生态功能集聚性在下降，相邻区域差异变化增大。

从时间上看，2009 年、2019 年“高－高”（H–H）集聚区的网格数量分别为 34 071 个、29 705 个，总体出现下降，而“低－低”（L–L）集聚区数量由 2009 年的 27 448 个增长至 2019 年的 30 370 个（见表 4–10）。主要是由于近年来随着中国—东盟区域经济一体化的深入推进、北部湾经济区建设的加快实施，广西沿海地区大力发展临港工业，城镇化水平快速提升，城镇用地需求扩大，原有部分生态功能用地流失，致使生态功能质量下降，空间集聚性降低，尤其是中部那丽镇、大番坡镇、犀牛角镇，“高－高”（H–H）集聚区数量减少。从空间分布来看，2009 年，“高－高”（H–H）集聚区主要分布在西北部山地、中部丘陵及沿海滩涂区域，以上

区域森林覆盖率高，生物多样性丰富，湿地多，第二、第三产业布局较少，对生态环境的影响较小，生态功能质量高；“高－低”（H–L）集聚区多数布局在“低－低”（L–L）集聚区周边，这部分区域虽存在一定的生态功能价值，但因位于城区范围，受城镇扩张影响，导致城镇周围部分连片分布的生态用地流失，生态用地较为零散；“低－低”（L–L）集聚区集中分布在东部平原及各县（市、区）域中心城区所在区域，这些区域植被覆盖率低，易受自然灾害冲击，且人口集聚，人类活动干扰明显，生态功能水平较低。2019 年，“高－高”（H–H）集聚区呈现“西部升高，中部降低，东部稳定”的空间变化特征。西部区域随着生态文明建设与“退耕还林”政策的持续推进，区域自然生态条件与环境承载能力提高，生态涵养能力加强；中部区域由于城镇化与工业化导致的建设用地扩张，挤压和占用部分山地丘陵用地，导致生态承载力降低；“低－低”（L–L）集聚区总体分布稳定，但受临港工业开发对生态环境质量的一定影响，企沙镇、钦州港经济技术开发区等部分区域“低－低”（L–L）集聚区呈现明显扩张。

表 4–10　2009 年、2019 年广西沿海地区生态功能空间集聚类型网格统计　　单位：个

年份	“高－高”（H–H）集聚区	“高－低”（H–L）集聚区	“低－高”（L–H）集聚区	“低－低”（L–L）集聚区
2009	34 071	1 750	3 628	27 448
2019	29 705	1 766	4 136	30 370

第三节　广西沿海地区国土空间利用功能协调关系评价

根据前文对广西沿海地区国土空间利用功能的时空格局特征进行分析，初步揭示了各个功能出现的时间和空间上的差异性，这种时空差异会导致整体产生协调或失调关系，过度的失调关系必然对国土空间利用的成效与质量产生影响。为持续发挥国土空间运转机制，需要构建多功能的复合体系，以降低冲突、缓解矛盾。可采用耦合协调度模型，先规划广西沿海地区国土空间利用功能的耦合协调机制，再从整体与局部揭示其时空分异特征，从而进一步剖析其背后成因。

一、广西沿海地区国土空间利用功能协调机制

在国土空间利用功能系统中，城镇功能、农业功能、生态功能三者具有相互交

织、互动制衡的交互作用关系（见图 4-1）。

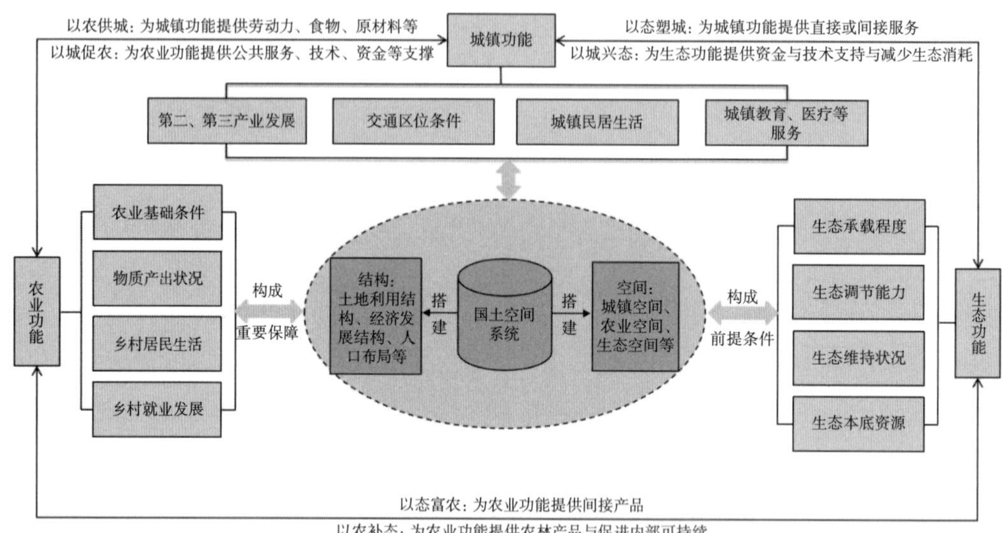

图 4-1　国土空间“三区”功能交互协调机制

1.“以城促农，以农供城”是城镇 - 农业功能交互作用关系的重要体现

提升城镇生活功能，为农村提供医疗、教育等服务，同时，发挥工矿生产功能，为农业功能提供加工产品，提升乡村物质产品的丰富性，并使农业经营优化、耕作效率提升及乡村生活保障获得资金、管理及技术等要素支撑，助推农业生产功能与乡村生活功能提升；工矿生产功能的发挥需要农村人口向城镇转移来提供劳动力，同时，农业生产功能的发挥也为城镇输入原材料、食物等物质基础，是城镇生活功能、工矿生产功能发挥的前提条件。

2.“以城兴态、以态塑城”是城镇 - 生态功能交互作用关系的集中表现

一方面，在城镇工矿生产功能发挥过程中，生态文明理念和生态环境质量的注入，使工矿生产实现“低投入、低排放、高产出”的良性循环，促进工矿生产功能水平提升，同时，减少污染、改善生态，助力优化城镇人居环境，增强城镇生活功能质量，并使得城镇外的人口、资本、技术等要素涌入城镇，促进城镇功能有效发挥；另一方面，随着城镇功能水平的极大提升，城镇居民对物质的丰富性与健康性要求提高，生态产品需求也随之提高，政府为加大生态产品供给，将推动城镇功能发挥所产生的资金与技术进行生态治理与修复，同时，城镇工矿生产方式的转变与技术的升级，有助于单位资源利用率的增大与单位污染排放率的降低，助推生态功

能增强。

3.“以态富农，以农补态”是农业－生态功能交互作用关系的重要表现

农业用地具有一定的生态性，是农村生态景观系统的关键构成要素，其利用功能的有效提升能够降低生态功能在乡村生活功能中的依赖程度，减少生态产品需求，促进生态功能结构优化，助推生态功能提升；生态功能可以为乡村生活功能提供农林产品生产和间接性的生态服务，支撑农业功能良性运转。同时，在农业生产功能发挥过程中，符合生态用途的生产要素投入对于农业生产功能的可持续利用具有重要作用。

总而言之，在国土空间利用功能中，生态功能是前提条件，城镇功能是关键要素，农业功能是重要保障。生态功能为城镇功能、农业功能提供生态产品，是实现高质量发展的先决条件；城镇功能为农业功能、生态功能提供资金、技术、管理等要素保障，是促进国土空间健康高效利用的重要部分；农业功能为城镇功能、生态功能提供农林产品或间接服务，是落实乡村振兴战略的关键部分。城镇功能、农业功能和生态功能相互作用、相互制衡、持续演变，共同推动国土空间利用功能系统的协调发展。

二、广西沿海地区国土空间利用功能协调关系

采用第三章第三节所述的国土空间利用功能协调关系的评价方法可计算国土空间利用功能耦合协调度（见表 4–11），以此来评价广西沿海地区国土空间利用功能协调关系。

表 4–11　2009 年、2019 年广西沿海地区国土空间利用功能耦合协调度

年份	城镇功能与农业功能耦合协调度	城镇功能与生态功能耦合协调度	农业功能与生态功能耦合协调度	城镇－农业－生态功能耦合协调度
2009	0.419 0	0.526 2	0.666 3	0.542 6
2019	0.437 6	0.507 5	0.649 9	0.549 7

（一）城镇功能与农业功能协调关系

2009 年、2019 年广西沿海地区城镇功能与农业功能的耦合协调度分别为 0.419 0、0.437 6，整体呈现稳步提升的趋势。低度协调类型区与高度协调类型区的

网格数分别由2009年的20 240个、7 219个增长至2019年的23 381个、11 815个（见表4-12），各类型数量呈现出“哑铃”状变化特征。随着《国家粮食安全中长期规划纲要（2008—2020）》、生态文明建设、乡村振兴及新型城镇化的提出，广西沿海部分区域不断深入推进高标准农田建设，深化现代农业技术的应用，转变经济发展思路，不断推进乡村第一、第二、第三产业融合与城乡融合发展，促进城镇功能与农业功能“双提升”。但随着广西北部湾经济区建设的持续实施，部分区域城镇化与工业化发展不断加快，城镇用地扩张与农耕区域减少的冲突持续加大，城镇功能与农业功能的协调性降低。2009年，低度协调类型区在空间上主要分布在各县（市、区）域中心城区、西北部山区。由于各县（市、区）域中心城区是城镇发展重点区域，普遍存在城镇用地需求增大与建设用地供给不足之间的矛盾，随着沿海地区开发力度加大，城镇功能与农业功能的冲突加剧；而西北部山区经济发展水平低，交通设施不完善，人口密度较小，且山地多平地少，耕作条件差，城镇功能与农业功能出现“双低”，导致两者的耦合协调性低，处在低度协调状态。高度协调类型区主要分布在南流江三角洲平原、钦江平原区域，该区域地势平坦，交通便利，既处在城镇功能辐射范围又可进行农业生产，城镇功能与农业功能水平均较高。2019年，低度协调类型区面积与高度协调类型区面积同时增大，在空间上呈现“西低东高”的分布特征。其中，西北部、各城区周边区域及钦州港与铁山港等低度协调类型区面积扩大，西北部区域随着脱贫攻坚的不断深入，社会经济发展欣欣向荣，但受限于山地多、平地少的地理特点，存在建设用地需求大与农用地存量少的矛盾，城镇发展与农业种植冲突加大。各城区周边区域伴随城镇发展扩张，出现“城进农退”的功能状况，而钦州港与铁山港等区域作为对外交流的重要桥梁，随着广西向海发展的不断推进，临港工业密集发展，工业用地不断扩张挤占农业用地。高度协调类型区面积增长区域主要分布在东部与中部平原，该区域在乡村振兴战略与生态文明建设的指引下，在高标准农田建设与土地综合整治的推动下，农业功能水平持续提升，城镇功能与农业功能协调性较高。

表4-12　2009年、2019年广西沿海地区城镇功能与农业功能协调类型网格统计

年份	低度协调		较低度协调		中度协调		较高度协调		高度协调		合计	
	数量（个）	比例（%）	数量（个）	比例（%）	数量（个）	比例（%）	数量（个）	比例（%）	数量（个）	比例（%）	数量（个）	比例（%）
2009	20 240	17.73	19 883	17.42	35 407	31.02	31 382	27.50	7 219	6.33	114 131	100.00
2019	23 381	20.36	17 972	15.65	32 106	27.95	29 579	25.75	11 815	10.29	114 853	100.00

（二）城镇功能与生态功能协调关系

2009年、2019年广西沿海地区城镇功能与生态功能的耦合协调度分别为0.526 2、0.507 5，同时，较高度协调区和高度协调区的网格数量由2009年的28 302个减少至2019年的24 972个（见表4-13），表明城镇功能与生态功能的协调性整体出现小幅下降。尽管沿海地区发展向海经济的同时，积极推进海洋生态文明建设，但广西沿海地区自2002年签订《中国—东盟全面经济合作框架协议》以来，中国—东盟自由贸易区建设提速，尤其在广西北部湾经济区成立与《北部湾城市群发展规划》的实施推动下，工业密集开发，致使局部区域生态受到一定程度的破坏，协同推进经济发展与生态保护已成为该区域实现可持续发展的关键。2009年，低度协调区在空间上主要分布在各县（市、区）域中心城区、沿海工业发展区域及东部平原区域，而各县（市、区）域中心城区与沿海工业发展区域是经济发展重点区。随着《广西北部湾经济区发展规划》与《北部湾城市群发展规划》的发布，以上区域的经济发展定位进一步凸显，开发力度不断加大，在经济发展的同时，生态功能不可避免地受到一定程度的破坏，出现城镇功能增大与生态功能减小的"一增一减"状况，两者协调度较低。东部平原区域多为永久基本农田，以农业生产保护为主，城镇开发受限；同时，该区域植被覆盖率低，地势平坦，易受自然灾害冲击，虽然交通设施完善，人口活动密集，但生态功能较弱，故其城镇功能与生态功能的协调性较差。2019年，较高度协调区和高度协调区的面积缩小，网格数量由28 302个减少至24 972个，主要分布在靠近钦州港经济技术开发区的内陆腹地及防城港码头周边区域，近年来这些区域在临港工业的推动下，工业水平不断提升，但经济发展和生态保护、产业升级和土地供给多样化之间的冲突不断加剧，致使城镇功能与生态功能的协调性持续下降。广西沿海地区应不断协调经济发展用地与生态功能用地结构，加大管控工业厂矿污染物排放量，以冯家江生态修复工程、"蓝色海湾"生态整治行动为契机，推进生态修复，改善生态环境质量。

表4-13　2009年、2019年广西沿海地区城镇功能与生态功能协调类型网格统计

年份	低度协调		较低度协调		中度协调		较高度协调		高度协调		合计	
	数量（个）	比例（%）	数量（个）	比例（%）	数量（个）	比例（%）	数量（个）	比例（%）	数量（个）	比例（%）	数量（个）	比例（%）
2009	10 956	9.60	32 276	28.28	42 597	37.32	24 442	21.42	3 860	3.38	114 131	100.00
2019	6 934	6.04	36 589	31.86	46 358	40.36	20 056	17.46	4 916	4.28	114 853	100.00

（三）农业功能与生态功能协调关系

2009 年、2019 年广西沿海地区农业功能与生态功能的耦合协调度分别为 0.666 3、0.649 9，同时，2009 年与 2019 年中度以上协调区网格数占总网格数的比例分别为 77.93% 和 67.43%（见表 4–14），表明广西沿海地区农业功能与生态功能协调性整体较优，但出现小幅下降。随着广西沿海地区的区位优势进一步凸显，沿海 8 个县（市、区）域在广西主体功能区划中被纳入国家级重点开发区域，开发力度不断加大，城镇扩张不断挤占农业功能用地与生态功能用地，造成国土空间利用功能出现“城进农退生降”状况，导致农业功能与生态功能协调性降低。从空间上来看，2009 年，较低度以下协调区主要分布在西北部山区、沿海滩涂及各县（市、区）域中心城区。其中，西北部山区与沿海滩涂作为生态保护重点区域，生态质量较好，但耕作条件差，普遍存在生态功能与农业功能“一高一低”现象。各县（市、区）域中心城区由于城镇化的快速推进，农业发展与生态环境受到城镇化扩张的影响较大，造成生态功能与农业功能下降，两者协调性较低。2019 年，中部钦州港经济技术开发区与防城港码头周边区域的农业功能与生态功能协调性下降，这些区域随着政策优势逐渐凸显、海铁联运的不断升级、开放合作的持续深化，逐步带动周边区域经济发展，开发区域进一步扩大，造成周边区域农业功能与生态功能质量降低，协调性下降。

表 4–14　2009 年、2019 年广西沿海地区农业功能与生态功能协调类型网格统计

年份	低度协调		较低度协调		中度协调		较高度协调		高度协调		合计	
	数量（个）	比例（%）	数量（个）	比例（%）	数量（个）	比例（%）	数量（个）	比例（%）	数量（个）	比例（%）	数量（个）	比例（%）
2009	3 635	3.18	21 557	18.89	21 868	19.16	37 909	33.22	29 162	25.55	114 131	100.00
2019	5 264	4.58	32 149	27.99	24 705	21.51	27 950	24.34	24 785	21.58	114 853	100.00

（四）城镇 – 农业 – 生态功能协调关系

2009 年、2019 年广西沿海地区城镇 – 农业 – 生态功能的耦合协调度分别为 0.542 6、0.549 7，广西沿海地区城镇 – 农业 – 生态功能协调性呈优化趋势。近年来，广西沿海地区始终以建设“壮美广西”为目标，以“生态优势金不换”的底线思维推进经济高质量发展，不断优化城镇 – 农业 – 生态空间功能格局和经济社会发展布局，城镇 – 农业 – 生态功能协调性得到进一步提高。从各类型的分布数量来

看，2009 年广西沿海地区低度、较低度、中度、较高度、高度协调区网格数分别为 5 055 个、30 514 个、32 412 个、34 132 个、12 018 个（见表 4–15），占总网格数的比例分别为 4.43%、26.74%、28.40%、29.91%、10.53%，各类型的数量呈现“中间高两边低”的特征。2019 年的低度、较低度、中度、较高度、高度协调区网格数分别为 4 663 个、32 701 个、27 037 个、30 082 个、20 370 个，占总网格数比例分别为 4.06%、28.47%、23.54%、26.19%、17.74%。低度协调区与高度协调区数量分别进一步减少与增多，数量分布进一步优化。从空间上来看，城镇 – 农业 – 生态功能协调度空间格局演变差异较大。2009 年，较低度以下协调区主要分布在各县（市、区）域中心城区、沿海及西北部区域，高度协调区集中在中部区域。各县（市、区）域中心城区为城镇发展优先区域，农业发展与生态环境整体受到城镇化扩张的影响较大，导致城镇功能与农业、生态功能不匹配。沿海区域是目前向外发展、向内延伸的重点开发区域，沿海生态保护与经济开发的冲突日趋加剧，先天的生态优势面临严重挑战。西北部区域作为生态保护重点区域，生态脆弱，开发受限，且地势陡峭，交通不便，经济基础薄弱，第一产业为该区域发展的主要产业，对快速提升城镇化的支撑力较低，城镇 – 农业 – 生态功能协调性较差。中部区域地处丘陵地区，生态恢复力较强，伴有钦江平原，耕作条件较好，且处在城镇发展辐射范围内，交通便利，城镇 – 农业 – 生态功能协调性较高。2019 年，受政策、经济发展的影响，东部平原的高度协调区与西北部区域的低度协调区面积进一步扩大。近年来，东部平原区域坚持以农业增质增量为原则，以土地综合整治和高标准农田建设为手段提升农业发展水平，以北部湾经济区开发为契机增强城镇发展基础，以冯家江等生态修复工程为抓手改善生态环境质量，促进城镇 – 农业 – 生态功能协调并进。而西北部区域耕地少，生态脆弱，近年来在脱贫攻坚的助推下，城镇化水平进一步提升，但受制于农业生产用地、生态本底条件与承载压力，城镇 – 农业 – 生态功能协调性较低。

表 4–15　2009 年、2019 年广西沿海地区城镇 – 农业 – 生态功能协调类型网格统计

年份	低度协调		较低度协调		中度协调		较高度协调		高度协调		合计	
	数量（个）	比例（%）	数量（个）	比例（%）	数量（个）	比例（%）	数量（个）	比例（%）	数量（个）	比例（%）	数量（个）	比例（%）
2009	5 055	4.43	30 514	26.74	32 412	28.40	34 132	29.91	12 018	10.53	114 131	100.00
2019	4 663	4.06	32 701	28.47	27 037	23.54	30 082	26.19	20 370	17.74	114 853	100.00

第四节　广西沿海地区国土空间利用功能驱动机理探究

本章第二节、第三节探析了广西沿海地区国土空间利用功能的时空格局、集聚特征及其协调关系，深入揭示了国土空间利用功能时空演变的驱动机理，以深化对国土空间利用功能影响因素的认识，对于区域国土空间利用优化、空间协调发展具有理论指导价值。因此，从上述探索结果出发，从国土空间利用功能演变的自然资源禀赋、区位条件、人口、经济发展程度、社会生活水平、政策制度环境等方面选取影响因素，并剖析影响因素的影响方向、方式、强度，以期探明各影响因素的影响力和作用机理。

一、广西沿海地区国土利用功能影响因子识别与辨析

国土空间利用功能是一个非均衡的复杂系统，受自然资源禀赋、经济发展程度与区位条件、政策制度环境等多种因素的叠加影响。相关研究表明，2009 年、2019 年广西沿海地区国土空间利用功能存在显著的时空分异规律，通过 Semivariogram 模型发现，国土空间利用功能的时空格局受结构性与随机性两个因素的影响。李睿康等（2018）认为，国土空间利用功能的空间分布变化是自然因素与社会经济活动的双重作用的结果；刘愿理等（2019）将影响国土空间利用功能时空格局的因素总结为自然资源条件、地理区位因素及区域政策等方面；范业婷等（2022）将经济发达区的国土空间利用功能变化归结为自然环境因素、用地结构状况、社会经济发展、农业现代化四个方面的综合作用；谢晓彤等（2021）认为，影响国土空间利用功能的因素主要涵盖区域经济发展水平、社会生活条件和自然生态本底等多个方面。

综上所述，通过梳理分析国土空间利用功能时空特征使用频数较高的指标，将国土空间利用功能时空分异的驱动因素归结成四类，即自然资源禀赋、经济发展程度与区位条件、社会生活人口状况、政策制度环境。①自然资源禀赋：包括坡度、水源、气温、高程、土壤、资源条件等。这些自然资源可以为国土空间利用提供基本的物质需求，是国土空间利用功能持续发挥的本底条件；而且，由于自然资源的负载力限度存在差异，国土空间利用功能时空分异格局与利用方式受到限制。②经济发展程度与区位条件：经济发展程度重点涵盖产业结构、地区经济水平、发展环

境等方面。经济环境的持续健康运行是国土空间利用功能得以持续发挥的重要支撑，指引着国土空间利用功能的运行方向。通过经济调控和发展需求，也可影响国土空间单一功能的时空变化，因此，发展环境是国土空间利用功能时空分异的一个关键因素。产业发展对国土空间利用功能的时空分异产生作用，国土空间利用功能的调整又反向影响产业发展，两者之间交互作用、互动制衡。伴随经济的持续发展，人类活动的强度持续加大，对物质供给的健康性与丰富性需求也越来越大，产业发展因而成为国土空间利用功能时空分异的重要驱动因素。区位包含位置、布局、分布、位置关系等含义。空间摩擦与距离摩擦受地域空间有限性的影响必定会减小经济发展的效益，为了突破这种制约，经济活动构成独特的地理区位，进而对国土空间利用功能的空间分布及其功能间的相互关系产生影响。③社会生活人口状况：人是国土空间利用功能的服务对象，也是其功能发挥的主要推动力量，使得国土空间利用功能具有人本性、人工性等特点。人口分布对城镇功能、农业功能、生态功能的结构构成与空间分布产生直接影响，因此人口分布因素直接诱导形成国土空间利用功能时空分异格局。随着社会的持续变化，人民生活需求不断增大，开始逐步提升技术、扩张生活空间、提高个人收入、扩大消费类型以提高人民生活水平，这直接或间接地影响了国土空间利用功能的演变。④政策制度环境：区域政策主要涵盖政府层面的区域经济、社会文化、环境保护、城乡发展等方面，对国土空间利用的方向与方式产生深远影响，从自上而下的角度管控国土空间利用方式，如国土空间规划、乡村振兴、宅基地退出、永久基本农田保护、退耕还林、新型城镇化等政策。

每个解释因子的影响方向、方式、强度各不相同，部分重点因子的共同作用会左右其他因子的运行方向，进一步促进系统整体的有机协调运行。总之，国土空间利用功能时空分异格局的形成是多因素交互作用的结果。本研究主要从自然资源禀赋、经济发展程度与区位条件、社会生活人口状况、政策制度环境四个方面，结合广西沿海地区发展现状，筛选了 20 个影响因素作为自变量以解析广西沿海地区国土空间利用功能的时空分异格局（见表 4-16）。

表 4-16　广西沿海地区国土空间利用功能时空分异因素解析

一级影响因素	二级影响因素	
自然资源禀赋	坡度	地形条件因素
	高程	地形起伏状况
	年均降水量	降水条件因素
	年均气温	气温条件因素

续表

一级影响因素	二级影响因素	
经济发展程度与区位条件	交通便捷度	交通便捷条件
	公路网密度	公路网辐射程度
	到最近主要港口码头距离	对外开放水平
	地理区位	借助 ArcGIS 10.2 的近邻分析获取距城市中心距离
	产业结构	产业结构水平
	地区生产总值	经济发展状况
社会生活人口状况	城镇化率	城镇化水平
	农村居民人均纯收入	农村居民收入状况
	城镇居民人均可支配收入	城镇居民收入状况
	社会消费品零售总额	居民消费水平
	农业机械动力	农业科技进步水平
	常住人口	人口本底状况
	人口密度	人口承载水平
政策制度环境	财政支出	财政支出水平
	人均森林面积	环境保护状况
	固定资产投资	投资水平

二、广西沿海地区国土空间利用功能驱动因子分析

采用第三章第三节所述的国土空间利用功能驱动因素分析方法，运用地理探测器模型，探究各影响因子对广西沿海地区国土空间利用功能时空分异的作用。

借助地理探测器求取影响广西沿海地区城镇功能时空分异的驱动因子影响力（q）（见表 4–17），结果表明：2009 年，固定资产投资（0.782）、地区生产总值（0.681）、地理区位（0.663）对广西沿海地区城镇功能具有较强的影响力；2019 年，广西沿海地区城镇功能影响较大的驱动因子为城镇化率（0.793）、固定资产投资（0.671）、到最近主要港口码头距离（0.658）。整体上，2009—2019 年固定资产投资、城镇化率、地区生产总值的 q 值均较高，表明广西沿海地区城镇功能时空分异受到固定资产投资、地区生产总值和城镇化率的深刻影响；其次是到最近主要港口码头距离、产业结构，这意味着港口位置与产业结构转型对广西沿海地区城镇功

能时空分异具有重要影响，也符合研究区地处沿海的地理特征与工业正在起步追赶的发展特征。2009—2019 年社会经济发展因素的影响力变化较小，一直排名靠前，如地区生产总值、固定资产投资和城镇化率等，说明经济发展程度与发展方向一直深刻影响着广西沿海地区城镇功能时空演变；自然资源禀赋驱动因素的影响力整体较低，表明自然资源禀赋驱动因素对城镇功能时空演变的作用偏弱，说明在现代城镇的发展过程中，自然资源禀赋对城镇发展与功能转变的约束已逐步减弱。

表 4-17　2009 年、2019 年广西沿海地区城镇功能驱动因子探测

2009 年			2019 年		
排序	因子	影响力（q）	排序	因子	影响力（q）
1	固定资产投资	0.782**	1	城镇化率	0.793**
2	地区生产总值	0.681**	2	固定资产投资	0.671**
3	地理区位	0.663**	3	到最近主要港口码头距离	0.658**
4	城镇化率	0.651**	4	地区生产总值	0.637**
5	到最近主要港口码头距离	0.642**	5	常住人口	0.527**
6	产业结构	0.585**	6	产业结构	0.492**
7	常住人口	0.535**	7	财政支出	0.484**
8	财政支出	0.463**	8	社会消费品零售总额	0.423**
9	社会消费品零售总额	0.449**	9	交通便捷度	0.383**
10	交通便捷度	0.386**	10	公路网密度	0.347**
11	公路网密度	0.362**	11	人口密度	0.270**
12	城镇居民人均可支配收入	0.353**	12	坡度	0.234**
13	人口密度	0.266**	13	高程	0.176**
14	高程	0.177**	14	地理区位	0.171**
15	人均森林面积	0.160**	15	城镇居民人均可支配收入	0.146**
16	坡度	0.134**	16	人均森林面积	0.134**
17	年均降水量	0.094**	17	年均气温	0.102**
18	农业机械动力	0.082**	18	农村居民人均纯收入	0.098**
19	农村居民人均纯收入	0.076**	19	农业机械动力	0.095**

续表

2009 年			2019 年		
排序	因子	影响力（q）	排序	因子	影响力（q）
20	年均气温	0.062**	20	年均降水量	0.082**

注：** 表示 0.05 显著水平。

对广西沿海地区农业功能的驱动因素影响力（q）依大小排序（见表 4–18），结果表明：2009 年，城镇化率（0.493）、社会消费品零售总额（0.472）、农村居民人均纯收入（0.454）、地区生产总值（0.444）对农业功能具有较强的影响力；2019 年，地区生产总值（0.478）、固定资产投资（0.456）、城镇化率（0.434）、社会消费品零售总额（0.412）对农业功能的影响力仍然较强。整体上，2009—2019 年城镇化率、地区生产总值、农村居民人均纯收入和固定资产投资的影响力偏强，说明城镇扩张、经济发展与农业收入深刻影响着广西沿海地区农业功能的时空分异格局，但在农业功能演变过程中，区域人口布局的导向影响在逐步加大。

表 4–18　2009 年、2019 年广西沿海地区农业功能驱动因子探测

2009 年			2019 年		
排序	因子	影响力（q）	排序	因子	影响力（q）
1	城镇化率	0.493**	1	地区生产总值	0.478**
2	社会消费品零售总额	0.472**	2	固定资产投资	0.456**
3	农村居民人均纯收入	0.454**	3	城镇化率	0.434**
4	地区生产总值	0.444**	4	社会消费品零售总额	0.412**
5	固定资产投资	0.426**	5	农村居民人均纯收入	0.384**
6	产业结构	0.393**	6	到最近主要港口码头距离	0.343**
7	到最近主要港口码头距离	0.356**	7	产业结构	0.278**
8	地理区位	0.324**	8	农业机械动力	0.248**
9	财政支出	0.292**	9	财政支出	0.243**
10	农业机械动力	0.244**	10	常住人口	0.170**
11	交通便捷度	0.186**	11	城镇居民人均可支配收入	0.164**

续表

2009 年			2019 年		
排序	因子	影响力（q）	排序	因子	影响力（q）
12	公路网密度	0.181**	12	地理区位	0.155**
13	坡度	0.139**	13	坡度	0.139**
14	人均森林面积	0.120**	14	年均降水量	0.136**
15	常住人口	0.091**	15	公路网密度	0.125**
16	年均气温	0.088**	16	人均森林面积	0.114**
17	人口密度	0.085**	17	交通便捷度	0.106**
18	城镇居民人均可支配收入	0.083**	18	高程	0.102**
19	年均降水量	0.064**	19	年均气温	0.083**
20	高程	0.051**	20	人口密度	0.072**

注：** 表示 0.05 显著水平。

对广西沿海地区生态功能的驱动因子影响力（q）依大小排序（见表 4-19），结果表明：2009 年，年均气温（0.328）、年均降水量（0.312）、人均森林面积（0.271）对生态功能具有较强的影响；2019 年，年均降水量（0.292）、人均森林面积（0.286）、年均气温（0.261）对生态功能的影响力依然较强。整体上，2009—2019 年年均降水量、年均气温、人均森林面积的排名较高，表明提升生态功能依然要重点注意维持自然资源本底，同时要加强政策引导，增强自然资源恢复能力；其次是城镇化率、农村居民人均纯收入等，表明人类生产生活行为、城镇发展对广西沿海地区生态功能时空演变也有关键影响。自然资源禀赋因素的影响力随时间的推移总体变化较小，排名一直靠前，如年均降水量、年均气温等，但因子探测的影响力有下降态势，比如 2009—2019 年年均气温的 q 值从 0.328 减小至 0.261，年均降水量 q 值从 0.312 减小至 0.292，说明自然资源禀赋对生态功能的约束影响逐渐降低。政策和环境因子的 q 值逐渐增大，如 2009—2019 年财政支出 q 值由 0.166 增长至 0.182，人均森林面积 q 值由 0.271 增长至 0.286，说明政策导向和环境对生态功能的驱动程度加大。经济发展因素的影响力总体较低，但排名逐步往前，比如地区生产总值、产业结构等，表明产业结构转型、经济发展对生态功能的胁迫影响有提升趋势。

表 4-19　2009 年、2019 年广西沿海地区生态功能驱动因子探测

2009 年			2019 年		
排序	因子	影响力（q）	排序	因子	影响力（q）
1	年均气温	0.328**	1	年均降水量	0.292**
2	年均降水量	0.312**	2	人均森林面积	0.286**
3	人均森林面积	0.271**	3	年均气温	0.261**
4	农村居民人均纯收入	0.243**	4	城镇化率	0.232**
5	城镇化率	0.233**	5	农村居民人均纯收入	0.203**
6	高程	0.225**	6	财政支出	0.182**
7	到最近主要港口码头距离	0.183**	7	坡度	0.150**
8	地理区位	0.171**	8	到最近主要港口码头距离	0.134**
9	财政支出	0.166**	9	高程	0.110**
10	坡度	0.162**	10	地理区位	0.105**
11	公路网密度	0.152**	11	地区生产总值	0.093**
12	固定资产投资	0.138**	12	交通便捷度	0.087**
13	交通便捷度	0.132**	13	公路网密度	0.082**
14	常住人口	0.110**	14	固定资产投资	0.075**
15	地区生产总值	0.101**	15	产业结构	0.068**
16	产业结构	0.090**	16	城镇居民人均可支配收入	0.057**
17	人口密度	0.062**	17	人口密度	0.042**
18	城镇居民人均可支配收入	0.060**	18	社会消费品零售总额	0.035**
19	农业机械动力	0.050**	19	常住人口	0.033**
20	社会消费品零售总额	0.041**	20	农业机械动力	0.021**

注：** 表示 0.05 显著水平。

总体而言，广西沿海地区城镇功能受到经济发展程度与方向、城镇扩张的深刻影响，驱动程度逐步加大，自然资源禀赋对其约束力逐渐下降。农业功能和城镇功能的主导影响因素大致相同，城镇扩张、经济发展与农业收入的推拉影响程度较大，

但在功能出现极大演变时，人口布局对其导向影响会逐步加大；生态功能受自然资源禀赋深刻影响，但驱动程度逐步减小，而政策导向对其驱动作用增强，产业结构转型、经济发展对其的胁迫影响在提升；国土空间利用功能受多种因素共同影响，经济发展的影响力较大，人口布局存在导向性，自然资源禀赋的影响程度正在减弱，但仍然是重要本底条件，今后应注意自然资源与环境对国土空间利用功能发挥的承载限度，社会经济不断发展对国土空间利用功能的胁迫程度。

三、广西沿海地区国土空间利用功能时空分异的驱动机制

国土空间利用功能是集自然条件演变、区位条件因素、政策环境变化、基础设施完善、社会人口进步、经济发展程度等多种因素驱动下的衍生产物。综合广西沿海地区国土空间利用功能时空分异驱动因子分析结果，从自然资源禀赋、经济发展程度与区位条件、社会生活人口状况、政策制度环境四个层面解析广西沿海地区国土空间“三区”功能时空分异的驱动机制（见图 4–2）。

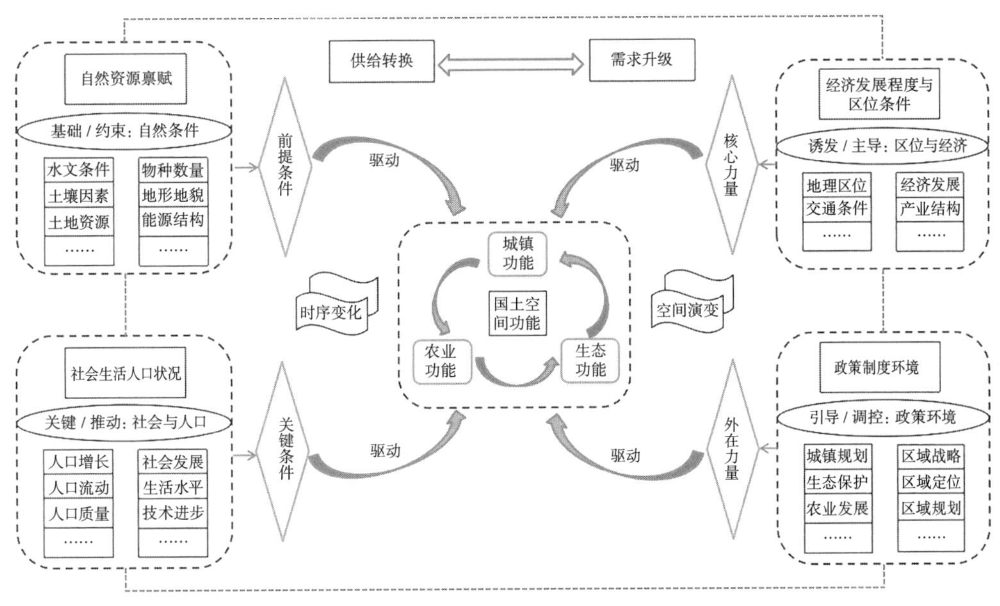

图 4–2　广西沿海地区国土空间利用功能时空分异的驱动机制框架

（1）自然资源禀赋是国土空间“三区”功能时空分异的重要基石、本底因素及前提条件。

广西沿海地区自然资源本底和环境条件与国土空间利用功能格局紧密关联，影响国土空间利用功能扩张的布局和方向。广西沿海地区地形地貌多样，西部山地多、

平地少，地形复杂，交通不便，而东部为冲积平原，地势平坦。复杂的地形对城镇功能扩张区域有着重要导向性和约束性，但值得注意的是，自然资源禀赋因素对广西沿海地区城镇功能影响力 q 值整体偏小，随着现代工程技术发展，自然资源禀赋对城镇发展与功能转型的限制作用已逐步减弱。自然条件对农业功能发挥的影响程度更为深刻。西部地区海拔高，耕地少，可供开发利用的耕地资源匮乏，对农业功能提升的约束力较强；东部地区多为平原，农用地相对成片，农耕条件优越，有助于农业机械化、规模化发展。然而，伴随社会经济与科技的发展，农业科技的升级换代，气温、坡度等自然资源条件对农业功能演变的影响表现出逐步弱化趋势，但仍然是农业功能时空分异的重要本底条件。自然资源本底和环境条件是生态功能持续发挥的重要基础。西部山区生态功能较高而中部与东部平原的生态功能较低，这与西部地区地势较高，受人类活动冲击小，有较好的光热条件，植被覆盖率高，易于生态功能发挥有关；东部平原植被覆盖率低，受自然灾害、人为活动影响较大，导致生态功能易衰退。

（2）区位条件与经济发展程度是国土空间“三区”功能时空分异的主导和核心力量。

广西沿海地区作为连接内陆与对外交流的重要平台，具有先天区位优势，拥有多个国家级一类口岸与二类口岸、港口码头，同时，海铁联运与口岸货运专用通道的大力建设，便利了区域之间生产要素的互通互达，为城镇功能在空间上向外延伸带来了新机遇。农业功能方面，2009 年到最近主要港口码头距离 q 值为 0.356，对农业功能时空分异格局的驱动作用较为突出，体现为沿海地区为盘活港口资源，推动交通设施建设以提升经济水平；受临港产业发展的影响，大批人口集聚，人类活动强度增大，农业功能用地难以避免被挤占，导致港口附近区域农业功能下降；地理区位条件与农业功能区域布局息息相关，如东部平原为沿海地区农业生产的主要区域。生态功能方面，各类交通与地理区位驱动因子 q 值均逐步降低，说明区位条件对生态功能格局的演化影响愈发减弱，表现在区位条件差，不利于人口流动、物质交流、信息互换等多要素的流通，致使人类生产生活活动较少，农业功能用地转变为生态功能用地。经济发展程度对城镇功能的作用较强，地区生产总值反映城镇的经济发展总量与辐射能力，产业结构直接驱动城镇用地开发、国土空间利用功能结构、生态环境质量等方面的发展，其 q 值排名均位于驱动因子前列，说明地区生产总值和产业结构对城镇功能的辐射强度更为深远且影响力更大，政府重点支持产业发展和功能组团统筹发展成效显著。区域经济发展水平对农业功能时空分异格局影响显著，广西沿海地区的地区生产总值与产业结构的 q 值整体较大。一方面，广西沿海地区对外贸易快速发展，经济持续发展，产业结构调整转换，使得第二、第三产业的占比持续增大，建设用地需求增大引起对农业功能与生态功能用地的占用量加大，直接导致农业功能和生态功能下降；另一方面，城镇进行大规模经济建设后，在收入增长的带动下，乡村人口被吸引至城镇，导致农业生产劳动人口数量下降，农业生产活动减少，农业功能发挥效应减弱。生态功能方面，地区生产总值与产业结构对生态功能格局演化的影响减弱，其他经济因子对其限制影响程度在加大，这与地方为增长经济，使原生态环境受生产、生活活动的影响而产生变化有关，导致生态资源承载压力增大，生态功能进一步减弱，因此亟须推动经济向高质量方向发展，探索国土空间利用功能提升对策。

（3）社会生活人口状况是国土空间“三区”功能时空分异的关键条件。

城镇化率体现区域土地利用规模、结构等，常住人口反映城镇活力及辐射带动能力，社会消费品零售总额反映城镇市场与消费能力，三者对城镇功能时空分异格局的影响力持续提升。随着城镇化的推进，城市新区建设面积不断扩大，人口向城镇集中，常住人口增加，人类活动强度加大，城镇功能用地面积也随之扩大。伴随人民消费水平的提升，城镇经济活力被激发，与之匹配的第三产业持续壮大，城镇功能提升的需求也随之上升。2009 年，城镇化率、社会消费品零售总额、农村居民人均纯收入是驱动农业功能空间格局演化的重要因子，其 q 值依次为 0.493、0.472、0.454。一方面，广西北部湾经济区自建设以来，政府在城乡发展、产业投资、消费刺激、基础设施完善等方面采取了众多措施，推动沿海地区经济发展水平进一步提升，农村人口向城镇转移，对城镇功能的需求逐渐增强，城镇周边区域在一定程度上出现了城镇功能用地挤占农业功能用地的状况；另一方面，在农业规模化经营效益推动和高标准农田建设下，东部具有连片种植条件的区域，为增加收入开始规模化种植，农业功能水平得以提升。生态功能方面，常住人口、人口密度的 q 值均下降，表明人口增长带来的对生态系统的干扰程度较前期相比有所缓和。

（4）政策制度环境是国土空间“三区”功能时空分异的外在驱动力量。

2009—2019 年，财政支出对国土空间“三区”功能时空分异的影响显著。城镇功能方面，财政支出 q 值由 0.463 提升为 0.484。沿海地区在“一带一路”、西部陆海新通道、兴边富民行动等政策加持下，形成了保税港区、边境贸易合作区、出口加工区等系列开发开放平台，提高了沿海地区在沿海、内陆、沿边开发建设中的示范先行与辐射引领效应，经济活动不断活跃，引起城镇功能用地持续增大。农业功能方面，固定资产投资 q 值由 2009 年的 0.426 增长至 2019 年的 0.456，对农业功能时空分异格局的作用较大。随着政策驱动，大批农业资金输入与农业科技的升级换代，东部连片平原加快了现代高效农业的构建与新旧动能转换，带动该区域农业功能水平显著提升。随着沿海、内陆、沿边“三位一体”开放格局的不断扩大，沿海经济开发区获得大发展，建设用地的增长加快，导致城镇周边区域与沿海主要港口附近区域城镇功能用地扩大而农业功能用地减少。生态功能方面，人均森林面积对于生态功能时空分异的作用显著，q 值由 0.271 提升至 0.286。在有关环保政策与造林工程的助推下，生态脆弱区域得以修复，森林生态功能得以提高。总的来看，一方面，在城镇扩张、经济发展等政策带动下，资本、技术等要素开始集聚，经济活动不断活跃，推动城镇化与工业化不断提速，建设用地需求增大导致农业功能用地或生态功能用地的占用量加大，从而导致农业功能或生态功能下降；另一方面，在“退耕还林”“封山育林”“人工造林”等政策的推动下，早期水土流失严重、生态环境敏感的西部区域，实施防护林、退耕还林等重点工程，扩大绿色植被面积，提升生态功能，与此同时，经济发展与生态保护冲突严重的沿海滩涂区域在生态保护政策的限制下，管控厂矿污染物入海排放，开展红树林生态恢复，缓解生态功能衰退问题。

第五节　广西沿海地区国土空间利用功能提升对策

一、广西沿海地区国土空间利用功能问题识别

（一）国土空间利用功能区域非均衡性、空间分异性凸显

国土空间城镇功能、农业功能、生态功能变化程度呈现区域非均衡性，空间分异性凸显。2009—2019 年，广西沿海地区城镇功能水平整体较低，但近年来城镇功能用地挤占农业功能用地或生态功能用地而加快增长，致使城镇功能、农业功能、生态功能水平出现“一升两降”的局面，各县（市、区）域国土空间利用功能变化程度不尽一致，并表现出空间分异性。从城镇功能来看，各区域呈现“小集聚”分布特征，2019 年港口区、钦南区、合浦县的国土空间利用功能高值区网格数量

较2009年扩张较多，分别为321个、203个、192个；铁山港区、东兴市、海城区、防城区高值区网格扩张较少，分别为95个、70个、62个、54个；银海区高值区网格扩张最少，仅为17个。从农业功能来看，除铁山港区高值区面积增长外，其余区县均出现高值区面积缩小的状况。从生态功能来看，受城镇化与工业化影响，生态功能整体水平出现下降，不同区域所呈现出来的空间影响程度有所差异，如海城区、钦南区影响程度较大。国土空间利用功能时空分布的原因，实际上是人类生存和发展需求下城镇功能、农业功能、生态功能的比例配置不断调整形成的，城镇功能、农业功能、生态功能不是越大越好或越小越好，而是需要与各地社会发展、经济变化、自然资源禀赋、政策等相匹配，进而构成协调向上的关系。

（二）国土空间利用功能协调性有待增强

在广西沿海国土空间“城镇－农业－生态”功能的协调性中，尽管研究期内“城镇－农业－生态”功能的协调性上升，但“农业－生态”功能、“城镇－生态”功能的协调性出现下降，尤以“城镇－生态”功能协调问题较为突出，“城镇－生态”功能耦合协调度由2009年的0.526 2下降至2019年的0.507 5。国土空间利用功能协调性与各地的区域发展政策、生态可承载能力紧密相关。随着广西沿海地区开发上升至国家层面，社会经济实现快速发展。2019年，广西沿海地区生产总值（GDP）为2 239.29亿元，较2009年增长近3.44倍，常住人口城镇化率达61.61%，人均生产总值由2009年的22 176.30元增至2019年的73 913.65元。伴随社会经济快速增长，生态承载的压力日趋增大，生态环境受城镇化与工业化的影响发生显著变化，前期的生态优势也受到影响，尤以钦南区、港口区城镇功能扩张最快的区域最为明显，亟须因地制宜，靶向施策，以促进生态功能与城镇功能、农业功能相协调。

（三）驱动因素

在“一带一路”倡议、广西北部湾经济区、北钦防一体化战略等众多措施加持下，广西沿海地区社会经济发展不断加快，城镇功能快速提升，而农业功能与生态功能日渐减弱，国土空间利用功能区域差异日趋明显。目前广西沿海地区处在快速发展时期，经济发展在众多国土空间利用功能驱动因素中起到主导作用，但由于经济基础薄弱，产业集群效应较弱，导致城镇功能水平较低、集聚效应较差，依靠挤占农业功能用地或生态功能用地进行空间扩张来换取城镇功能的提升，应进一步加大对农业生产、生态修复等方面的资金投入和技术支持力度，以产生辐射带动作用，形成联动发展，提升农业功能、生态功能水平。

二、广西沿海地区国土空间利用功能提升对策

依据广西沿海地区国土空间利用功能的时空格局特征、协调关系及其驱动机制，以演变过程中产生的问题为导向，结合广西沿海地区的发展现状，遵循沿海地区国土空间利用功能协调发展要求，按照以问题为导向的“格局为基础，协调为过程，驱动为关键，提升为目的”脉络，提出“格局优化、协调有进、驱动升级”的广西沿海地区国土空间利用功能提升对策（见图 4–3）。

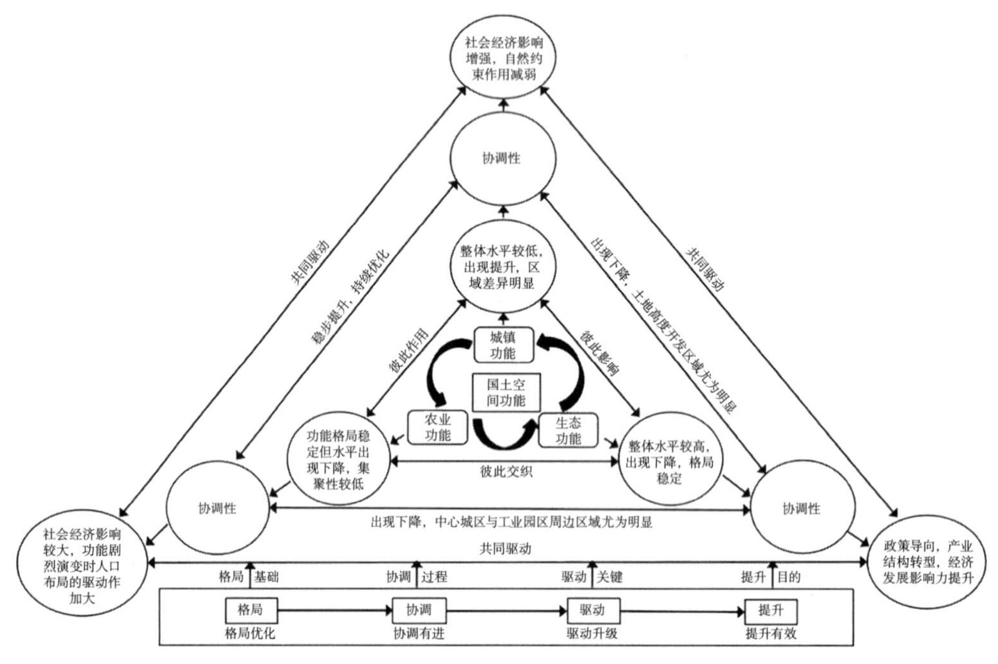

图 4–3　广西沿海地区国土空间利用功能提升对策脉络

（一）差异化提升城镇功能、农业功能、生态功能质量，优化国土空间利用功能格局

立足于城镇开发边界，以集约高效、宜居健康、可持续的城镇用地利用为出发点，助推城镇功能提质。各县（市、区）域中心城区与工业园区周边扩张快速区域要以国土空间规划为指引，调整“以空间换发展”的城镇建设模式，盘活城镇存量和低效建设用地，加快建立城镇开发、农业发展、生态保护相协调的国土空间利用

功能格局。针对地处十万大山的防城区部分乡镇、钦南区与合浦县耕地集中的乡镇及各地沿海滩涂城镇功能水平较差的区域，推进基础设施配套建设，完善海铁公路网与工业园区开发，增强工矿生产能力，以人口集聚、要素运转为引导，提升就业率并满足消费需求，探寻“以海养民”的“家门口”就业方式，促进农村人口与流动人口向城镇集聚就业，增加居民收入，提升城镇生活功能。

立足于耕地保护红线，实施用途管制，以农业高质量发展为目标，落实乡村发展要求，助力农业功能扩容。针对东部铁山港区、银海区、合浦县等农业功能较高且地势平坦的区域，不断推进高标准农田建设，促进规模化与机械化经营，严格管控城镇开发占用农业功能用地，严格实施“占一补一、占优补优”的耕地保护政策，确保农业功能水平不降低。针对西部东兴市、防城区等农业功能较低的区域，在生态系统不被破坏的前提下，开展城乡建设用地增减挂钩工作、退化土地整治及耕地后备资源开发工作；同时，在确保耕地数量不减少、质量不下降的基础上，在乡村人口集中的区域布局工业园区，促进乡村产业发展，提高就业率，扩大乡村居民增收渠道。

立足于生态保护红线，以“生态优势金不换”的底线思维推进产业转型与绿色发展，开展生态治理与修复，提升生态功能水平。对各县（市、区）域中心城区与工业园区周边建设用地扩张快速区域要进行科学引导，避免“摊大饼”式的扩张和破坏生态环境；同时，加大绿色产业建设，管控污染大、能耗大的企业发展，走沿海地区高质量发展新路子，提升生态质量，提高生态功能水平。

（二）发挥生态功能主导作用，增强“生态－城镇”与“生态－农业”功能协调性

生态功能在国土空间利用功能系统中居于主导位置，其作用的有效发挥对于提升生产产能、改善人类生存环境至关重要。要以生态保护红线为底线，严格管控城镇功能用地扩张，按照“功能不衰退、质量有提升”的原则开展各项经济活动，增强农业功能生态性保护。针对东部人类活跃度高、生态脆弱的平原区域，一方面，坚持生态主导，限制城镇无序扩张，管控厂矿污染物排放，建设生态基础设施，改善人居环境，提升“生态－城镇”功能协调性；另一方面，在农业生产中，减少农药、化肥等污染物投放，推进复合式种植与规模化经营，增强“生态－农业”功能协调性。针对西部生态功能水平较高但生态极度敏感的区域，一方面，对城镇建设与乡村发展区域进行合理布局，不随意占用生态功能用地，完善生态补偿机制，采

取封山育林、生态移民、坡耕地退耕等措施，减少人为因素的破坏，同时，发展绿色产业，把生态优势转化为经济增长优势；另一方面，结合美丽乡村建设活动、“山水林田湖草沙”生态修复工程推进工作，生态保护红线内的采矿点逐步退出，同时深入推进蓝色海湾工程，加强沿海水域与红树林修复工作，提升生态功能质量，以期实现生态功能与其他两项功能的协调发展。

（三）发挥产业集群在国土空间利用功能中的驱动作用

在地区发展中，发挥产业集群效应，依据集群升级优化国土空间利用功能，形成地区开发与发展的开放系统，促进产业、人力、土地、资本等要素自由流转，增强区域本身的各种运转要素的流通性与集聚性。一方面，充分凸显广西沿海 8 个县（市、区）域的人文、生态、开放开发与发展等角度的优势与特色，发挥其主导功能与比较优势，深入发掘各地特色并不断增强地方品牌影响力，构成独具特色而又相互补充的地区发展定位与地域分布格局。另一方面，依据多元空间中的“功能 - 区划”与“建构 - 关联”相搭配的思想，广西沿海地区应精准把握政策的指引方向，以“均衡与协调发展”为目标推动产业集群更新升级，强化各产业链上下游的相互衔接，尤其是产业创新链的产业配套有效延伸与强力支撑，加强各个特色区域间的互补关系，应用现代信息化技术促进各产业融合与集群发展，以推动国土空间利用功能集聚、有效发挥。

促使第一、第二、第三产业综合发展，实现产业深度融合。产业结构的转换与优化是提升国土空间利用功能的重要驱动力量，也是当前地区发展的重点与难点。伴随经济新常态的来临，要不断推进经济结构转型以应对新常态所带来的众多新挑战。第一、第二、第三产业融合作为经济结构转型的必然选择，亟待根据区域综合建设，逐步调整生产单一的方式，完善第一、第二、第三产业链。产城融合的关键载体是国土空间利用功能。要挖掘国土空间的多种功能，发挥区域本身的产业优势，综合考虑区域发展的各种条件，加大第二、第三产业的发展力度并进行有效布局，有效引导国土空间利用功能的布局，持续增强国土空间利用功能，确保沿海地区经济蓬勃发展与沿海居民不断增收，满足沿海居民的生活需求，促进国土空间可持续发展。

中篇
国土空间利用冲突识别

第五章　国土空间利用冲突识别的目的和意义

第一节　国土空间利用冲突识别的目的

国土空间是人类经济社会活动的主要空间，人类根据国土空间所具有的生产、生活、生态等多种功能，从农业生产、城镇建设、生态保护等多方面出发，开展了不同利益目标的国土空间利用实践活动（冉娜等，2018）。国土空间可分为城镇空间、农业空间和生态空间。改革开放以来，我国城镇化、工业化进程不断加快，人们利用空间资源的强度逐渐加大，导致不同利用主体在国土空间资源利用方面的矛盾增加，城镇发展占用农业空间和生态空间、农业发展占用生态空间等现象不断出现，城镇空间、农业空间与生态空间之间的矛盾加剧，国土空间格局及区域的可持续发展受到严重影响，识别和缓解国土空间利用中多功能空间之间的冲突成为区域高质量发展亟须解决的重要问题之一（赵旭，2019）。通过国土空间利用冲突识别并做出权衡决策是解决这些冲突的有效途径，是构建高质量国土空间格局的重要措施。

贵港市地处广西东南部，人口多，经济社会快速发展，面临城镇空间与农业空间、农业空间与生态空间相冲突的问题，需要识别出国土空间利用冲突的区域并做出权衡决策，为国土空间规划编制和国土空间管理提供依据，以便构建高质量的贵港市国土空间格局。

第二节　国土空间利用冲突识别的意义

国土空间利用冲突识别是国土空间利用评价研究的重要内容。探讨国土空间利用冲突的基本概念和产生的原因、国土空间利用冲突识别的理论基础和方法、国土空间利用冲突权衡决策方法，能丰富国土空间利用评价理论体系，具有重要的理论意义。

通过开展国土空间利用适宜性评价，进行国土空间生态保护、农业生产、城镇发展适宜性等级的排列组合，识别潜在国土空间利用冲突，解决耕地保护、建设用地布局、生态安全维护三者间的矛盾，提出具体的国土空间利用冲突权衡决策途径，具有重要的现实意义。通过对贵港市国土空间利用冲突识别并提出有针对性的权衡决策途径，可为贵港市国土空间规划编制和国土空间管理提供参考，具有重要的实践意义。本研究所采用的国土空间利用冲突识别和权衡决策方法，可以为其他地区开展国土空间利用冲突识别研究提供参考思路和借鉴。

第六章　国土空间利用冲突识别研究概况

第一节　国土空间利用冲突的概念研究

国外学者对“空间冲突”的定义和区分尚未明确。Campbell 在对肯尼亚的研究中发现，该国存在放牧、野生动植物保护及农业耕作方面的矛盾，将空间冲突理解为各种土地利用方式对于稀缺水土资源的竞争现象（David et al.，2000）。Rusu M R（2008）则认为空间冲突是一种存在于社会生活中较为常见的现象，是两个或两个以上的社会群体在土地管理权、土地使用权、土地收益权等土地权利利益诉求上存在分歧，从而导致的矛盾对立、不和谐现象或状态。Yusran Y（2017）认为空间冲突概念是一个相对比较模糊的理论冲突概念，并从政治理论的角度进行定义，认为空间冲突只能由政策解决且最终执行。Cocklin C（1998）将空间冲突定义为社会中不同群体或个人对于环境或资源使用过程的不一致的价值取向。Emilio B（1993）将空间冲突概括为一种秩序需求，即在多样化空间背景下，缔约双方一成不变地利用自己的方式建立秩序的最终结果。Madulu N F（2003）将空间冲突理解为资源利用冲突，认为在同一地区或同一资源上，两个以上相互依存的个人或团体存在不相容的利益诉求和发展目标。由于中国的实际情况及土地利用制度的不同，国内学者把“土地冲突”或“空间冲突”定义为在土地资源竞争中产生的冲突。谭术魁（2008）将土地冲突定义为个人或单位为了排除他人干预或取得土地权益而采取的过激行动。周国华等（2012）认为空间冲突是空间资源及其所具有的空间功能相互作用引起的，其核心在于资源的稀缺性及功能的外溢性，它是一种客观存在的、人地作用过程中产生的自然地理现象。周德（2015）将空间冲突定义为土地利用主体及各个利益相关者利用土地过程中所产生的与环境层面的矛盾对立状态，表现为围绕土地资源，对其进行技术、政策、财力、水资源、人口及建设设施等资源要素的投入以满足自身需求或期望的空间配置、数量分配、结构组合、利用方式。高磊（2019）认为空间冲突是指随着城镇化进程中的各种土地类型（功能）变换产生的人与自然间的不和谐现象，在空间上主要表现为生态用地空间与建设用地空间比例失调、土地景观破碎化、复杂化等问题。王华等（2010）

将空间冲突视为区域冲突，认为它是多种不同目标之间的矛盾和排斥，是至少由两个社会单元在目标上的排斥引起的行为或心理矛盾，当各区域之间的利益倾向和目标相互排斥时，就会产生冲突。刘世玉（2003）认为冲突就是两种目标的互不相容和互相排斥。冲突发生于两个目标之间，有两种表现行为，一是两者互不相容，二是一方要达到的目标受到另一方的阻碍。程进（2013）认为空间冲突是不同空间层级在区域发展互动过程中因发展理念、文化差异导致共同利益目标偏离协调发展的理想状态，可总结归纳为是经济利益上的冲突对立。

第二节　国土空间利用冲突的原因研究

在社会学中，冲突被认为是社会个体所追求的经济利益不一致引发的不协调现象，而国土空间利用冲突的根本原因是不同利益主体对于有限的土地资源及其他各类资源的追求，具体表现在规划目标上的重叠。我国的空间规划是政府调节社会经济发展的手段和措施，是服务于国民经济发展总目标的，不应出现严重冲突问题。

1979—2018 年，我国国土空间利用有多种规划，如城乡规划、土地利用总体规划、自然保护区规划、海洋生态环境保护规划等，分属不同的部门编制和管理，这个时期的国土空间利用冲突问题较多。国土空间利用冲突的问题主要集中在规划目标、技术标准及基础数据方面。在规划目标上，由于规划空间的约束与扩张程度的不同，城乡规划的规划目标是合理安排建设用地在空间上的布局，土地利用总体规划的规划目标是为了保证耕地的质量和数量，严格控制建设用地在空间上的范围及规模（沈迟，2015）；自然保护区总体规划的规划目标是实行生态源地保护，禁止建设用地的侵占；海洋生态环境保护规划的规划目标是保证海洋生态环境的质量。在技术标准上，主要体现在分类标准、规划年限、规划范围、统计指标等方向的不一致。分类标准上，城乡规划用地分类标准与土地利用总体规划的用地分类标准不一致；规划年限上，城乡规划、土地利用总体规划、自然保护区规划等各类规划的基期年不同且规划的年限也不同；规划范围上，城乡规划的规划范围主要是建设用地，土地利用总体规划的规划范围是所有土地，自然保护区规划的规划范围是自然保护区；统计指标上，城乡规划和土地利用总体规划的核心指标在统计口径上也不一致；基础数据上，土地利用总体规划的基础数据主要来源于遥感影像辅以实地调查，城乡规划的基础数据主要来源于城建部门的统计资料，自然保护区规划的基础数据来源于自然资源部门。总而言之，国土空间利用冲突的问题表现在各类规划的基础数据不一致、规划空间边界的矛盾、管制要求的不同及技术标准不统一等方面。

2019 年以后，我国逐渐实施“多规合一”的国土空间规划，逐渐解决国土空间利用冲突的问题。

第三节　国土空间利用冲突的识别研究

对于国土空间利用冲突问题的研究可追溯到 20 世纪 90 年代（刘利锋等，1999），学者们通过研究国土空间利用冲突的影响因素，发现城市用地规模的扩张方式可以造成不同程度的空间冲突。至此，学者们纷纷展开对国土空间利用冲突的深入研究，主要是从造成国土空间利用冲突的规划基础数据（杨树佳等，2006）、建设用地规模的确定（吕维娟等，2004）、用地的分类标准（王国恩等，2009）、空间管制差异（刘彦随等，2016）等方面着手。对于国土空间利用冲突的识别主要是定性研究，如冲突的成因分析、冲突的类型划分等理论分析，对于国土空间利用冲突定量表述相对匮乏。在识别方法上主要是采用空间叠加法，基于不同的用地适宜性等级排列组合辅以 ArcGIS 软件进行国土空间利用冲突区域的识别（陈永生，2016）。Carr M H 等（2005）认为空间冲突可以表征为地块不同用途之间的适宜程度，通过 LUCIS 模型建立冲突与地块空间的联系桥梁，从而引发学者们的探索思维。闵婕等（2018）从适宜性的角度出发，进行建设用地及农用地的适宜性评价，以重庆市綦江区为例探究了国土空间用途潜在冲突类型及冲突空间分布。冉娜等（2018）从生态适宜性、建设适宜性及耕作适宜性三个角度的适宜性出发，分析常州市金坛区的国土空间潜在冲突区。李俏等（2018）认为国土空间利用冲突的产生不仅仅是地块适宜性之间的差异引起的，还受到驱动力因素的影响，通过对 LUCIS 模型的改进，考虑建设、农业和生态三方面的用地倾向，分析宁夏盐池的国土空间利用冲突。

第四节　国土空间利用冲突的权衡理论研究

国土空间利用冲突问题经常是抗解问题，问题本身和解决方案都无法明确界定。目前关于国土空间利用冲突权衡的研究，大多集中于对权衡的认知、关系识别等方面。国外对国土空间利用冲突权衡理论的研究主要是通过空间规划的评估（Terryn et al.，2016）、空间规划决策中的前瞻性选择（Kaplan et al.，2017）、空间决策中的城市优化配置（Grêt-Regamey et al.，2016）、3S 技术中的空间规划治理（Mccall et al.，2011）等复合手段进行研究。

国内对国土空间利用冲突权衡的研究从 20 世纪 90 年代开始，探讨通过协调城市规划和土地规划以权衡在土地利用过程中产生的空间冲突问题（吕维娟等，2004；吕维娟，1998），其中心思想主要是如何进行“两规”的融合，其本质是维持“吃饭与建设”之间此消彼长关系的平衡。这一阶段对国土空间利用冲突权衡理论的探讨主要集中于制度层面（顾京涛等，2005；赖寿华等，2013）及技术操作（胡飞等，2014；尹向东等，2018）。随着我国经济社会的发展，“两规”逐渐延伸到主体功能区规划、国民经济发展规划，有学者认为规划出处不同是造成国土空间利用冲突的原因，并提出“多规合一”理论，这一阶段对国土空间利用冲突权衡理论的研究主要涉及“多规”失衡根源、“多规”融合可行性等方面。“多规合一”思想的提出反映出这一时期国土空间利用冲突权衡的因素不单单是“吃饭与建设”，还包括生态保护等，而关于权衡决策的研究也主要是最优解（刘菁华等，2018；马冰滢等，2019；柯新利等，2016）或可接受解（孙爱博等，2019）代表权衡。当前，关于国土空间利用冲突的权衡理论仍处于探究摸索阶段，尚未形成系统完整的国土空间利用冲突权衡理论。

第五节　国土空间利用冲突的权衡方法研究

国土空间利用冲突是“多规”冲突的空间反映，学者们对国土空间利用冲突的权衡主要是通过对规划编制和实施过程中的用地矛盾探寻权衡的方法。“多规”冲突图斑是权衡国土空间利用冲突的基础，也是重要技术节点。“多规”冲突图斑的正确处理是保障国土空间规划稳定、高效实施性的重要基石（孔繁宇，2015）。目前，关于国土空间利用冲突权衡的方法可以划分为两类：一类是认为通过空间管制来权衡，例如，基于城市发展、生态保护、粮食安全保护等高压控制线确定的空间管制分区制定管制规则（杨玲，2016；梁启帆等，2016），还有学者认为可以参考敏感性、适宜性、人口分布和国土空间结构现状重新划分空间管制分区（王国恩等，2009）；另一类普遍应用于实践中，主要基于“多规”冲突图斑，探讨相同空间位置不同用地属性的差异，综合运用定性和定量分析，并按一定的原则与规划部门协商后权衡处理。

当前，学术界已达成一个共识，即国土空间利用冲突权衡的基础是空间功能。国土空间利用冲突矛盾的关键点在于建设用地的功能界定及安排上，因此学者们形成了不同理念，主要是城市类型（王小兰等，2017；赵筱青等，2020）、土地利用类型（文博等，2016）的适宜性分析。在研究路线上，从反规划法（王桂林等，2018）、生态优先思想（杨家芳等，2018；孙凌蔚等，2017）、生态限制视角（崔耀平等，2016）、交通优势度（王成金等，2012）、土地资源约束（田恬等，2019）、可持续性发展（喻忠磊等，2016）、景观适宜性（陈永生等，2016）、“三生”功能（吴艳娟等，2016）等视角或指标进行适宜性评价。在应用数学模型上，学者们大多采用多因子加权综合评价模型（赵筱青等，2020；张晓平等，2019）辅以 GIS 技术手段（王雷涛等，2017；多斯波力·哈力木别克等，2017；穆飞翔等，2018）进行评价。

第七章　国土空间利用冲突识别的理论与方法

第一节　国土空间利用冲突识别的相关概念

一、国土空间

国土空间是指国家主权与主权权利管辖下的地域空间，是国民生存的场所和环境，包括陆地、陆上水域、内水、领海、领空等。国土空间可以划分为城镇空间、农业空间和生态空间。城镇空间是指以提供工业品和服务产品为主体功能的空间；农业空间是指承载农村生活，生产粮、油、棉、麻等经济作物活动的空间；生态空间是指兼具自然属性，以提供生态产品、生态服务为主要功能的空间，包含应进行保护与有效利用的森林、草原、湿地与河流等。

二、国土空间利用冲突

目前，学术界对于国土空间利用冲突尚未形成统一的概念界定。本研究认为国土空间利用冲突是指国家管辖范围内的不同的利益主体，基于不同程度的经济发展或生态保护等目标，对以土地资源为核心的空间资源在规划、利用过程中所产生的对立、不和谐现象。国土空间本身并不冲突，空间主体利用者对规划目标利用及社会实践利用上存在分歧才会导致国土空间利用冲突，这里的空间主体利用者可以是政府、社会群体及个人。国土空间利用冲突应该包含两个层面的含义：一是规划利用上的冲突，二是实际利用上的冲突。城市周边的土地往往历史悠久，地势平坦，土壤相对肥沃，在规划上，为了粮食安全往往将其纳入永久基本农田范畴进行保护，而城市发展也想将其归到城市建设范围，这就导致了国土空间在规划利用上的冲突。风景名胜区风景优美，生态环境良好，林业部门将其纳入生态保护规划范围，但附近往往矿产资源丰富，尤其是山脉附近，而地质矿产部门将其纳入到矿产开发规划中去，也导致国土空间在规划利用上的冲突。在实际利用中，国土空间利用冲突表现为按照空间适宜性程度（即本底自然条件）来看，应该作为农业生产耕作或生态环境保护的空间，空间利用主体出于对更大利益的追求，投入资金或技术将其转变为其他空间进行利用。例如，生态空间转为城镇空间建设、农业空间转为城镇空间建设，从而给周围环境带来不经济的行为，导致该空间自然本底条件与实际用途的冲突。具体可以表现为城镇村等用地、矿产资源开发、人工商品林等用途带来的经济利益更高，导致与农业生产空间、生态保护空间发生冲突矛盾，从而出现占用耕地、占用自然保护地等行为。

三、国土空间利用冲突识别

国土空间利用冲突识别是指基于自然资源本底、经济和社会发展状况等自然及人为因素，采用一定的技术手段或方法探究国土空间利用冲突的区域及类型情况，以明确区域内国土空间利用冲突的程度。在识别方法上，目前可以归纳为两种：一是通过适宜性评价划分等级并利用 ArcGIS 软件的空间分析识别冲突的区域、位置、规模及类型、强度等，即识别潜在的国土空间利用冲突；二是利用适宜性评价结果与现状进行叠加，分析识别国土空间利用冲突区域及冲突规模，即识别现在已经存在和发生的国土空间利用冲突。将这两种国土空间识别方法相比，前者能够对未来的国土空间利用冲突进行预测，通过采取一定的预防措施或规划避免国土空间利用冲突的发生；后者识别的是现状的国土空间利用冲突，通过一定的手段权衡现有的国土空间利用冲突以期缓解冲突发生后带来的环境问题或利益问题。本研究的国土空间利用冲突识别主要通过利用国土空间利用适宜性程度进行叠加，分析识别潜在的国土空间利用冲突，以及联系实际识别与现状矿产资源开发、城镇村、商品林等用地的冲突，研究范围包含上述两个方面的内容。

四、国土空间利用冲突权衡决策

土地资源的双重属性（包括自然属性和社会经济属性）常常触发人类对空间资源的掠夺，这会导致一系列的环境问题，与此同时土地资源又要保证人类生产、生活环境的健康持续发展，维护土地资源的自身功能的正常发挥，促使生态、农业和城镇空间协调有序发展，因此国土空间利用冲突权衡决策是解决这一难题的有效办法。国土空间利用冲突权衡决策采用的方式可以是数学方法或是基于一定的原则、目标的定性选择，权衡得到的结果不是绝对解而是相对解，即权衡决策是空间利用主体所能够接受的相对满意解，它反映的是空间利用主体接受度与满意度的平衡状态，权衡的目的是优化国土空间的结构与布局。

本研究的国土空间利用冲突权衡是指为了使生态空间、农业空间、城镇空间的布局及结构更加合理，需要基于一定的原则、目标将国土空间存在的冲突进行化解或缓解，以达到进一步优化国土空间布局的目的，最终使国土空间发展格局迈向协调、健康、持续的发展道路。对于国土空间潜在冲突的权衡，主要是从实际出发，分析国土空间今后的利用方向或者具备的优势，合理考虑今后国土空间的用途并作出相对的管束措施以避免或缓解国土空间的冲突，例如，对于冲突程度和强度高的区域实行特殊管控，严格各方面的用地程序及监督机制；对于国土空间利用现状冲突，从冲突的区域的规模及造成的影响考虑，生态安全及生态环境是第一位的，对于能够保留的可以给予保留并作出相应的整改措施，不能够保留的应该坚决退出以保障生态环境的安全。

第二节　国土空间利用冲突识别的理论基础

一、博弈论

博弈论也称为“对策论”或“赛局理论”，是研究具有斗争或竞争现象的理论与方法。泽梅洛定理和冯·诺伊曼最大最小定理是博弈论萌芽的代表，均发表在《博弈论与经济行为》一书中。博弈论经过漫长的成长期直至纳什均衡理论的形成，才成熟于豪尔绍尼的不完全信息理论。博弈论分析是基于对方行为对自身及周围的影响来选取对自己最为有利的条件以此寻求收益效用最大化。国土空间利用冲突的产生是不同的行为主体为实现目标最大化对空间资源的竞争，因此博弈论为解决因土地资源的双重属性引发的对空间资源的竞争冲突提供分析方法，同时它的应用也为国土空间的优化配置提供了强有力支撑。

二、区位论

区位指的是地球上某一事物的空间几何位置，是某一空间地域范围内社会、经济、自然属性的有机结合体。区位论是研究关于人类活动空间选择及其在空间中相互组合的理论，也是人地关系的衍生物，它以最大利益为指导来科学处理经济、地理、人文、社会等现实冲突问题，揭示区域经济发展的内在机理，映射不同区位条件下的经济活动变化规律。深刻把握区位对国土空间利用的影响，并选取科学且具有针对性的评价因子，可以保证国土空间利用冲突识别的准确性及现实性。

三、冲突理论

冲突理论最早源于社会学，指社会冲突，并发展到人类互动的各个领域。社会冲突的根源是资本主义下的生产资料私有制造成的社会不平等，且社会系统普遍处于冲突状态中（武婷婷，2013）。社会体系的固有特征是冲突这一认知为各界学者达成的共识，并且都承认利益主体在社会冲突中发挥重要作用（唐凯，2012）。国土空间是复合社会经济生态系统，国土空间利用冲突和社会冲突矛盾的根源都是利益冲突，都是客观存在的对立现象，这两种冲突产生的原因、发展变化趋势及它们所产生的影响效应相似性均很高。

四、景观生态学理论

景观生态学是从人类与景观的相互作用角度出发，系统地研究整个区域景观生态系统的结构、功能和景观的动态变化特征（邬建国，2000），其研究目的是协调统一地理学和生态学学科（郭丽英，2008）。景观生态学理论的基础是空间的异质性和稳定性（陈利顶等，2014）。景观生态系统主要由内部不均质且受自身类型或组成要素影响的较大基质组成，强调等级、功能与结构的可变性，它的完整性体现在结构的完整及个体的相互联系上，并且有抗干扰与自我恢复能力，具有一定的稳定性。

景观生态理论为进行国土空间生态安全研究提供了理论基础，对国土空间利用结构的优化具有重要意义。本研究利用最小累积阻力模型进行生态适宜性评价，主要包括以下几方面：第一，了解各景观单元的功能与结构有助于确定模型中对维护生物多样性、生态系统可持续的“源地”；第二，景观单元的异质性理论启示应因地制宜，对不同适宜性区域采取相应措施以维护土地生态系统的完整性；第三，受人类活动影响生态系统结构的变化不利于生态系统的健康发展，因此应将保护生态安全、维护系统健康放在至关重要的位置，实现不同国土空间利用方式的协调发展。

五、生态文明建设理论

生态文明建设理论是在全球资源、能源和环境持续严重恶化的基础上提出来的，把可持续发展提升到前所未有的高度，重视生态保护，人与自然和谐共生，为实现中华民族永续发展注入动力，为建设生态福祉、实现“两个一百年”奋斗目标和中华民族伟大复兴贡献力量（李慎鹏等，2018）。

第三节　国土空间利用冲突识别的方法

一、国土空间利用冲突识别思路

国土空间是人类生存发展和繁衍栖息的场所和空间。国土空间利用冲突根据发生时间划分，可以分为国土空间利用潜在冲突和国土空间利用现状冲突。本研究所述的国土空间利用冲突识别包含两个时期的国土空间利用冲突，一个是尚未发生或可能发生的国土空间利用冲突（称为国土空间利用潜在冲突），另一个是已经发生的国土空间利用现状冲突。识别的途径，即主要方法是国土空间适宜性评价，识别思路见图 7-1。

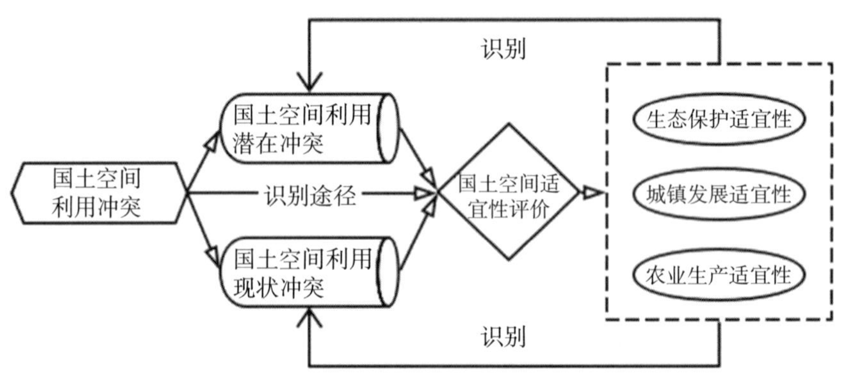

图 7-1　国土空间利用冲突识别思路

人类对国土空间的利用是基于对国土空间适宜性的认识程度及当时的技术水平。在认识程度及技术水平都低的情况下，人类对国土空间本底资源禀赋的利用大多数情况下都是遵从当时的国土空间适宜性进行利用，国土空间利用协调发展且互不干扰。随着生产技术及认知程度的提高，人类对国土空间适宜性有了更深的见解，技术水平的提升可以使人类根据自己的意愿在适宜性程度的指导下进行规划，并因为人类所处社会环境的不同导致规划之间出现分歧。因此，国土空间适宜性评价是指导国土空间规划必不可少的要素，同时也可指导国土空间利用冲突的识别。

国土空间利用冲突的识别过程包含三个部分的内容。一是国土空间适宜性评价。国土空间适宜性评价是由三个适宜性评价构成，分别为国土空间生态保护适宜性评价、国土空间农业生产适宜性评价、国土空间城镇发展适宜性评价。国土空间生态保护适宜性评价主要是通过构建最小累积阻力模型实现，内容包括生态“源地”的确定、扩张阻力面构建、计算最小累积阻力值。其中，生态“源地”的确定是依据生态系统服务功能重要性评价和生态敏感性评价中等级高的前两级确定；扩张阻力面利用生态敏感性及土地利用类型进行构建，扩张阻力小的区域生态安全水平高，相对应的生态适宜性高，因此利用生态安全水平的程度表征生态保护适宜性的程度。国土空间农业生产适宜性评价及国土空间城镇发展适宜性评价通过选取能够反映适宜性的指标构建指标体系，确定指标权重，而指标权重的确定采用层次分析法。二是国土空间利用潜在冲突识别。国土空间利用潜在冲突的识别是基于国土空间适宜性评价的结果，划分三个适宜性等级即高适宜性、中适宜性、低适宜性，利用 ArcGIS 软件进行空间叠加分析，定性识别冲突的强度及类型，从而确定国土空间利用潜在冲突的规模、区域及分布情况。三是国土空间利用现状冲突。国土空间适宜性评价中的高适宜性是适宜性程度最高的，应当遵从适宜性的用途，但实际上，常常发生与最适宜性等级相冲突的情况，因此根据研究区的实际情况，获取可能已经存在冲突的现状数据与高适宜性等级进行空间叠加分析即可识别现在已经存在的国土空间利用冲突。

二、国土空间适宜性评价方法

国土空间适宜性评价主要包含三个层面的适宜性评价，即国土空间生态保护适宜性评价、国土空间农业生产适宜性评价及国土空间城镇发展适宜性评价。

（一）国土空间生态保护适宜性评价方法

国土空间生态保护适宜性评价的内容包括生态系统服务功能重要性评价、生态环境敏感性评价、生态“源地”的确定、生态阻力面的确定、生态保护适宜性水平的确定。

国土空间生态保护适宜性评价主要借助最小累积阻力模型（MCR 模型），利用生态系统服务功能重要性评价与生态环境敏感性评价确定生态“源地”，并借助土地利用类型确定扩张阻力面，构建生态安全格局。生态安全水平高的区域生态保护适宜性高，从而进行国土空间生态保护适宜性评价。

1. 最小累积阻力模型介绍

最小累积阻力模型（MCR 模型）是花费距离模型的衍生应用，指物种在从“源”经过不同景观单元到目的地的运动过程中最小花费代价的总和，模拟因子扩散的水平过程，反映了物种运动潜在运动与扩展的可达性，这种可达性是进行适宜性评价的重要依据（刘孝富等，2010）。模型最早由 Knappen 等于 1992 年提出，被广泛应用在景观格局分析上，模型的建立主要考虑“源”“距离”“景观介质阻力系数”三个因子。经国内俞孔坚等（1999）修改，最小累积阻力计算公式表示如式（7-1）。

$$MCR = f_{\min}\sum_{j=n}^{i=m}(D_{ij} \times R_i) \qquad 式（7-1）$$

式中：MCR 表示最小累积阻力面值；$f_{\min}$ 表示最小累积阻力与生态扩张过程的正相关关系，距离“源”越远，阻力值越大；D_{ij} 是指从“源”j 到景观单元 i 的空间距离；R_i 表示景观单元对物种运动的阻力系数。

2. 生态系统服务功能重要性评价

生态系统服务功能重要性评价由水源涵养功能重要性评价、水土保持功能重要性评价、防风固沙功能重要性功能评价和生物多样性维护功能重要性评价组成。根据贵港市地质地貌实际情况，不涉及防风固沙重要性功能，主要评价水源涵养功能、水土保持功能及生物多样性维护功能。

（1）水源涵养功能重要性评价。

水源涵养是生态系统（如森林、草地等）通过其特有的结构与水相互作用，对降水进行截留、渗透、蓄积，并通过蒸发实现对水流、水循环的调控，主要表现在缓和地表径流、补充地下水、减缓河流流量的季节波动、滞洪补枯、保证水质等方面。水源涵养功能是生态空间的必不可少的功能之一，生态系统服务功能重要性评价常以生态系统水源涵养服务能力指数作为评估指标，该指标计算公式如式（7-2）。

$$WR = NPP_{mean} \times F_{sic} \times F_{pre} \times (1 - F_{slo}) \qquad 式（7-2）$$

式中：WR 为生态系统水源涵养服务能力指数；NPP_{mean} 为多年植被净初级生产力平均值；F_{sic} 为土壤渗流因子；F_{pre} 为多年平均降水量因子；F_{slo} 为坡度因子。

土壤是一种最为常见的多孔介质，几乎所有土壤的功能在一定程度上都取决于土壤复杂的多孔介质结构。当处理流动与传热问题时，直接与土壤孔隙空间相关的结构（包括拓扑形态、粒径大小分布和流固界面）之间相互作用（Vogel et al., 2010）。土壤渗流因子可直接利用世界土壤数据库属性表里的数据求得。

（2）水土保持功能重要性评价。

水土保持是生态系统（如森林、草地等）通过其结构与过程来减少土壤侵蚀，是生态系统提供的重要调节服务之一。水土保持功能主要与气候、土壤、地形和植被有关。生态系统服务功能重要性评价常以生态系统水土保持服务能力指数作为评估指标，该指标计算公式为式（7-3）。

$$S_{pro} = NPP_{mean} \times (1-K) \times (1-F_{slo}) \qquad 式（7\text{-}3）$$

式中：S_{pro} 为生态系统水土保持服务能力指数；NPP_{mean} 为多年植被净初级生产力平均值；F_{slo} 为坡度因子；K 为土壤可蚀性因子。

土壤可蚀性，是指土壤对侵蚀的敏感性，它是土壤对侵蚀抵抗力的倒数。在降雨等其他条件相同情况下，可蚀性高的土壤比可蚀性低的易遭侵蚀。土壤可蚀性的强弱，取决于土壤本身的理化特性。土壤可蚀性因子计算公式如式（7-4）。

$$K = (-0.01383 + 0.51575\,K_{EPIC}) \times 0.1317$$

$$K_{EPIC} = \{0.2 + 0.3\exp[-0.0256m_s(1-m_{silt}/100)]\} \times \left[m_{silt}/(m_c+m_{silt})\right]^{0.3}$$
$$\times \{1-0.25orgC/[orgC+\exp(3.72-2.95orgC)]\}$$
$$\times \{1-0.7(1-m_s/100)/\{(1-m_s/100)+\exp[-5.51+22.9(1-m_s/100)]\}\} \qquad 式（7\text{-}4）$$

式中：K_{EPIC} 表示修正前的土壤可蚀性因子；K 表示修正后的土壤可蚀性因子；m_c、m_{silt}、m_s 和 $orgC$ 分别为黏粒（$<$ 0.002 mm）、粉粒（0.002 ～ 0.05 mm）、砂粒（0.05 ～ 2 mm）和有机碳的百分比含量（%）。

（3）生物多样性维护功能重要性评价。

生物多样性维护功能是生态系统在维持基因、物种、生态系统多样性中发挥的作用，是生态系统提供的最主要功能之一。生态系统服务功能重要性评价常以生物多样性维护服务能力指数作为评估指标，该指标计算公式如式（7-5）。

$$S_{bio} = NPP_{mean} \times F_{pre} \times F_{tem} \times (1-F_{alt}) \qquad 式（7\text{-}5）$$

式中：S_{bio} 为生态系统生物多样性维护服务能力指数；NPP_{mean} 为多年植被净初级生产力平均值；F_{pre} 为多年平均降水量因子；F_{tem} 为多年平均气温；F_{alt} 为海拔因子。

3. 生态环境敏感性评价

（1）水土流失敏感性。

根据土壤侵蚀发生的动力条件，水土流失类型主要有水力侵蚀和风力侵蚀。参照原国家环保总局发布的《生态功能区划暂行规程》，根据通用水土流失方程的基本原理，水土流失敏感性评价选取降水侵蚀力、土壤可蚀性、坡度坡长和地表植被覆盖度等指标。将反映各因素对水土流失敏感性的单因子评估数据，用地理信息系统技术进行乘积运算。水土流失敏感性指数计算公式如式（7-6）。

$$SS_i = \sqrt[4]{R_i \times K_i \times LS_i \times C_i} \quad \text{式（7-6）}$$

式中：SS_i 为 i 空间单元水土流失敏感性指数；R_i 为降雨侵蚀力；K_i 为土壤可蚀性；LS_i 为坡长坡度；C_i 为地表植被覆盖度。

①降雨侵蚀。

土壤侵蚀很大程度上是降雨造成的，在实际研究中常常用降雨侵蚀潜力即 R 值来反映降雨对土壤侵蚀的影响。对于 R 值的研究，有学者提出不同地区的估算公式（王万忠等，1996）。本研究采用周伏建等（1995）提出的降水冲蚀潜力计算方法对降雨侵蚀力因子 R 值进行估算，其计算公式如式（7-7）。

$$R = \sum_{i=1}^{12}(-26\,398 + 0.304\,6P_i) \quad \text{式（7-7）}$$

式中：R 为降雨侵蚀力；P_i 为月降雨量。

②坡长坡度

式（7-6）中，L 表示坡长因子，S 表示坡度因子，是反映地形对土壤侵蚀影响的两个因子。在评估中，可以应用地形起伏度，即地面一定距离范围内最大高差，作为区域土壤侵蚀评估的地形指标。

③地表植被覆盖。

地表植被覆盖反映了生态系统对土壤侵蚀的影响，是控制土壤侵蚀的积极因素。植被覆盖度信息提取是在对光谱信号进行分析的基础上，通过建立归一化植被指数与植被覆盖度的转换信息，直接提取植被覆盖度信息。地表植被覆盖度计算公式如式（7-8）。

$$C_i = (NDVI - NDVI_{soil}) / (NDVI_{veg} - NDVI_{soil}) \quad \text{式（7-8）}$$

式中：C_i 为地表植被覆盖度；$NDVI_{veg}$ 为完全植被覆盖地表所贡献的信息；$NDVI_{soil}$ 为无植被覆盖地表所贡献的信息。

（2）石漠化敏感性。

本研究参考《生态保护红线划定指南》及有关文献，结合贵港市的特点，选取碳酸盐岩出露面积百分比、地形坡度、植被覆盖度因子构建石漠化敏感性评估指标体系，以此反映该研究区域的石漠化程度。利用地理信息系统的空间叠加功能，将各单因子敏感性影响分布图进行乘积计算，得到石漠化敏感性等级分布图。石漠化敏感性指数公式如式（7-9）。

$$S_i = \sqrt[3]{D_i \times P_i \times C_i} \quad \text{式（7-9）}$$

式中：S_i 为 i 评估区域石漠化敏感性指数；D_i、P_i、C_i 分别为 i 评估区域碳酸盐岩出露面积百分比、地形坡度和地表植被覆盖度。

4. 生态“源地”确定

基于景观生态学“源—汇”景观理论，生态“源地”是物种扩散和维持的源点，能够促进生态过程发展的景观格局，具有一定的空间拓展性和连续性。一般来说，生态系统服务价值高的区域，发挥的生态服务功能较为良好，将此类区域作为优质生态“源地”。生态“源地”决定着土地生态安全水平，是生态保护的底线。

目前，部分研究（李晖等，2011；许文雯等，2012；吴健生等，2017；李宗尧等，2007；刘媛，2017）在构建生态安全格局时，一般直接选取风景名胜区、自然保护区、大面积水域及连片林地等斑块为生态安全格局的“源地”，但这一方法忽略了研究区自身生态环境的具体情况和特征。因此，本研究将利用生态系统服务功能重要性评价中的高水平区域和生态敏感性评价中的高水平区域作为生态“源地”。

5. 生态阻力面的确定

生态空间的连通和联系这一过程中必然受到各种影响因素的阻力，而阻力面则反映物种空间运动、穿越异质景观时需要克服的累积阻力，它反映了生态用地空间连通性和物种空间运动的趋势。本研究用生态环境敏感性评价与土地利用类型两个因素进行阻力面构建，具体是将生态环境敏感性评价结果划分为高、较高、中、较低、低五个等级，对应赋值阻力等级为 1、2、3、4、5，土地利用类型按照从小到大的顺序分别对生态用地阻力、农用地阻力、建设用地阻力进行赋值。阻力值越大，代表需要克服的阻力越大，具体赋值及权重见表 7-1。

表 7-1　生态阻力因子分级赋值及权重

生态阻力因子	相对阻力值					权重
	1	2	3	4	5	
土地利用类型	林地	耕地	园地、草地	住宅用地、公共服务设施用地、交通运输用地、水域及水利设施用地、其他土地、特殊用地	商服用地、工矿仓储用地	0.38

续表

生态阻力因子	相对阻力值					权重
	1	2	3	4	5	
石漠化敏感性	高敏感性	较高敏感性	中敏感性	较低敏感性	低敏感性	0.29
水土流失敏感性	高敏感性	较高敏感性	中敏感性	较低敏感性	低敏感性	0.33

6. 生态保护适宜性水平的确定

利用最小累积阻力模型（MCR 模型）及 ArcGIS 软件构建生态安全格局，生态安全水平高的区域，物种丰度高，水源涵养、水土保持功能强，它的生态保护适宜性也高，因此构建的生态安全格局即为生态保护适宜性程度分布图。

根据生成的最小累积阻力面，选取最小累积阻力值分布频率的拐点作为划分的阈值，将研究区域的生态安全等级划分为高适宜性、中适宜性、低适宜性三类，最终生成生态保护适宜性等级图并量算面积。国土空间生态保护适宜性相应地划分为高适宜性、中适宜性、低适宜性三个等级。

（二）国土空间农业生产适宜性评价方法

农业生产适宜性评价的内容包含评价指标的选取、指标权重的确定及适宜性等级划分。

1. 国土空间农业生产适宜性评价指标及权重确定

国土空间农业生产适宜性方面主要考虑地形、土壤的质量、耕作的便利性等条件，选取的代表性指标包括坡度、土壤酸碱度、土壤有机碳、土壤质地、降雨、气温、农村道路密度、距宅基地距离和距河流水面距离，并根据因子特性及相关标准进行分级与赋值（王秋兵等，2012；陈威等，2015；闵婕等，2018；刘巧芹等，2014）。

（1）坡度。

地形坡度作为基础的自然地理因素，其平缓陡峭程度影响着土地利用开发，坡度越大，越不利于人们进行建设活动。坡度在农业生产中的影响力不容小觑，它的大小能够影响农业生产的形式及农业利用的方式。本研究参考《农用地质量分等规程》，采用坡度作为国土空间农业生产适宜性评价的指标。

（2）土壤酸碱度。

土壤酸碱度对农业空间的影响主要是通过对种植作物种类的影响。土壤酸碱度的等级一般可划分为五个等级，分别为强酸性土（pH 值＜ 5.0）、酸性土（5.0 ≤ pH 值＜ 6.5）、中性土（6.5 ≤ pH 值＜ 7.5）、碱性土（7.5 ≤ pH 值＜ 8.5）、强碱性土（pH 值≥ 8.5）。

（3）土壤有机碳。

土壤有机碳是通过微生物作用所形成的腐殖质、动植物残体和微生物体的合称。土壤有机碳的含量变化能够影响土壤的保肥能力，并且它还深刻地影响土壤水分的储存。此外，丰富的土壤有机碳可以使得土壤具有良好的结构，增强土壤的抗侵蚀性。

（4）土壤质地。

土壤质地可以作为土壤肥力的分级指标，是土壤的机械组成，指的是土壤颗粒的大小与黏度大小，是影响耕地质量的较重要因素之一。表层土壤质地为壤土时，耕地质量最优；表层土壤质地为粉黏壤土或砂黏壤土时，耕地质量次之；表层土壤质地为黏土时，耕地质量较差；表层土壤质地为砂土时，耕地质量最差。

（5）降雨。

作物在播种、发芽、出苗，到抽穗、成熟的过程中，每个阶段都离不开水。这些水主要是靠根从土壤中吸取的，而降雨是土壤水分的主要来源。因此，一年之中降雨多少，降雨是不是及时和均匀，以及降水能否保存在土壤中，都影响着作物的生长好坏和产量高低。

（6）气温。

适宜的温度是作物生存及生长发育的重要条件之一，直接影响作物生长、分布界限和产量，影响着作物的发育速度，从而影响作物生育期的长短与各发育期出现的早晚。因此，气温是影响农业生产适宜性的重要因素。

（7）农村道路密度。

农村道路通达度反映了交通路网的便利程度，农村道路密度越大，从侧面反映了该区域农业的发达程度，说明村民到达耕作区域越便利，这样更有利于农业发展。机耕化农业亦离不开道路的完善。

（8）距宅基地距离。

农村宅基地是农村居民的聚集区，农业空间的生存发展需要大量的劳动力，耕地到宅基地的距离在一定程度上影响农业的发展。

（9）距河流水面距离。

河流水面附近的耕地土壤有机质丰富，土壤肥沃，并且土壤质地较好，灌溉条件相对较好。因此，距离河流水面较近的地方更适宜发展农业。

权重的确定采用层次分析法（赵焕巨，1986）。具体指标分级及权重见表 7-2。

表 7–2　国土空间农业生产适宜性评价指标及权重

评价因子	分级	分值	权重
坡度	0° ～ 2°	9	0.123 6
	2° ～ 6°	7	
	6° ～ 15°	5	
	15° ～ 25°	3	
	＞ 25°	1	
土壤酸碱度	6.5 ～ 7.5	9	0.121 1
	7.5 ～ 8.5	7	
	5.0 ～ 6.5	5	
	＜ 5.0	3	
	＞ 8.5	1	
土壤有机碳	＞ 7.73	9	0.102 3
	2.63 ～ 7.73	7	
	1.55 ～ 2.63	5	
	0.77 ～ 1.55	3	
	＜ 0.77	1	
土壤质地	壤土	9	0.120 5
	粉黏壤土、砂黏壤土	7	
	黏土、粉黏土	5	
	砂土、砂壤土、壤砂土	3	
	砾质土	1	
降雨	ArcGIS 的自然间断点分级法	9	0.110 1
		7	
		5	
		3	
		1	
气温	ArcGIS 的自然间断点分级法	9	0.103 3
		7	
		5	
		3	
		1	

续表

评价因子	分级	分值	权重
农村道路密度	ArcGIS 的自然间断点分级法	9	0.103 4
		7	
		5	
		3	
		1	
距宅基地距离	＜500	9	0.105 5
	500～1 000	7	
	1 500～2 000	5	
	2 000～2 500	3	
	＞2 500	1	
距河流水面距离	＜200	9	0.110 2
	200～400	7	
	400～600	5	
	600～800	3	
	＞800	1	

2. 国土空间农业生产适宜性分值计算及适宜性等级划分

本研究采用多因素加权法计算评价单元的农业生产适宜性综合分值，计算公式如式（7-10）。

$$A=\sum_{i=1}^{n}W_iG_i \qquad 式（7-10）$$

式中：A 为评价单元的农业生产适宜性综合分值；W_i 为第 i 项评价指标的权重值；G_i 为评价单元的第 i 项指标分值；n 为指标数量。A 越大，表示评价单元的农业生产适宜性越高。

通过国土空间农业生产适宜性分值与出现的频数关系，利用 ArcGIS 的自然间断点分级法，将其划分为阈值，最终得到国土空间农业生产适宜性等级图并量算面积。国土空间农业生产适宜性可划分为高适宜性、中适宜性、低适宜性三个等级。

（三）国土空间城镇发展适宜性评价方法

城镇发展适宜性评价的内容包含评价指标的选取、指标权重的确定及适宜性等级划分。

1. 国土空间城镇发展适宜性评价指标及权重确定

城镇空间的扩张是城市发展过程中在物质形态上的具体体现，是城市发育成长中在各种因素综合作用下的结果。对于城镇空间来说，选取高程、坡度、地形位、地质灾害、夜间灯光、距城市建制镇密度 6 个指标构建国土空间城镇发展适宜性评价体系。

（1）高程。

高程指的是区域内地表的海拔高度，高程的高低对建设用地的开发产生直接影响，影响关系表现出正相关势态，即区域内高程值越大则该区域的建设用地开发难度越大。

（2）坡度。

坡度直接影响建设施工的难易程度、工程布局及建筑物的安全性。坡度指标的评价主要利用 GDEMV2 30M 分辨率数字高程数据，利用 ENVI 与 ArcGIS 等软件对其进行校正、配准、拼接和裁剪等处理；将其处理成可利用的 DEM 数据后，通过 ArcGIS 软件的表面分析工具进一步处理得到坡度分布信息；根据指标分级对数据进行分类处理，得到坡度分级指标评价图。

（3）地形位。

地形因素在很大程度上制约着城镇空间发展的方向。在众多因素中，高程和坡度都制约了城镇空间的分布，将高程和坡度结合起来得到复合指标地形位。地形位比起单因素高程和坡度能够更直观、更系统地反映地形因素在空间分异的状况。地形位指数的计算公式如式（7-11）。

$$T=\log\left[\left(\frac{H}{\bar{H}}+1\right)\times\left(\frac{P}{\bar{P}}+1\right)\right] \qquad 式（7\text{-}11）$$

式中：T 为地形位指数；H、P 分别为栅格空间内任一点的高程和坡度值；$\bar{H}$、$\bar{P}$ 分别为该点所在栅格单元内的平均高程和平均坡度值。

（4）地质灾害。

地质灾害是破坏城市建筑物、限制土地建设适宜性的主要自然力。地质灾害对城镇空间发展的影响相当大，泥石流、滑坡、地面塌陷等地质灾害给人们的生命财产带来严重威胁并且制约当地的经济发展。另外，在国民经济发展过程中还需花费大量的人力、物力预防地质灾害及进行弥补。

（5）夜间灯光。

夜间灯光反映城市区域范围内人类活动的广度和强度，使用夜间灯光数据反映人类活动已被学者们普遍接受。

（6）距城市建制镇距离。

城市建制镇能给城镇空间的规划布局带来聚集效应，对于城镇空间的扩张是一个较为关键的影响因素。城市建制镇内人口较为集中，交通较为发达，城镇化水平较高，是城市建设扩张的依据。

国土空间城镇发展适宜性评价指标及权重见表 7-3。

表 7–3　国土空间城镇发展适宜性评价指标及权重

评价因子	分类条件	分值	权重
高程	ArcGIS 的自然间断点分级法	9	0.170 4
		7	
		5	
		3	
		1	
坡度	0° ～ 2°	9	0.168 5
	2° ～ 6°	7	
	6° ～ 15°	5	
	15° ～ 25°	3	
	＞ 25°	1	
地形位	1.024 9 ～ 1.167 0	9	0.152 6
	0.755 0 ～ 1.024 9	7	
	0.527 3 ～ 0.755 0	5	
	0.324 9 ～ 0.527 3	3	
	-0.708 4 ～ 0.324 9	1	
地质灾害	低灾害易发区	9	0.178 3
	较低灾害易发区	7	
	中灾害易发区	5	
	较高灾害易发区	3	
	高灾害易发区	1	
夜间灯光	ArcGIS 的自然间断点分级法	9	0.146 2
		7	
		5	
		3	
		1	
距城市建制镇距离	＜ 500	9	0.184
	500 ～ 1 000	7	
	1 000 ～ 1 500	5	
	1 500 ～ 2 000	3	
	＞ 2 000	1	

2. 国土空间城镇发展适宜性分值计算及适宜性等级划分

本研究采用多因素加权法计算评价单元的城镇发展适宜性综合分值，计算公式如式（7-12）。

$$C=\sum_{i=1}^{n}U_iY_i \qquad 式（7-12）$$

式中：C 为评价单元的城镇发展适宜性综合分值；U_i 为第 i 项评价指标的权重值；Y_i 为评价单元的第 i 项指标分值；n 为指标数量。C 越大，表示评价单元的城镇发展适宜性越高。

通过国土空间城镇发展适宜性分值与出现的频数关系，利用 ArcGIS 的自然间断点分级法，将其划分为阈值，最终得到国土空间城镇发展适宜性等级图并量算面积。国土空间城镇发展适宜性可划分为高适宜性、中适宜性、低适宜性三个等级。

三、国土空间利用潜在冲突识别方法

国土空间在利用过程中，土地资源的有限性、多适宜性会导致空间冲突的发生，而空间冲突发生与否很大程度上与土地资源的适宜性高低有关（宋亚男，2017）。在一定技术水平和时间范围内，国土空间的用途具有独占性，即特定的主导用途唯有一种。通过 ArcGIS 软件，利用空间分析功能对生态保护适宜性、农业生产适宜及城镇发展适宜性结果进行合并，形成不同的排列组合模式，然后归并同类项，识别冲突类型区。

将生态保护适宜性评价结果分为高适宜性、中适宜性、低适宜性三个等级。高适宜性区域是生态空间重点保护范围，生态保护适宜性程度最高。将国土空间农业生产适宜性和国土空间城镇发展适宜性评价结果划分为高适宜性、中适宜性和低适宜性。通过排列组合，会得到 27 种不同适宜程度的组合类型，遵循生态优先、保障粮食安全的原则，把理论预期相似的进行归并（刘巧芹等，2014）。根据适宜性程度的排列组合，定性确定国土空间利用冲突的强度。若三者的适宜性都为高，则认定为极强冲突；若城镇发展、农业生产及生态保护中有两者处于高水平，第三者处于低或中水平则认定为高度冲突；若城镇发展、农业生产及生态保护中两者水平高于或等于第三者水平，则认定为中度冲突；若城镇发展、农业生产及生态保护中两者处于低或中水平，第三者处于高水平或水平高于其他两者，则认定为低度冲突；若三者的适宜性都很低，则认定为极微冲突。

国土空间利用冲突组合结果见表 7-4。

表 7–4　国土空间利用冲突组合结果

冲突强度	冲突类型	农业生产适宜性水平	城镇发展适宜性水平	生态保护适宜性水平	说明
极微冲突	冲突微弱区	低	低	低	三者适宜性都很低
低度冲突	农业优势区	中	低	低	城镇发展、农业生产及生态保护中两者处于低或中水平，第三者处于高水平或水平高于其他两者
		高	低	低	
	城镇优势区	低	中	低	
		低	高	低	
	生态优势区	低	低	中	
		低	低	高	
中度冲突	生态 – 城镇空间一般冲突区	低	中	中	城镇发展、农业生产及生态保护中两者水平高于或等于第三者水平
		低	中	高	
		低	高	中	
	农业 – 城镇空间一般冲突区	中	中	低	
		中	高	低	
		高	中	低	
	生态 – 农业空间一般冲突区	中	低	中	
		中	低	高	
		高	低	中	
	三者一般冲突区	中	中	中	
		中	中	高	
		中	高	中	
		高	中	中	
高度冲突	生态 – 城镇空间重点冲突区	低	高	高	城镇发展、农业生产及生态保护中有两者处于高水平，第三者处于低或中水平
		中	高	高	
	农业 – 城镇空间重点冲突区	高	高	低	
		高	高	中	
	生态 – 农业空间重点冲突区	高	低	高	
		高	中	高	
极强冲突	三者激烈冲突区	高	高	高	三者适宜性都为高

四、国土空间利用现状冲突识别方法

国土空间利用现状冲突识别是分析研究区的国土空间利用现状，获取国土空间利用现状的矢量数据，再与国土空间适宜性评价等级图进行叠置分析。国土空间的生态保护适宜性高适宜等级及农业生产适宜性高适宜性等级所在区域的主体功能突出，应当遵循最适宜性的用途进行开发利用，但在实际利用中，往往出现与矿产资源开发、人工商品林、坡耕地及城镇村等用地冲突，甚至产生生态环境问题。因此，国土空间利用现状冲突识别应基于国土适宜性评价的结果，提取生态保护适宜性及农业生产适宜性等级中的高适宜性等级，然后分别与矿产资源开发、人工商品、坡耕地及城镇村等用地进行空间叠置分析。国土空间利用现状冲突识别的内容主要包括国土空间利用现状冲突的规模、范围、分布情况及分布特点等。

第四节　国土空间利用冲突权衡决策的方法

一、国土空间利用冲突权衡决策原则

1. 生态优先原则

国土空间中的生态空间是具有自我恢复调节能力的，但是这种自我调节能力是有条件的，即在一定的阈值范围内，若对生态空间的破坏超过其自我恢复的上限值，则会造成不可逆转的影响，因此生态空间的这一特性决定了它的不可替代性和难以复制的特性。在国土空间利用冲突权衡的过程中要遵循生态优先的原则，坚持“绿水青山就是金山银山”的发展理念，落实严格保护的要求，在生态保护与农业发展、城镇建设发生冲突时，优先考虑生态保护，并且按照“极大保障生态安全与建立生态屏障”的原则，确保生态空间的数量及质量。

2. 集中紧凑原则

为了达到提高国土空间利用效率和便于集中管理的目的，要求相同或相近的用途在空间上能够相对集中。规模连片的耕地不仅便于机械化生产和管理，而且对农业景观及农业文化建设也起到促进作用。城市的发展在用地方面布局紧凑能够形成产业集聚，提高城市吸引力，同时促进该区域经济社会的发展，并且符合“十分珍惜、合理利用土地和切实保护耕地”的基本国策。生态空间的集聚，能够提供相对稳定的生境，更有利于珍稀生物物种的繁衍生息，有利于提升和保护生物多样性。

3. 领域和谐原则

各冲突区域的周边优势空间用途会对其未来的发展产生不可估量的“引力”作用，这种引力会促使人们将冲突的空间用途转换为领域优势的空间用途。领域引力从时间维度上可划分为横向的和纵向的。横向引力是指同一个时间范围内，邻域对冲突区空间类型转化的影响；纵向引力指不同时间范围内，空间用途的变化趋势。

二、国土空间利用冲突权衡决策方法

（一）国土空间利用潜在冲突权衡决策方法

通过国土空间利用冲突识别矩阵，可以识别冲突的区域、冲突的类型及冲突的强度。结合土地利用现状情况及冲突类型和强度，可划分出8个国土空间类型，包括城镇建设特殊调控空间、城镇建设优化空间、城乡融合协调空间、城乡农业特殊调控空间、现代农业发展空间、生态农业特殊种植空间、生态农业后备空间、生态涵养空间。通过分析各空间主要存在的问题或利用的优势，形成今后国土空间利用的主导利用模式，得出权衡决策结果。

1. 城镇建设特殊调控空间

在该类型国土空间中，生态空间与城镇空间发生高度冲突，冲突区域往往为城镇范围内生态系统稳定、生态景观相对完善的区域。基于“生态保护优先”的原则，对生态环境影响不大或认为可以控制的，可以给予保留城镇空间，但要实行特殊管控；对生态环境有危害的，应立即或逐步退出生态空间。

2. 城镇建设优化空间

在该类型国土空间中，城镇空间布局散乱、利用率低，对生态环境造成一定污染，城镇空间与生态空间发生一般冲突，可以给予保留城镇空间，但需要对城镇空间进行优化调整，缓解城镇空间与生态空间之间的冲突。

3. 城乡融合协调空间

在该类型国土空间中，农业空间和城镇空间发生一般冲突，可以给予保留城镇空间，但是要控制其扩张，管控乡镇建设占用耕地的情况，减缓城镇空间与农业空间冲突。

4. 城乡农业特殊调控空间

在该类型国土空间中，农业空间与城镇空间发生高度冲突，主要是城市建设用地扩张占用周边优质耕地。基于保障粮食安全的目的，城镇空间发展不能占用这些农业空间，并且城镇建设应按照城镇开发边界划定的范围进行，并对其实行严格管控，原则上不得占用划定范围外的优质耕地。

5. 现代农业发展空间

在该类型国土空间中，农业空间与其他空间发生一般冲突，对生态环境影响不大或可促进生态环境发展，应充分发挥农业空间的优势，发展现代农业，坚定农业空间地位，其他空间可以给予保留或逐步退出。

6. 生态农业特殊种植空间

在该类型国土空间中，生态空间与农业空间发生高度冲突，生态环境不稳定，应坚持生态优先，退耕还林，或者进行经济林种植，保障生态环境稳定并能与农业空间进行协调发展。农业空间立即退出或逐步退出，给予生态空间繁衍生息。

7. 生态农业后备空间

在该类型国土空间中，国土空间利用冲突极微小，地理区位较差，生态空间优先，农业空间可以给予保留，进行农业种植获得经济产出，必要时应退出农业空间，退耕还林，涵养水源、保持水土。

8. 生态涵养空间

在该类型国土空间中，生态极敏感、极重要脆弱区域应优先保障生态空间，农业空间与城镇空间立即退出，禁止一切破坏和污染生态环境的生产经营活动。

（二）国土空间利用现状冲突权衡决策方法

根据研究区实际情况，在“生态保护优先，农业生产和城镇建设并列”的目标下，分析与研究农业空间高适宜性区域、生态空间高适宜性区域发生冲突的四种现状，即矿产资源开发利用冲突、坡耕地冲突、城镇村等用地冲突及人工商品林冲突，在生态保护优先的情况下，根据不同情况进行现状国土空间利用冲突权衡。

1. 与矿产资源开发利用冲突

矿产资源开发对生态保护和农业生产产生巨大危害的，应立即退出；危害可以控制的，可以给予保留但是要根据实际进行监察管控。

2. 与坡耕地冲突

水土流失严重、水源涵养不足的坡耕地，应立即退耕还林，保护生态安全；对水土流失及水源涵养无明显影响的坡耕地，可以给予保留，有条件的区域可以开发梯田。

3. 与城镇村等用地冲突

与城镇中心相距较远、面积小且分布零星的城镇村等用地，应进行整治整合，退出农业空间和生态空间；若面积庞大且密集的，可以给予保留。

4. 与人工商品林冲突

对农业生产或生态保护产生巨大危害的人工商品林，应立即退出；对危害可以控制的人工商品林，可以给予保留，但要根据相关规定进行采伐。

第八章　贵港市国土空间利用冲突识别

第一节　贵港市概况

一、自然地理状况

贵港市地处广西东南部，西江流域的中游，位于南宁、柳州、北海、梧州四市的几何中心，北回归线横贯中部，地理坐标为北纬 22° 39′ ～ 24° 2′，东经 109° 11′ ～ 110° 39′，土地总面积 10 605 km^2。贵港市地形东北高、西南低，属亚热带季风气候区，年平均气温 21.5℃，年降水量 1 250 ～ 1 650 mm。珠江水系的三大河流郁江、黔江、浔江交汇于境内，流经下辖的各县（市、区），水能总蕴藏量达 210 万 kW 以上。土壤类型涉及水稻土、赤红壤、石灰岩土、冲积土，有 14 个亚土类，46 个土属，132 个土种。矿产资源已探明的主要有铝、铁、锰、金、铜、锑、石灰石等 40 多种，储量十分丰富，其中，三水铝石储量 2 亿 t，居全国前列，石灰石储量超 2 000 亿 t，锰矿储量超 2 000 万 t。

二、社会经济状况

贵港市辖港北区、港南区、覃塘区、桂平市、平南县，2018 年常住人口 440.92 万人，是广西壮族自治区内人口密度最大的设区市之一。改革开放前，贵港市的产业结构中农业占比大，工业占比小。改革开放以来，贵港市的工业发展很快，带动全市经济发展，2018 年全市地区生产总值（GDP）1 169.88 亿元，较上年增长 10%，增幅较上年提高 1 个百分点。其中，第一产业增加值 198.21 亿元，增长 5.4%；第二产业增加值 494.04 亿元，增长 11.7%；第三产业增加值 477.63 亿元，增长 10.5%。第一、第二、第三产业增加值占地区生产总值的比重分别为 17%、42.2%、40.8%，对经济增长的贡献率分别为 10.4%、46.3%、43.3%。按常住人口计算，全年人均地区生产总值 26 635 元，比 2017 年增加 1 778 元，增长 7%。

三、数据来源与处理

（一）数据来源

本研究采用的数据主要是矢量和栅格数据，包括 30 m 分辨率 GDEMV2 数字高程数据、贵港市 MODIS NDVI 数据、贵港市土地利用数据、夜间灯光数据、气象数据、土壤数据。主要数据及其说明见表 8-1。

表 8–1　主要数据及其说明

数据名称	数据说明
贵港市 DEM 数据	从地理空间数据云下载，30 m 分辨率，用于地形坡度等分析
贵港市 MODIS NDVI 数据	从地理空间数据云下载，用于植被覆盖度分析
贵港市夜间灯光数据	从地理国情监测云下载，用于经济、人口等数据空间化分析
贵港市土地利用数据	从地理空间数据云下载
气象数据	中国气象数据网的降水量数据、NASA 发布的 MOD16，用于水源涵养等评价的分析
土壤数据	从广西土壤类型分布图中提取，用于土壤侵蚀敏感性、水土流失敏感性等评价的分析

（二）数据预处理

由于收集到的基础数据无法直接计算出评价结果，需要对基础数据进行预处理以便后续分析使用。

1. 统一坐标系

因本研究所涉及的数据来源不尽相同，相关数据的边界可能存有一定差异，所以在运用 ArcGIS10.2 软件处理数据前，应先校验数据，将全部地理信息数据的投影坐标系统一成 2000 国家大地坐标系。

2. 地形数据处理

因单张原始 DEM 数据图幅无法全面覆盖全部区域，所以使用按掩膜提取工具（Extract by mask）和镶嵌至新栅格（Mosaic to new raster）工具，得出完整独立的贵港市 DEM 数据，再运用坡度分析（Slope）工具，得到贵港市坡度数据。

本研究在进行生态保护适宜性、农业生产适宜性及城镇发展适宜性评价时，以

30 m × 30 m 的栅格作为评价单元，叠加进行生态 - 农业 - 城镇适宜等级组合，识别国土空间利用冲突区域并进行权衡。

第二节　贵港市国土空间适宜性评价

一、贵港市国土空间生态保护适宜性评价

国土空间生态保护适宜性评价采用最小累积阻力模型，通过“源地”识别、生态源地扩张阻力面及最小累积阻力面生成生态安全格局，由生态安全水平确定生态适宜性等级，并将其划分为贵港市国土空间生态保护高适宜等级、中适宜等级、低适宜等级。

（一）生态源地确定结果

贵港市位于浔郁平原中部，地势平坦，境内水资源丰富，因此生态系统服务功能性评价包含水源涵养功能重要性评价、水土保持功能重要性评价及生物多样性维护功能重要性评价。

1. 生态系统服务功能重要性结果分析

根据第七章第三节所述的生态系统服务功能重要性评价方法及式（7-2）至式（7-5）计算结果对贵港市进行生态系统服务功能重要性评价，包括水源涵养功能重要性评价、水土保持功能重要性评价和生物多样性维护功能重要性评价，绘制生态系统服务功能重要性评价图并进行分析。

总的来看，贵港市的水源涵养功能、水土保持功能及生物多样性维护功能相对较高的区域位于贵港市周围的山地丘陵，尤其是贵港市的北部山地。其中，平南县的北部和南部区域、桂平市的北部和南部区域，正好是平南县的罗墨顶、利放顶、大坪顶、同文顶、金鸡顶、那沙顶、马安顶等山峰及桂平市的大平山、云台山、九十九岭头、凤凰山、仙女岭、云雾山等山峰所在地，山峰的存在对于森林的形成能够起到促进作用，而森林具有涵养水源、保持水土、调节气候及提高生物多样性等多重功能。贵港市的中部区域地势平坦，人口活动密度较大，尤其是贵港市的市区范围，水源涵养功能、水土保持功能及生物多样性维护功能均相对较低。

从空间分布来看，水源涵养功能、水土保持功能及生物多样性维护功能分布状况相似，且在数值上表现出水源涵养功能较高的区域水土保持功能和生物多样性功能也相对较高，说明水源涵养功能、水土保持功能及生物多样性功能之间存在着相辅相成的关系。

2. 生态敏感性结果分析

根据贵港市的实际情况，贵港市的生态敏感性评价包括水土流失敏感性评价与石漠化敏感性评价，根据第七章第三节所述的生态敏感性评价方法及式（7-6）至式（7-9）计算结果对贵港市进行生态敏感性评价，绘制生态敏感性评价图并进行分析。

贵港市水土流失敏感性相对较高的区域主要分布在平南县的北部及桂平市的北部和南部，主要是这些区域山峰相对较多，高程相对较高，坡度相对较大，且夏季的降水量大，由于雨水冲刷的作用，极容易形成泥石流等自然灾害，水土流失问题相对突出。贵港市的石漠化敏感性相对较高的区域主要分布于覃塘区的北部，覃塘区北部为喀斯特地貌，石漠化面积相对较大。

3. 生态源地确定

生态源地的确定主要是通过生态系统服务功能重要性评价、生态敏感性评价进行的，具体操作为将生态系统服务功能重要性评价及生态敏感性评价的结果重新分为五类，并利用 ArcGIS 10.2 的空间分析功能提取等级相对较高的两类进行空间叠置分析，最终得到贵港市的生态源地分布图。

贵港市生态源地面积 527.20 km^2，占贵港市土地总面积的 4.97%。贵港市的生态源地分布相对分散，主要分布在贵港市东北部和北部山地、东南部山地和西南部山地。北部主要包括港北区的平天山森林公园，桂平市的龙潭森林公园、大平山自然保护区及西山风景区；东北部主要包括平南县的罗墨顶、利放顶、大坪顶等相邻山峰构成的峰峦及大五顶森林公园；东南部主要包括大容山森林公园（桂平市部分）；东南部主要包括亚计山森林公园。按乡镇分布来看，贵港市的生态源地主要分布在港南区的木梓镇、木格镇、瓦塘镇，桂平市的西山镇、金田镇、罗秀镇、木根镇、罗播乡、中沙镇，平南县的马练瑶族乡、国安瑶族乡、大鹏镇、思旺镇、官成镇、安怀镇、东华镇。

（二）最小累积阻力面生成

根据第七章第三节所述的生态阻力面的构成方法，按照表 7-1 生态阻力因子分级赋值及权重的相关规定进行分级赋值计算，获取最小累积阻力面数据。首先，在 ArcGIS 中利用栅格计算器，结合各因子权重，采用加权指数和法，将 3 个生态阻力参评因子进行叠加分析，得到生态源地扩张阻力面；随后，在 ArcGIS 空间分析模块中，进行最小累积阻力模型的构建，运用成本距离（cost distance）工具，将确定的生态源地作为要素源数据输入，再将计算好的生态源地扩张阻力面作为成本栅格数据输入，最终得到贵港市生态用地最小累积阻力面。

根据生态源地扩张阻力面及最小累积阻力值图可知贵港市生态源地扩张需要克服的阻力情况。贵港市的中部区域阻力值相对较大，从空间分布情况来看，分布范围相对集中且分布特点表现出贵港市市辖区中心城区、桂平市中心城区以及平南县中心城区阻力值普遍高于贵港市市辖区边缘区域、桂平市边缘区域以及平南县边缘区域。按乡镇分布来看，贵港市生态源地扩张阻力值主要分布在港城街道、根竹乡、八塘街道、平南街道、上渡街道、丹竹镇、马皮乡、木圭镇等。贵港市最小累积阻力值最低值为 0，最高值 49 929.5，呈现出由中部向四周递减的现象。最小累积阻力值的变化和分布与生态源地有着密不可分的关系，表现为距离生态源地越远，最小累积阻力值越大，说明在生态保护过程中，生态源地扩张的阻力越大，需要进行生态保护的重要性也就越低。按乡镇区分，贵港市生态源地最小累积阻力值的高值区主要分布在樟木镇、北山镇、石卡镇、八塘街道、桥圩镇、湛江镇、东津镇、木圭镇、上渡街道、白沙镇。综合参评因子，这些区域适合物种栖息的地类较少且生境质量相对较低，人为活动较为密集。其他乡镇的最小累积阻力值大多处于低值区，主要原因是该区域的植被覆盖度相对较高，且高程与坡度等都相对有利于生态系统的物质流动与能量循环，生态环境相对较好。

（三）生态保护适宜性等级划分

根据上文生成的最小累积阻力面，选取最小累积阻力值分布频率的拐点作为划分的阈值，将贵港市的生态安全等级划分为高适宜性、中适宜性、低适宜性三类，最终生成贵港市生态保护适宜性等级图。

贵港市国土空间生态保护高适宜性区面积为 6 056.42 km^2，占全市土地总面积的 57.11%，主要分布在贵港市的北部和东北部山地、东南部山地和西南部山地。

该区域土地利用现状大部分为林地、水域及生态源地的缓冲区域。该区域的生态系统连续性强且是生态系统保护的重点区域，应该加强对该区域的生态保护与防治措施。贵港市国土空间生态保护中适宜性区主要是城市建制镇周围，面积为3 037.12 km^2，占全市土地总面积的28.64%，主要分布在中里乡、覃塘街道、南木镇、大洋镇、大圩镇、根竹乡、下湾镇、丹竹镇、石卡镇、港城街道、蒙圩镇、厚禄乡、黄练镇、石龙镇、大岭乡、镇隆镇、白沙镇等乡镇。该区域生态敏感性较高，作为自然生态保护与人类活动的过渡区域，应尽可能地控制人类活动对生态系统的干扰。贵港市国土空间生态保护低适宜性区面积1 512.05 km^2，占全市土地总面积的14.26%，主要分布在八塘街道、新塘镇、桥圩镇、东津镇、石卡镇、木圭镇、大湾镇、下湾镇、平南街道、上渡街道等乡镇。该区域距离生态源地较远，源地影响弱，最小累积阻力值最大，其生态敏感性及脆弱性小，对生态保护重要性起的作用小，同时抗外界干扰能力强，地势平坦，该区域可发展为人类活动及经济社会发展的区域。贵港市各乡镇国土空间生态保护适宜性情况见表8-2。

表8-2　贵港市各乡镇国土空间生态保护适宜性情况　　单位：km^2

行政区	高生态水平	中生态水平	低生态水平	小计
贵城街道	0	10.82	20.57	31.39
港城街道	47.04	69.59	14.80	131.43
大圩镇	81.63	92.57	0	174.20
庆丰镇	86.82	54.40	0	141.22
奇石乡	85.34	61.18	0	146.52
中里乡	99.54	135.10	0.07	234.71
根竹镇	46.69	90.46	29.46	166.61
武乐镇	17.42	53.21	0.37	71.00
江南街道	0	0	11.90	11.90
桥圩镇	0	61.68	61.26	122.94
木格镇	170.94	18.73	0	189.67
木梓镇	163.69	0	0	163.69
湛江镇	0	30.42	50.46	80.88
东津镇	0	23.65	86.52	110.17
八塘街道	0	13.01	109.62	122.63
新塘镇	0.01	41.89	63.24	105.14
瓦塘镇	180.05	12.51	0	192.56
覃塘街道	0.27	132.64	1.60	134.51
东龙镇	0	47.06	74.02	121.08
三里镇	80.52	46.96	0	127.48
黄练镇	69.55	70.45	0	140.00

续表

行政区	高生态水平	中生态水平	低生态水平	小计
石卡镇	13.14	86.12	88.28	187.54
五里镇	45.69	56.09		101.78
山北乡	0	0	77.85	77.85
樟木镇	0	23.27	225.14	248.41
蒙公镇	0	37.11	78.78	115.89
大岭乡	29.56	69.05	0	98.61
平南街道	0	55.41	50.16	105.57
平山镇	94.60	21.15	0	115.75
寺面镇	87.08	27.86	0	114.94
六陈镇	231.31	0	0	231.31
大新镇	129.79	3.78	0	133.57
大安镇	63.07	58.35	0.00	121.42
武林镇	4.42	26.35	15.86	46.63
大坡镇	72.70	27.10	0	99.80
大洲镇	75.20	42.59	0	117.79
镇隆镇	88.04	68.47	18.99	175.50
上渡街道	0	5.59	88.36	93.95
安怀镇	186.64	24.48	0	211.12
丹竹镇	36.02	87.91	34.30	158.23
官成镇	146.79	50.83	0	197.62
思旺镇	153.17	22.66	0	175.83
大鹏镇	226.75	3.62	0	230.37
同和镇	179.77	16.20	0	195.97
东华镇	64.47	16.33	0	80.80
思界乡	0	28.80	2.29	31.09
国安瑶族乡	105.30	5.19	0	110.49
马练瑶族乡	202.74	33.76	0	236.50
木乐镇	42.51	45.50	0.55	88.56
木圭镇	0	46.47	66.09	112.56
石咀镇	28.45	35.75	3.74	67.94
油麻镇	164.47	0	0	164.47
社坡镇	147.58	11.63	0	159.21
罗秀镇	181.84	0	0	181.84
麻垌镇	191.34	14.11	0	205.45
社步镇	66.85	60.67	0.77	128.29
下湾镇	4.50	88.00	59.75	152.25
木根镇	114.65	6.21	0	120.86
中沙镇	204.34	4.89	0	209.23

续表

行政区	高生态水平	中生态水平	低生态水平	小计
大洋镇	16.77	98.11	18.37	133.25
大湾镇	17.81	49.69	69.61	137.11
白沙镇	18.09	65.88	75.40	159.37
石龙镇	208.94	70.18	0	279.12
蒙圩镇	89.30	79.66	6.91	175.87
西山镇	298.76	27.85	0	326.61
南木镇	100.28	122.40	1.76	224.44
江口镇	84.58	63.35	1.41	149.34
金田镇	184.42	19.18	0	203.60
紫荆镇	232.44	1.52	0	233.96
马皮乡	19.91	38.27	3.18	61.36
寻旺乡	54.99	50.90	0	105.89
罗播乡	97.18	0.20	0	97.38
厚禄乡	9.45	72.30	0.61	82.36
垌心乡	111.21	0	0	111.21
合计	6 056.42	3 037.12	1 512.05	10 605.54

二、贵港市国土空间农业生产适宜性评价

根据第七章第三节所述的国土空间农业生产适宜性评价方法及式（7-10）计算结果对贵港市进行国土空间农业生产适宜性评价。贵港市国土空间农业生产适宜性分值区间为［1.44，8.30］，通过国土空间农业生产适宜性分值与出现的频数关系，利用 ArcGIS 的自然间断点分级法，将其划分为阈值，最终得到国土空间农业生产适宜性等级图并量算面积，各适宜性等级面积见表 8-3。

表 8–3　贵港市国土空间农业生产适宜性评价结果

适宜性等级	低适宜性	中适宜性	高适宜性
分值区间	［1.44，4.35］	［4.35，5.39］	［5.39，8.30］
面积（km^2）	2 015.05	4 242.21	4 348.27
占比（%）	19	40	41

根据贵港市国土空间农业生产适宜性评价结果及表 8-3 可知，贵港市国土空间农业生产适宜性中大部分区域属于高适宜性等级和中适宜性等级，面积分别占贵港市土地总面积的 41% 和 40%，说明贵港市 81% 的国土空间具有较高的农业生产适宜性。综合分析参评因子，贵港市的高程、坡度、土壤等条件良好，农业基础良好，

且贵港市气候温暖，雨量充沛，对发展农业生产十分有利。贵港市国土空间农业生产适宜性分布特征有两个：一是“北低南高，四周低中间高”的空间分布现象；二是农业生产适宜性等级与该质量等级面积呈正相关，即高适宜性的农业空间，面积也相应较大。

贵港市国土空间农业生产低适宜性等级主要集中分布在贵港市的边缘地带。按乡镇分布来看，主要集中分布在根竹镇北部、中里乡、奇石乡、西山镇、紫荆镇、垌心乡、大鹏镇、国安瑶族乡、马练瑶族乡等乡镇，并呈带状分布特征。主要原因是这些乡镇地势相对较高，地形坡度跨度相对较大，在自然条件上制约农业生产的发展，农业投入产出比较低。

贵港市国土空间农业生产中适宜性等级分布较不规则。从乡镇分布来看，五里镇、石卡镇、大岭乡、覃塘街道、大圩镇、六陈镇等乡镇的中适宜性等级农业空间面积占比相对较大。这些乡镇的区位位置相对较好，坡度、高程相对适宜，拥有相对较好的土壤资源及灌溉条件，距离水源较近且离农村居民点较近，有一定的农业资源和区域优势。

贵港市国土空间农业生产高适宜性等级分布较为分散，但是总体面积相对较大。从全市的角度来看，主要分布于贵港市的中部区域；从乡镇分布来看，绝大部分乡镇都具有相当面积的高适宜性农业空间。分析参评因子可知，这些区域的交通相对发达，拥有肥沃的土壤资源，且地势平坦，光热水条件良好，灌溉条件优越，区位条件优越，人类活动频繁，是集中生产优质农产品的较好区域。

三、贵港市国土空间城镇发展适宜性评价

根据第七章第三节所述的国土空间城镇发展适宜性评价方法及式（7-12）计算结果对贵港市进行国土空间城镇发展适宜性评价。贵港市国土空间城镇发展适宜性分值区间为［1.00，8.52］，通过分析城镇发展适宜性分值与出现频数的关系，利用ArcGIS的自然间断点分级法划分阈值，最终得到国土空间城镇发展适宜性等级图并量算面积，各适宜性等级面积见表8-4。

表8-4 贵港市国土空间城镇发展适宜性评价结果表

适宜性等级	低适宜性	中适宜性	高适宜性
分值区间	［1.00，3.44］	［3.44，5.19］	［5.19，8.52］
面积（km^2）	3 357.21	4 350.14	2 898.18
占比（%）	31.66	41.02	27.33

根据贵港市国土空间城镇发展适宜性评价结果及表 8-4 可知，贵港市国土空间具有很强的城镇发展适宜性，其中，高适宜性城镇面积 2 898.18 km^2，占贵港市土地总面积的 27.33%。从贵港市总体来看，高适宜性城镇空间主要分布在贵港市的中部区域，且分布较为集中成片，尤其是城市建制镇所在区域，该区域经济发展较好，城市化水平较高，人类活动十分频繁，交通便捷，在社会层面具备优越条件；在自然层面上，该区域地势平坦，自然灾害发生率较低，地基稳定，适合人类居住。中适宜性城镇空间围绕于高适宜性城镇空间分布，分析其区位条件可知，多数处于城市建制镇边缘地带，即城市建制镇郊区，这些区域交通相对欠发达，经济发展有待进一步提高，基础设施有待进一步加强。低适宜性城镇空间主要分布在贵港市的北部区域，空间分布形状为带状、片状，主要受地势影响，自然灾害相对严重，靠近山体，且贵港市雨季雨量大且迅猛，较容易形成泥石流等自然灾害。

贵港市国土空间城镇发展适宜性评价，按乡镇分布情况如下：

国土空间城镇发展低适宜性区面积 3 357.21 km^2，占贵港市土地总面积的 31.66%，主要分布在桂平市的西山镇、紫荆镇、金田镇、垌心乡、中沙镇、罗秀镇，平南县的大鹏镇、国安瑶族乡、马练瑶族乡、同和镇、安怀镇，港北区的奇石乡、中里乡，且乡镇相邻区域间的适宜性相同，因此形成局部连片的带状分布。这些乡镇的城镇发展适宜性低的原因在于乡镇范围内大部分区域地形起伏度较大，且大部分区域交通相对于其他乡镇落后，交通路网有待进一步完善。

国土空间城镇发展中适宜性区面积 4 350.14 km^2，占贵港市土地总面积的 41.02%，主要分布在港南区的瓦塘镇、木格镇、桥圩镇、东津镇，桂平市的下湾镇、社步镇、油麻镇、寻旺乡、厚禄乡等乡镇，与各乡镇经济发展水平密切相关。

国土空间城镇发展高适宜性区面积 2 898.18 km^2，占贵港市土地总面积的 27.33%，主要分布在贵港市市辖区中心城区所在根竹镇、贵城街道、港城街道、江南街道、八塘街道、新塘镇、覃塘街道、石卡镇，桂平市的蒙圩镇、南木镇、西山镇的交界处，平南县的平南街道、上渡街道、镇隆镇、丹竹镇等乡镇。这些乡镇受区位因素影响明显，交通网络体系健全，城镇化率高。当前贵港市处于快速城镇化发展阶段，城镇空间将大大增加，因此应该做好贵港市国土空间规划，通过政策加强规划的管制约束力。

第三节　贵港市国土空间利用潜在冲突识别

一、国土空间利用潜在冲突强度识别

利用 ArcGIS 空间分析模块中的叠加分析，将贵港市生态安全格局分布图、贵港市国土空间农业生产适宜性评价等级图及贵港市国土空间城镇发展适宜性评价等级图进行叠加，根据表 7-4 国土空间利用冲突组合形式及权衡表的相关规则进行国土空间利用冲突类型识别，最终得到贵港市国土空间利用冲突识别结果（见表 8-5）。

表 8–5　贵港市各乡镇国土空间潜在冲突强度情况　　单位：km^2

行政区	极微冲突	低度冲突	中度冲突	高度冲突	极强冲突	合计
贵城街道	0.00	6.53	22.54	3.40	0.00	32.47
港城街道	0.00	12.88	76.07	37.79	9.18	135.92
大圩镇	0.00	22.03	108.95	46.96	2.22	180.16
庆丰镇	0.00	34.56	72.96	34.15	4.39	146.06
奇石乡	0.00	79.02	57.96	4.14	0.00	141.12
中里乡	0.00	104.06	117.12	17.55	0.02	238.75
根竹镇	0.00	59.25	66.20	44.41	2.44	172.30
武乐镇	0.00	0.94	60.04	12.16	0.27	73.41
江南街道	0.00	2.94	9.01	0.36	0.00	12.31
桥圩镇	0.11	6.42	93.10	24.84	0.00	124.47
木格镇	0.00	22.94	85.88	66.53	12.57	187.92
木梓镇	0.00	34.35	84.34	28.93	5.07	152.69
湛江镇	0.00	0.01	48.31	21.27	0.00	69.59
东津镇	0.05	4.28	98.25	5.31	0.00	107.89
八塘街道	0.17	12.21	92.05	22.39	0.00	126.82
新塘镇	0.00	7.31	76.87	24.55	0.00	108.73
瓦塘镇	0.00	37.37	97.67	45.48	10.82	191.34
覃塘街道	0.00	11.59	96.43	30.98	0.10	139.10
东龙镇	13.25	49.03	39.89	11.86	0.00	114.03
三里镇	0.00	20.86	57.27	29.17	15.96	123.26
黄练镇	0.00	48.09	62.75	16.26	7.78	134.88
石卡镇	0.19	9.06	150.34	32.75	1.62	193.96
五里镇	0.00	5.37	65.79	15.95	9.55	96.66
山北乡	17.93	17.17	39.45	5.05	0.00	79.60
樟木镇	61.80	63.74	109.21	1.45	0.00	236.20

续表

行政区	极微冲突	低度冲突	中度冲突	高度冲突	极强冲突	合计
蒙公镇	7.87	32.96	69.37	9.64	0.00	119.84
大岭乡	0.00	1.67	61.63	28.20	1.76	93.26
平南街道	0.01	5.60	77.35	26.23	0.00	109.19
平山镇	0.00	11.05	73.51	20.50	2.50	107.56
寺面镇	0.00	19.82	79.43	13.66	2.57	115.48
六陈镇	0.00	40.52	143.31	46.27	9.12	239.22
大新镇	0.00	20.64	66.13	35.92	15.45	138.14
大安镇	0.00	12.15	77.70	26.67	4.63	121.15
武林镇	0.00	1.88	32.55	9.36	0.00	43.79
大坡镇	0.00	23.35	61.81	9.58	2.14	96.88
大洲镇	0.00	21.58	70.36	9.16	1.10	102.20
镇隆镇	0.00	13.09	104.51	56.68	7.20	181.48
上渡街道	0.00	2.04	56.38	38.73	0.00	97.15
安怀镇	0.00	50.83	110.15	38.52	10.09	209.59
丹竹镇	0.26	12.69	101.79	30.72	0.47	145.93
官成镇	0.00	57.28	93.07	46.74	7.29	204.38
思旺镇	0.00	66.73	53.00	47.49	14.62	181.84
大鹏镇	0.00	135.91	70.78	20.76	0.71	228.16
同和镇	0.00	36.64	111.46	30.68	4.55	183.33
东华镇	0.00	22.42	36.79	17.91	3.63	80.75
思界乡	0.00	0.74	23.02	8.38	0.00	32.14
国安瑶族乡	0.00	45.73	50.98	10.14	0.95	107.80
马练瑶族乡	0.00	96.27	99.22	19.30	2.55	217.34
木乐镇	0.00	0.15	42.86	42.52	6.06	91.59
木圭镇	0.11	10.53	79.94	25.83	0.00	116.41
石咀镇	0.00	0.18	32.30	30.80	6.98	70.26
油麻镇	0.00	3.84	88.26	67.94	10.04	170.08
社坡镇	0.00	1.01	56.01	69.35	38.28	164.65
罗秀镇	0.00	31.82	107.25	35.42	4.95	179.44
麻垌镇	0.00	14.29	116.10	62.37	19.71	212.47
社步镇	0.00	0.65	74.86	50.85	6.30	132.66
下湾镇	0.00	1.87	121.41	32.51	1.66	157.45
木根镇	0.00	16.30	72.32	26.21	10.16	124.99
中沙镇	0.00	57.37	104.32	28.34	3.23	193.26
大洋镇	0.00	2.35	102.59	27.25	0.74	132.93
大湾镇	0.01	4.77	98.53	35.16	1.61	140.08
白沙镇	0.02	7.61	110.60	46.09	0.49	164.81
石龙镇	0.00	69.37	128.75	50.93	26.65	275.70

续表

行政区	极微冲突	低度冲突	中度冲突	高度冲突	极强冲突	合计
蒙圩镇	0.00	23.08	73.92	71.66	13.23	181.89
西山镇	0.00	152.99	97.04	51.77	26.09	327.89
南木镇	0.00	27.77	100.63	86.22	17.49	232.11
江口镇	0.00	25.06	76.85	43.52	9.02	154.45
金田镇	0.00	91.94	52.63	40.28	25.71	210.56
紫荆镇	0.00	152.88	69.62	5.68	0.07	228.25
马皮乡	0.00	1.69	36.25	20.56	4.95	63.46
寻旺乡	0.00	0.42	45.61	57.02	6.45	109.50
罗播乡	0.00	19.80	59.74	16.67	0.66	96.87
厚禄乡	0.00	1.16	72.17	11.51	0.32	85.16
垌心乡	0.00	66.64	28.49	9.40	7.76	112.29
总计	101.78	2 189.14	5 661.80	2 230.79	421.93	10 605.44

从数量上来看，极微冲突、低度冲突、中度冲突、高度冲突、极强冲突的面积分别为 101.78 km^2、2 189.14 km^2、5 661.80 km^2、2 230.79 km^2、421.93 km^2，分别占贵港市土地总面积的 0.96%、20.64%、53.39%、21.03%、3.98%。极强冲突面积占比较小，说明贵港市虽然处于快速城镇化发展阶段，各类空间发生大规模激烈冲突的可能性相对较小。贵港市国土空间利用冲突强度主要是低度冲突、中度冲突及高度冲突，尤其是中度冲突，面积占比高达 53.39%，从侧面说明贵港市的社会经济正以相对较快的速度向前发展。贵港市的极微冲突面积非常小，说明贵港市国土空间利用程度相对较高，国土空间本底资源条件优越，具有得天独厚的地理位置。贵港市的极强冲突面积相对于极微冲突面积较大，说明贵港市部分区域的空间布局存在较大问题，应采取相对应的解决措施避免重大问题产生。同时，要避免国土空间由高度冲突向极强冲突转化。

从空间分布来看，极微冲突区集中分布在贵港市覃塘区的樟木镇、北山乡、东龙镇、蒙公镇等乡镇，这些乡镇为喀斯特地貌区，土地利用上受到很大限制。喀斯特山地不适宜进行农业生产活动、地质构造不稳定不适宜人类居住、生态脆弱，需要进行生态保育。

低度冲突区主要集中分布在根竹镇北部、中里乡、奇石乡、石龙镇、西山镇大部分、紫荆镇、垌心乡、大鹏镇、国安瑶族乡、思旺镇、马练瑶族乡。这些乡镇在地理位置上处于山地区，距离城市行政中心远，自然基础条件差，对于农业发展、城镇建设无明显优势，人类生产开发活动较弱，可以在保持其原有用途的基础上，依托周围独特的生态资源，进一步扩展其旅游景观用途，为各乡镇的经济来源提供有力帮助，即可以纳入生态空间范围内。

中度冲突区广泛分布于贵港市的中部区域的乡镇范围内，且中度冲突现象普遍存在。由于贵港市的中部区域地势相对平坦，生态环境较好，距离水源地较近，生态保护适宜性、农业生产适宜性及城镇发展适宜性都相对较高，但由于距离城市中心点较远，短期内城镇建设扩张与农业发展及生态保护的矛盾激化的可能性不大，即短期内发生剧烈冲突的概率较低。

高度冲突区主要分布于靠近中心城区的乡镇。这些乡镇靠近行政中心区域，经济发展速度快，城市建设步伐快，区位因素影响能力大，地势平坦，土壤条件和水资源条件良好，靠近城市中心且交通便利，城市建设、农业发展及生态保护之间的矛盾相对激烈，且由于贵港市属于快速城镇化城市，对城镇建设用地需求旺盛，需要权衡好农业生产、生态保护和城镇建设之间的关系，做好与之相对应的防范措施，延缓或降低高度冲突向极强冲突转化的速度和概率。

极强冲突区分布较为分散，主要分布在黄练镇、覃塘街道、三里镇、木格镇、石龙镇、西山镇、蒙圩镇、南木镇、金田镇、社坡镇、思旺镇等乡镇。这些乡镇毗邻主城区且人口密集、经济发达、交通便利，同时土地自然条件良好，在农业生产、城镇建设及生态保护方面的适宜性相对较高，因此各类空间之间发生冲突的程度会相对较强。

二、国土空间利用潜在冲突类型识别

为了更好地分析贵港市国土空间利用冲突情况，将贵港市国土空间利用冲突强度情况进一步划分。具体做法是依据国土空间利用冲突组合形式及权衡表划分国土空间利用冲突类型，并利用 ArcGIS 制作空间分布图，各类型面积及比例见表 8-6、表 8-7。

表 8–6　贵港市国土空间利用一般冲突区情况

类型	生态 – 农业一般冲突区	生态 – 城镇一般冲突区	农业 – 城镇一般冲突区	三者一般冲突区
面积（km^2）	981.39	750.67	886.77	2 851.51
比例（%）	17.94	13.72	16.21	52.13

表 8–7　贵港市国土空间利用重点冲突区情况

类型	生态 – 农业重点冲突区	生态 – 城镇重点冲突区	农业 – 城镇重点冲突区	三者激烈冲突区
面积（km^2）	929.45	848.99	376.89	407.66
比例（%）	36.26	33.12	14.71	15.91

根据表 8-6，从数量关系上看，贵港市国土空间利用冲突一般冲突面积由大到小排列为三者一般冲突区、生态 – 农业一般冲突区、农业 – 城镇一般冲突区、生态 – 城镇一般冲突区。三者一般冲突区的面积占一般冲突区总面积的 52.13%，说明贵港市国土空间一般冲突区冲突类型主要是生态空间与农业生产空间、城镇发展空间之间的冲突，反映出贵港市国土空间布局有待进一步优化调整。生态 – 农业一般冲突区、生态 – 城镇一般冲突区、农业 – 城镇一般冲突区的面积比例分别为 17.94%、13.72%、16.21%，相差不大，说明贵港市生态空间、农业空间及城镇空间两两空间之间的矛盾程度相差不大，在权衡两两空间之间的一般冲突时可以根据项目实际需求加以抉择。

从空间分布来看，农业 – 城镇一般冲突区分布集中且规则，可以划分为三个区域：一是分布在覃塘区的樟木镇、北山乡、东龙镇和蒙公镇，这些区域是覃塘区的甘蔗生产基地，农业基础条件优良且拥有相对丰富的矿产资源，人力资源的相对集中促使城镇开发建设的需求渐长；二是分布在石卡镇、新塘镇、八塘街道、东津镇、大湾镇、白沙镇，这些区域位于市中心近郊范围，交通便利且人口数量相对较多，对于农产品的需求旺盛，农业发展与城镇建设之间的关系相对紧张；三是分布在平南县的平南街道、上渡街道，是平南县相对经济繁荣的区域，该区域靠近浔江，水资源丰富，土壤肥沃，地质构造稳定，农业生产适宜性和城镇发展适宜性程度相当。

生态 – 农业一般冲突区的空间分布特点为“四周集中，中部空”。分布数量相对较多的主要是木格镇、瓦塘镇、木梓镇、罗秀镇、中沙镇、六陈镇、油麻镇、安怀镇、同和镇、西山镇等乡镇，这些乡镇的区位条件一般，但是大部分依靠特色农业带动当地经济发展，人民生活水平质量的提高使得人民对良好生态环境的需要也有了新要求。

生态 – 城镇一般冲突区空间分布零散，各个乡镇都有分布。贵港市是生态宜居城市，生态保护适宜性及城镇发展适宜性程度都相对较高，生态空间与城镇空间发生冲突是正常现象，但是仍然要正确处理好这两者之间的关系，避免其从一般冲突转化为重点冲突，甚至激烈冲突。

三者一般冲突区的空间分布呈现“大范围集中、小范围分散”的特征。从整个贵港市来看，三者一般冲突区在西部和东部区域集中，在中部区域分散。分析其原因主要为该区域地势平坦，水资源保障度高，土壤条件良好，靠近城市中心或乡镇中心且交通便利，各空间适宜性都相对较高。

根据表 8-7，从数量关系上看，贵港市国土空间利用重点冲突区面积由大到小依次为生态 – 农业重点冲突区、生态 – 城镇重点冲突区、三者激烈冲突区、农业 – 城镇重点冲突区。其中，生态 – 农业重点冲突区和生态 – 城镇重点冲突区的面积占重点冲突区总面积的 69.38%，说明贵港市国土空间利用冲突中重点冲突的类型主要是生态空间与农业空间及生态空间与城镇空间之间的冲突。

从空间分布来看，生态 – 农业重点冲突区主要分在贵港市中部区域，该区域地势平坦，靠近水库河流，水源涵养和水土保持功能良好，土壤肥沃，生态保护适宜性和农业生产适宜性较高，贵港市既要兼顾农业发展优势又要维持良好的生态环境，因此生态空间与农业空间的高度冲突不可避免。

生态 – 城镇重点冲突区主要集中于国道 G59、省道 S40 和省道 212 交会处的南部区域，这些区域地势平坦，水资源保障度高，土壤条件良好，靠近城镇中心且交通便利，易于被城镇建设占用。

农业 – 城镇重点冲突区面积 376.89 km^2，占重点冲突区总面积的 14.71%，主要集中分布在西山镇和南木镇、蒙圩镇的交界处，安怀镇、东华镇、根竹镇、港城街道，在地理位置上处于山脉与城镇的边缘地带。山脉边缘地带的土壤肥沃，地形起伏度相对较低，农业适宜性高，并且有省道 S304、国道 6517 经过，居民出行便捷，农业空间与城镇空间冲突程度高。

三者激烈冲突区面积 407.66 km^2，占重点冲突区总面积的 15.91%，主要分布在广昆高速与柳北高速周边、国道 G7212 周边区域、省道 S40 周边区域、郁江及浔江周边区域、国道 241 周边区域、国道 6517 周边区域。从分布区域的地理位置上看，这些区域地形坡度良好，土壤肥沃，水源涵养条件优良，是重要交通网络节点区域范围，因此农业生产适宜性、城镇发展适宜性及生态保护适宜性都相对较高，发生激烈冲突的概率相当大。

第四节　贵港市国土空间利用现状冲突识别

一、农业生产高适宜性冲突识别

农业生产高适宜性区域是以耕地为主导的土地利用类型。结合贵港市实际情况，与现状评估数据进行叠加分析后发现，与贵港市农业生产高适宜区域冲突的有矿产资源开发、村庄建设及人工商品林。

1. 与矿产资源开发冲突

与矿产资源开发冲突的情况可以分为与合法采矿权冲突、与国家规划矿区冲突。与合法采矿权冲突面积为 15.35 km^2，与国家规划矿区冲突面积为 30.41 km^2，分别占贵港市农业生产高适宜性区域总面积的 0.53%、1.05%。与矿产资源开发冲突区域总体的分布特点为“大集中，小分散”，主要集中在覃塘区及平南县；与合法采矿权冲突的区域主要集中分布在平南县的丹竹镇、桂平市的木圭镇、马皮乡及木乐镇；与国家规划矿区冲突的区域主要集中分布在平南县的南部；覃塘区和平南县四季常青，光热充足，在农业资源开发利用上具有得天独厚的优势，并且矿产资源种类繁多，储量丰富。同时，覃塘区和平南县经济社会的发展离不开矿产资源的开发利用，这就必然导致农业空间与矿产资源的不断碰撞，矛盾冲突日趋凸显。

2. 与村庄用地冲突

农业生产高适宜性区域与村庄用地冲突广泛分布于贵港市，整体来看，主要分布于贵港市的中部区域，冲突面积 290.59 km^2，其中，平南县冲突面积 77.15 km^2，占平南县土地总面积的 2.59%；桂平市冲突面积 126.28 km^2，占桂平市土地总面积的 3.10%；港南区冲突面积 31.31 km^2，占港南区土地总面积的 2.85%；港北区冲突面积 23.96 km^2，占港北区土地总面积的 2.18%；覃塘区冲突面积 31.89 km^2，占覃塘区土地总面积的 2.36%。贵港市农村人口多，农村宅基地建设需求较旺盛，宅基地建设占用耕地尤其是占用地理位置优越的耕地的情况屡见不鲜。

3. 与人工商品林冲突

人工商品林是人工种植的以生产木材、薪材、干鲜品和其他工业原料等为主要经营目的的林木。人工商品林的树种主要以桉树为主，长期大量单一种植桉树树种会导致土壤营养元素的流失从而导致地力衰退，土地贫瘠。贵港市国土空间农业生产高适宜性区域与人工商品林冲突的面积 523.64 km^2，主要集中分布在桂平市和平南县，其中，桂平市冲突面积 349.08 km^2，占桂平市土地总面积的 8.57%；平南县冲突面积 167.79 km^2，占平南县土地总面积的 5.62%。从贵港市总体空间分布来看，呈现“由中部向东北、西南扩散”的变化特征；按乡镇细分来看，主要集中在桂平市的社步镇、油麻镇、麻垌镇、社坡镇，平南县的六陈镇、镇隆镇、同和镇、官成镇。桂平市相较于平南县，人工商品林与国土空间农业生产高适宜性冲突比例更高，说明桂平市的人工商品林布局尚不够合理，仍需要进一步调整优化。

二、生态保护高适宜性冲突识别

国土空间生态保护高适宜性区域是以涵养水源、保持水土、维护生物多样性为主体功能的区域。国土空间生态保护高适宜性区域不应该存在阻碍其主体功能发挥的其他用途，若存在妨碍或阻碍其主体功能发挥的因素则为矛盾冲突区域。结合贵港市的实际情况，与国土空间生态保护高适宜性区域冲突的主要有矿产资源开发、坡耕地、村庄、人工商品林等四类冲突类型。

1. 与矿产资源开发冲突

贵港市国土空间生态保护高适宜性区域与矿产资源开发冲突面积 153.20 km^2，其中，与合法采矿权冲突面积 4.89 km^2，与国家规划矿区冲突面积 148.31 km^2。从空间分布来看，主要分布在覃塘区和平南县，该区域矿产资源丰富。近年来，建材行业发展迅猛，对矿产资源的需求量旺盛，致使生态空间保护要求与矿产资源开发建设产生冲突。

2. 与坡耕地冲突

贵港市国土空间生态保护高适宜性区域与坡耕地冲突的面积 93.03 km^2，其中，桂平市冲突面积 51.65 km^2，平南县冲突面积 24.86 km^2，港南区冲突面积 11.20 km^2，港北区冲突面积 4.69 km^2，覃塘区冲突面积 0.62 km^2。与坡耕地冲突区域主要分布在桂平市、平南县及港南区。最明显的冲突区在桂平市木根镇、罗播乡和大洋镇的交界处。桂平市地势西北、东南高，中间低，呈马鞍形向东北微微倾斜。地势高的区域是山脉的所在之处，生态保护适宜性相对较高，但是由于人类的生存发展需要，坡耕地从而产生了。坡耕地是影响生态空间涵养水源、保持水土能力的因素之一。

3. 与村庄用地冲突

贵港市国土空间生态保护高适宜性区域与村庄用地冲突的面积为 258.38 km^2，占贵港市土地总面积的 2.44%。其中，桂平市冲突面积为 112.01 km^2，占桂平市土地面积的 2.75%；平南县冲突面积为 84.45 km^2，占平南县土地总面积的 2.8%；港北区冲突面积为 25.15 km^2，占港北区土地总面积的 2.29%；港南区冲突面积为 24.42 km^2，占港南区土地总面积的 2.22%；覃塘区冲突面积为 12.35 km^2，占覃塘区土地总面积的 0.91%。分析其原因，生态保护高适宜性的区域生态环境良好，空气清新，鸟语花香。随着生活水平的提高，人们对生态环境的要求也越来越高，“逆城市化”现象不断凸显，带动生态保护高适宜性区域的相关配套设施的建立与完善，导致生态保护高适宜性区域与村庄用地冲突。

4. 与人工商品林冲突

人工商品林的大面积的砍伐容易造成生态环境的水土流失、生态景观破碎、生态系统单一、生物多样性降低等现象，因此国土空间生态保护高适宜性区域不应该存在大量人工商品林，而应发展为生态公益林。贵港市生态保护高适宜性区域与人工商品林的冲突面积 2 622.05 km^2。其中，桂平市冲突面积为 1 370.25 km^2，占冲突总面积的 52.26%；平南县冲突面积为 1 160.26 km^2，占冲突总面积的 44.25%。总体来看，冲突面积主要分布在桂平市和平南县。从乡镇分布来看，主要分布在桂平市的中沙镇、罗秀镇、木根镇、罗播乡、麻垌镇、油麻镇、社坡镇、紫荆镇、西山镇，平南县的大鹏镇、国安瑶族乡、同和镇、安怀镇、大新镇、大坡镇、六陈镇、平山镇。分析其原因，主要有两个方面：一方面，桂平市和平南县的人工商品林基数大；另一方面，桂平市和平南县的地势及山脉的分布决定了该区域更适宜林木种植，因此桂平市和平南县的人工商品林冲突面积高于其他县区。

第五节　贵港市国土空间利用冲突权衡决策

一、国土空间利用潜在冲突权衡决策

根据冲突等级，结合贵港市土地利用现状、空间冲突强度及冲突类型分布格局，划分出 8 个国土空间类型，分析出各空间主要存在的问题或利用的优势，得出今后国土空间利用的主导利用模式，并利用 ArcGIS 平台制作空间分布图，权衡决策结果见表 8-8。

表 8-8　贵港市国土空间利用冲突权衡决策

冲突强度	冲突类型	第一、第二主导用地类型	空间权衡结果	主要问题（或优势）	主导利用模式
极微冲突	冲突微弱区	耕地 / 建设用地	生态农业后备空间	冲突微弱，作为储备资源	时序轮作
		林地 / 水域	生态涵养空间	生态较不稳定，需要进行保育	生态保育
低度冲突	农业优势区	耕地	现代农业发展空间	已有特色农业	时序轮作
	城镇优势区	建设用地	城镇建设优化空间	土地利用率不高	提高利用率
	生态优势区	林地 / 建设用地	生态涵养空间	生态稳定、覆盖广	生态涵养
中度冲突	生态 – 城镇一般冲突区	林地、水域 / 建设用地	城镇建设优化空间	布局散乱、利用率低	产业结构调整
	农业 – 城镇一般冲突区	耕地 / 建设用地	城乡融合协调空间	建设占用耕地	乡村振兴
	生态 – 农业一般冲突区	林地、水域 / 耕地	现代农业发展空间	适宜建立生态农业产业园，兼顾生态保护与农业发展	农业观光 + 产品加工
	三者一般冲突区	耕地、林地	现代农业发展空间		
高度冲突	生态 – 城镇重点冲突区	林地、水域 / 建设用地	城市建设特殊调控空间	生态稳定，但易被建设占用破坏	实施严格的建设用地报批程序
	农业 – 城镇重点冲突区	耕地 / 建设用地	城乡、农业特殊调控空间	建设用地占用耕地严重	城市内部挖潜及产业结构调整
	生态 – 农业重点冲突区	林地、耕地	生态农业特殊种植空间	生态较不稳定，水土流失较严重	经济林果种植

续表

冲突强度	冲突类型	第一、第二主导用地类型	空间权衡结果	主要问题（或优势）	主导利用模式
极强冲突	三者激烈冲突区	林地、水域/耕地	生态涵养空间	生态优先	生态保育

1. 城市建设特殊调控空间

该类型国土空间应以生态保护优先，其次为城市建设，建立严格的建设用地审批手续，做好环境评价、地质勘测等工作，确保生态环境的健康、可持续性发展。有条件的地区可以尝试利用当地人文地理条件发展生态旅游，完善风景旅游基础设施，建成集生态、休闲、旅游、人居为一体的城市景观，进而推动服务产业的发展，增加居民收入。

2. 城镇建设优化空间

该类型国土空间应在现有城市建设空间的基础上，充分利用已有的交通区位优势，注重内部挖潜，提高城市建筑容积率，完善中心城区或乡镇的基础设施建设，加快主导产业基地的建设，预防土地浪费、闲置，提高建设用地高效集约利用率。结合预测的中长期阶段的经济发展情况，协调多部门的用地需求，制订科学合理的用地安排计划，确保国民经济计划项目顺利落地。

3. 城乡融合协调空间

该类型国土空间应以中心城镇为中心区域，城镇的发展建设需求会占用周边村的耕地。中心城镇承担着一定的经济、文化辐射功能，要采取引导措施，严格按照国土空间规划的要求控制其无序扩张，同时满足乡镇居民的基本生活需求。

4. 城乡农业特殊调控空间

该类型国土空间主要针对处于城市与农村的过渡区域。这些区域由于地势平坦，灌溉条件便利且地理位置极其优越，极容易被建设用地挤占。要兼顾城市建设和农业发展，因地制宜制订该区域的管控措施，从意识抓起，树立“绿水青山就是金山银山”的理念，严格把控农业生产基础设施及附属建筑物的建设，落实占一补一、占优补优的耕地占补平衡政策，从源头控制土地用途的转变，预防城乡建设过多挤占耕地。城市周边乡镇可形成“农业生产＋精深加工＋生态观光采购”的模式；郁江流经乡镇可逐步形成“水产生产＋湿地体验＋生态旅游”的利用模式；同时，发掘郁江流域农业产业地的整体文化价值，可进一步形成“现代农业示范＋观光体验＋休闲乡村旅游”的生态经济可持续发展模式。

5. 现代农业发展空间

该类型国土空间一般分布在地势平坦、耕地面积广的乡镇。这些区域农业基础条件良好，空间冲突较小，可以根据各乡镇不同的产业基础条件，建立不同蔬果农业产业示范园，加大农业科技投入，按照“公司＋协会＋基地＋农户”的产销模式，积极加快市场运营，延伸产业链，实现产业增值，增加农民的收入。

6. 生态农业特殊种植空间

该类型国土空间主要是针对生态和农业空间冲突强度大的区域，要坚持生态优先原则，可以种植经济林。一方面可增加农民收入，另一方面可为山体造绿，形成一定景观效应，防治水土流失，一举多得。在此基础上还可以发展林下经济，即种养模式，禽畜的粪便可以为林木提供养分，带来双赢。

7. 生态农业后备空间

该类型国土空间在种植传统作物、保障粮食安全的前提下，为满足未来生态农业发展需求，各地可预留一部分农地作为发展生态农业的后备资源。

8. 生态涵养空间

该类型国土空间主要特点是林地覆盖率较高，地势也较高，因此，要保护好植被资源，充分发挥林地的生态保育和水源涵养功能，起到调节区域小气候、增加区域生态系统稳定性等作用。生态涵养空间主要分布在贵港市的北部、东南部及西南部的山地区。

二、国土空间利用现状冲突权衡决策

1. 与矿产资源开发冲突权衡决策

贵港市的矿产资源开发主要集中在覃塘区和平南县。矿产资源的开发和利用活动会对地形、土壤、水环境、大气环境造成不利影响。在矿产资源开发与生态空间、农业空间发生冲突时，应开展矿山环境影响评估，秉持“生态保护优先”原则及保障粮食安全的目的，禁止那些对环境影响很大的矿产资源的开发活动，以防止矿产资源对生态环境或对周边农业生产及农产品造成不可逆转的危害；对环境影响较小或可以控制的矿产资源开发活动，应当提高矿区开采者的准入门槛，确定合理的矿产资源开发范围；对现有矿区开采者的开采活动进行实时监督，鼓励改进矿产资源生产设备与生产工艺，对矿区进行必要的生态补偿，通过植树造林和矿井回填等措施最大限度地恢复矿区的生态环境，将环境破坏程度降低。

2. 与坡耕地冲突权衡决策

坡耕地土壤侵蚀是江河泥沙的主要来源之一，而且大多数坡耕地生产力低下，坡耕地对生态保护的危害较大。当坡耕地与生态保护高适宜性区域发生冲突时，可以将坡耕地分为以下两种情况进行权衡：①土层厚实，靠近水源，坡度介于6°～15°的坡耕地，基于农业发展需要，保留该区域坡耕地或有条件的区域可以考虑修筑梯田；②土层薄弱，坡度大于15°的坡耕地，水土肥流失严重，地力低，基于“生态保护优先”原则，逐步有序实行退耕还林，因地制宜植树造林，恢复森林植被。

3. 与村庄用地冲突权衡决策

村庄用地与生态保护高适宜性区及农业生产高适宜性区发生冲突的现象屡见不鲜。与生态保护高适宜性冲突，分为以下两种情况权衡：①冲突数量较多，对生态环境无明显影响的可以保留，可以结合周围自然风光，适当发展生态旅游，严禁部署各类破坏性开发建设活动，降低人类活动强度和密度，制定好相应的管控政策；②冲突数量较少，对生态环境影响较大，基于“生态保护优先”的原则，要合理有序退出，做好生态环境修复。与国土空间农业生产高适宜性区冲突，分为以下两种情况权衡：①冲突数量较多且密集分布，对农业生产环境无影响，并且能与周围农业空间形成以点带面辐射效应的可以保留，深度挖掘潜在农业文化，发展“乡村旅游+农业观光”农业可持续发展模式；②冲突数量少且分布零散，对农业生产环境危害较大的，要制定科学合理的退出程序，以保障农业生产的安全。

4. 与人工商品林冲突权衡决策

人工商品林广布于贵港市，增加了贵港市的植被覆盖面积，为改善该地区生态环境带来新活力。与国土空间农业生产高适宜性区域冲突时，应根据贵港市具体实际情况进行权衡：人工商品林中桉树林数量相当大的，应该逐步有序减少桉树林；人工商品林的树种能够促进农业的生产活动，且种植密度小、种植范围广的，予以保留，但要积极探索“种养+”结合模式，以期为农业空间的高质量利用提供参考。

与生态保护高适宜性区域冲突时，要遵循“生态优先”原则，根据人工商品林种植的树种对生态环境的影响程度进行权衡。若种植树种对生态环境的水源涵养、水土保持功能起阻碍作用的，应逐步有序退出人工商品林种植。例如，桉树对土壤养分需求量大，大量种植容易导致土地贫瘠，加重水土流失，应少量兼种或不种；若种植树种能够促进生态环境保护，可以予以保留，但注意加强对采伐的管理监督，防止由于不当采伐危害生态环境。

下篇

国土空间利用质量综合评价

第九章　国土空间利用质量综合评价的目的和意义

第一节　国土空间利用质量综合评价的目的

国土空间是人类生存和发展的空间，包括各种各样的生活方式、生产活动、社会活动和生态保护的空间。国土空间利用不仅要满足人口增长、生活改善、经济增长、产业和城镇化发展、基础设施建设等对国土空间的巨大需求，还要保障粮食安全、生态安全、人民健康。但是，随着社会的发展和经济快速增长，国土空间出现环境污染、水资源短缺、集约利用效率低、利用方式粗放及生产空间、生活空间和生态空间失调等一系列问题。这些问题的出现，归根结底是人类对经济的过度追求，导致国土空间利用质量下降。因此，提高国土空间利用质量对国土资源的合理开发和可持续利用、对社会的可持续发展有重要作用。

国土空间利用质量是衡量国土空间集约利用效率的重要指标。基于“三生”空间（即生产空间、生活空间和生态空间）的视角，合理评价国土空间利用质量是国土空间资源合理开发、利用和保护的基础和前提。党的十八大报告提出要“优化国土空间开发格局，控制开发强度，调整空间结构，健全国土空间开发的体制机制，建立国土空间开发保护制度”。党的十九大报告提出坚定不移贯彻创新、协调、绿色、开放、共享的发展理念，坚定走生产发展、生活富裕、生态良好的文明发展道路，建设美丽中国。

改革开放之后，我国的经济水平不断提高，同时也出现资源短缺、生态环境恶化等各种问题，主要体现在以下三个方面：

（1）逐渐短缺的耕地资源与庞大的人口基数之间的矛盾日益加剧。

我国有约 14 亿人口，人口基数大。另外，我国的城镇化水平仍较低，今后城镇化水平还要不断提高；城镇空间不断扩大，耕地空间不断被压缩，导致耕地资源减少的现象越来越严重。我国的生产、生活空间能否持续容纳庞大的人口与国土空间利用质量密切相关。关于国土空间利用质量的研究也越来越引起学术界的关注。

（2）迅猛发展的经济与逐渐被耗尽的资源之间的矛盾加剧。

改革开放以来，我国的经济快速增长，在 2015 年成为了仅次于美国的世界第二大经济体。但是随着经济迅速增长，我国在国土空间利用过程中也出现了种种的社会环境问题，如以高投入低产出、高能耗、高资源消耗和高污染为主及肆意开采矿产资源的经济发展方式。另外，我国城镇化水平不断提高，城镇建设用地主要呈水平状态向外扩张，国土空间利用立体开发不足，国土空间的利用效率低下。因此，如何提高国土空间利用的质量是亟待解决的问题。

（3）人民对物质生活需求和精神文明追求的提高与日益严重的环境恶化问题的矛盾越发激烈。

人民拥有更好的物质、文化娱乐生活的同时，也产生了空气污染、水污染及土壤污染等环境问题。因此，通过国土空间利用质量评价，进行合理的区域国土空间规划，严格管理和保护林地、湿地、水域等生态用地，对促进经济和社会的可持续发展具有重要作用。

第二节　国土空间利用质量综合评价的意义

目前，国土空间利用质量评价研究倾向单一空间的评价研究，如对经济开发区的土地集约利用评价、城市群土地集约利用评价、农用地集约利用评价、主体功能区的开发利用的适宜性评价等方面探讨国土生产空间利用质量的评价研究。对国土生活空间利用质量的研究多集中单个城市视角，如通过生活空间单一要素，即宜居性的评价，研究不同尺度生活空间内部的居住环境差异。对国土生态空间利用质量的研究主要集中在生态系统功能、生物多样性、景观格局、生态安全评价等方面。已有研究中，方创琳（2017）、李秋颖（2016）、张景鑫（2017）等学者基于“三生”空间对中国城市群、省级行政单元的国土空间利用质量进行了探讨，但是国土空间利用质量评价缺乏基于“三生”空间对乡镇国土空间利用质量进行全面、系统的评价。此外，学术界还没有对国土空间利用质量概念形成公认的界定。通过探究国土空间利用质量综合评价的理论与方法，对国土空间利用质量进行综合评价，了解国土空间利用的变化机理，为国土空间规划、国土空间可持续利用提供依据，能丰富国土空间利用评价研究内容，具有重要的理论价值和现实意义。

贵港市地貌有平原、台地、丘陵和山地，平原面积大，地势北高南低，郁江由西向东贯流全市中部地区，并形成了广西面积最大的冲积平原——浔郁平原，是广西优质耕地资源的重要分布区域。近年来，由于资源环境的限制和侧重经济发展的影响，浔郁平原局部出现了建设用地扩张过度、利用效率低、生物多样性减少、土壤侵蚀等各类问题。同时，随着城镇化的持续推进，农业生产空间、生态空间不断被压缩，耕地资源逐渐减少，集中连片的宜耕后备国土资源日益匮乏。此外，浔郁平原地区是广西人口密度最高的地区，人多地少，给经济发展、社会资源和环境造成较大压力，人地矛盾十分突出。在今后一段时期内，贵港市作为“西江经济带”中的核心区位城市，随着新型城镇化的不断推进，基础设施等建设对国土空间需求逐步加大，人地矛盾、“三生”空间的协调问题将更加突出。因此，以人地关系错综复杂的贵港市为例，研究其国土空间利用质量，提出质量提升对策以期提高贵港市国土空间利用效率，可为区域国土空间格局优化、可持续利用及政府决策提供参考。

第十章　国土空间利用质量综合评价研究概况

第一节　国土空间利用质量评价内容研究

关于国土空间利用质量评价的研究最早源于土地质量评价。早期的土地评价主要是以赋税为目的，而以合理利用土地为目的的土地评价研究是随着资源调整与土地合理利用规划而产生和发展起来的。1961 年，美国农业部土壤保持局正式颁布土地潜力分类系统，这是世界上第一个较为全面的土地评价系统。它以农业生产为目的，主要从土壤的特征出发来进行土地潜力评价，分为潜力级、潜力亚级和潜力单位三级。该系统客观地反映了各级土地利用的限制性程度，揭示了土地潜在生产力的逐级变化，便于进行所有土地之间的等级比较。1963 年，加拿大参照该系统提出适合该国且应用范围更广的土地潜力分级系统，不仅可用于农用地评价，还可用于林业用地、牧业用地、旅游业用地等土地评价研究。在 20 世纪 80 年代后，土地评价的目的再次由土地利用的依据逐渐变为土地利用、规划服务的方向。联合国粮食及农业组织（FAO）在 1976 年发布的《土地评价纲要》中建立土地适宜性分类及土地适宜性评价体系，完善了土地潜力的分级系统，之后，联合国粮农组织不断修改完善该系统（冷疏影等，1999）。20 世纪 90 年代至 21 世纪初，Hopkins L（2001）、Collins M G（2014）在土地适宜性评价中根据人类要求、意愿或对于一些未来活动的预测而确定土地利用最合适的空间模式。Gao 等（2001）在宜居性评价中比较注重城市现有和未来居民生活质量的适宜居住性、可持续性、适应性三大类因素。除开展传统的土地适宜性评价外，也将土地利用生态安全评价、土地集约利用评价、土地可持续利用、宜居城市评价等传统的土地利用评价与国土空间利用质量联系在一起进行研究。1991 年美国研究完成《精明增长的城市规划立法指南》，提出了精明增长理论，开始土地集约利用研究（张庭伟，2003）。由土地利用评价向土地规划服务转变。欧盟的“空间规划”中，城市质量成为空间规划的重要内容，即通过合理划分标准地域统计单元获取各区域基本数据，通过包含地理位置、空间融合、经济实力、自然资源等方面的空间发展评价标准用以评价各城市发展状况（刘慧等，2008）。

我国最早的土地评价记载在2000多年前的《禹贡》中，其以税收为服务目的。在1950年至1970年，原农垦部荒地设计院、中国科学院自然资源综合考察委员会提出了土地评价体系，我国土地评价体系逐渐系统化。原农垦部荒地设计院根据水热条件将全国土地划分为区和副区两个等级，从客观上反映荒地的质量，但未提出明确的自然特性的分级评价指标，仅定性描述不同等级的土地。中国科学院自然资源综合考察委员会根据荒地的水热条件，通过明确的评价指标，将全国土地划分为11个区，能够比较客观地反映出荒地本身的自然质量，但是缺少了对荒地的经济属性的分析。在20世纪70年代，我国通过《中国1∶100万土地资源图》的编制，由荒地调查的土地评价目的转变为土地分类与评价研究。土地分类系统将我国土地分为资源单位（制图单位）、潜力区（水热条件）、限制性（限制因素）、适宜类（适宜性）、适宜等（适宜程度），在宏观上为耕地的保护规划提供科学基础。

除传统的土地利用评价研究为国土空间利用质量综合评价的研究提供参考依据以外，以“三生”空间视角的单一空间利用评价也是研究国土空间利用质量的重要参考依据。“三生”空间概念源于“三生”功能。“三生”功能概念由台湾学者进行归纳总结，包括生产功能、生活功能和生态功能三种功能，在国土空间利用、多功能农业、城镇的土地利用总体规划、城市规划建设和主体功能区规划研究中广泛使用（郑百龙等，2006）。方创琳等（2017）从“三生”功能解析市县尺度的土地综合承载力，并提出生态－生活－生产承载力测度指标体系和核算模型。陈德强（2017）利用综合指标法从生产功能、生态功能、生活功能对贵港市区进行土地利用功能评价。吴艳娟等（2016）则基于“三生”空间，从微观尺度进行“三生”空间分类，采用“千层饼”方法对宁波市城市国土空间适宜性进行评价。洪惠坤（2016）通过“三生”视角对重庆市乡村空间进行研究，研究表明重庆市乡村“三生”空间土地利用效率整体水平亟待提高，存在以破坏生态环境为代价的粗放型增长。陆启荣（2014）在国土生态空间评价研究进展与展望中提出我国对单一生态空间主体功能评价较成熟，对区域国土生态空间综合功能评价较匮乏。刘钰（2012）以福州市为例，在生态空间评价和控制中完善三种生态空间的评价方法，提出五种生态空间的控制途径，构建生态空间政策的评估框架。此外，傅伯杰等（2017）对生态空间的生态系统功能、生物多样性、生态风险等方面进行了深入研究，提出生态系统服务评估指标体系。张景鑫（2017）从经济社会可持续发展出发，将苏南城市群国土空间划分为生产空间、生活空间、生态空间，从国土空间的现实状态及经济发展、社会和谐的保障作用和支撑能力对国土空间利用质量和耦合协调度进行评价。李秋颖等（2016）基于“三生”空间视角对省级国土空间利用质量进行综合评价，研究结果表明，国土空间利用质量模型能科学、客观地反映国土空间利用情况。

第二节　国土空间利用质量评价方法研究

传统的土地利用评价方法对基于“三生”空间视角的国土空间利用质量评价有借鉴意义。传统的土地利用评价中，经常采用综合指数评价方法、景观生态学方法和生态承载力分析法对生态安全进行评价（王根绪等，2003）。Carver S（1991）在土地适宜性评价中通过将 GIS 与多指标决策方法进行整合，大大提高了地图叠加方法在土地适宜性评价领域的应用。综合指数评价方法中，Diakoulaki D 等（1995）运用 CRITIC 法确定指标权重。

传统的土地利用评价研究，包括土地可持续利用评价、土地集约程度评价、土地利用结构评价、土地利用适宜性评价等方向，可以为国土空间利用质量评价提供借鉴。自 20 世纪 80 年代起，随着全国大范围的土地利用总体规划和耕地保护工作的开展，传统的土地利用评价在研究手段上也有很大的改善和进步，评价的理论和研究方法的成果较多（倪绍祥等，1999）。这段时期内土地利用评价研究有以下主要成果：在由原农垦部荒地设计院和中国科学院自然资源综合考察委员会建立的定性评价的土地分级体系的基础上，不断完善和改进，建立了采用数学计算模型或决策分析模型对土地利用评价的指标、权重等进行半定量化或定量化的土地利用评价体系；另外，在土地利用评价中应用制图和“3S”技术等高新科技及景观生态学理论、人地关系理论、可持续利用理论等，使土地利用评价体系在数据更新、完整性和准确性等方面取得了较大的进展。改革开放后，由经济快速发展导致土地不合理利用产生的各种问题，傅伯杰等（2004）和陈百明等（2001，2002）结合土地资源的自然环境、社会开发现状、经济发展等影响因素，研究土地利用评价方法，探讨如何进行土地可持续利用与管理。陈逸等（2008）利用文献资料法、因果分析法、层次分析法，选择土地投入产出状况、土地承载状况和土地利用生态效应三大类共 11 个指标，对城镇化进程中的开发区土地集约利用水平进行评价，并揭示影响区域土地集约利用水平的主要因素。此外，土地评价中土地适宜性研究更为深入。如李洪波等（2014）以 GIS 为系统环境，基于元胞生态位适宜度模型对安宁市低丘缓坡土地进行适宜性评价。魏海等（2014）评价低丘缓坡土地时使用了 GRNN 模型，以此划分土地开发适宜性等级。李伟芳等（2015）用 Land USEM 模型对海岸带土地适宜性进行评价。张志斌等（2014）通过选取设施完善度、出行便捷度、居住安全度、环境健康度、景观优美度和居民归属感对兰州市的城市宜居性进行评价。唐常春等（2012）以长江流域为研究区，建立了包含开发约束、开发强度、开发潜力 3 个维度的指标体系，应用加权求和的方法，给出了区域国土空间利用的评价分级和类型分区。姜广辉（2011）综合运用地理信息系统空间分析、信息熵等方法，评估了北京城市空间、农业空间、生态空间和其他空间结构间的均衡程度和稳定程度，并应用空间转换矩阵分析了国土空间结构变化，解释了国土空间利用中存在的问题。陈红霞（2012）基于国土空间的集约节约利用，在城市的人口规模效益与经济规模效益的研究中发现，现阶段我国的城市空间规模扩张整体呈现以人口增长为主要推动力，国土空间的集约利用可通过发展不同规模和类型的城市，进而构建合理的城镇体系。Li G 等（2014）在全国城镇土地集约利用度的研究中提出，在胡焕庸线右侧，集中分布着全国城镇的土地集约利用的高值区。安玉娟等（2009）通过耕地利用数据构建评价指标体系，对河北省耕地集约度进行研究，发现耕地利用集约度与经济发展水平有明显相关性，且研究区域内的地块区位及微地形对耕地利用集约度产生影响。

无论是单一空间的功能或质量评价，还是“三生”空间利用的综合评价，其评价方法多为综合指数方法。而综合指数方法中常用的指标权重确定方法分为主观赋权法、客观赋权法和由曾宪报（1997）根据主观赋权法、客观赋权法的优缺点提出的主客观组合赋权法。主客观组合赋权法在多个领域得到广泛应用。其中，江强强等（2015）在地质灾害危险性评价中采用层次分析和变异系数的组合赋权法。叶霜（2017）采用 G1 法和 CRITIC– 熵权法的主客观组合赋权方法对果实品质进行评价。宋冬梅等（2015）提出了三角模糊数和 CRITIC- 熵权法的主客观组合赋权方法。

第三节　国土空间利用质量的驱动力研究

关于国土空间利用的单一空间利用质量驱动力的研究，Dumanski J（2000）从利用的驱动力因素角度出发，从投入和产出等社会经济角度研究农用地集约利用。对于生活空间利用驱动力因素，国外在对城市生活空间评价与社区规划研究中普遍认为：社会因素影响着居民对宜居生活空间的认知，具体表现为居民的学历、家庭生命周期阶段、收入水平、个人价值观、社会地位和期望水平等都会影响居民对宜居生活空间的满意程度（王兴中，2002）。Spencer J H（2010）在关于东南亚地区的社会空间研究中提出，先进的经济发展结构和创新的经济技术为经济发展带来活力，也为居民提供大量的就业机会和高回报的工资水平，能保障居民维持较高的生活水平。Kijima M 等（2010）和 Caviglia-Harlis J L 等（2009）认为经济增长和环境之间的复杂关系符合库茨涅兹曲线。

进行国土空间利用质量的驱动力研究，有助于深入了解国土空间利用质量的原因和内部机理，有助于提出提高国土空间利用质量的对策。国内对国土空间利用质量驱动力的研究较少，多数处于对单一空间或单一空间的某一方面进行驱动力研究。在生产空间利用质量方面，邵晓梅等（2006）和王静等（2008）提出在不同的空间尺度和时间尺度，建设用地利用质量的驱动因素会有所不同。区域自然条件和地理环境差异作为本底条件对建设用地利用质量有一定影响（宋维佳等，2011）。区位条件和经济发展水平对所有空间尺度都有重要影响（陈雯等，2009）。在生活空间利用质量方面，生活空间利用质量影响因素较多，包括城市规划、基础设施水平、经济因素、社会因素和环境因素（湛东升等，2014；李王鸣等，1999）。地区交通基础设施的发展影响着当地经济发展和居民的生活水平，高铁站点的分布、路网密度、交通覆盖率等对地区交通基础设施的发展产生重要影响（王德利等，2012）。在生态空间利用质量方面，随着诸多环境问题的加剧，生态空间的研究在区域中的作用也日益显著。乔标等（2006）提出经济增长与生态空间利用质量关系的六大定律，包括耦合裂变律、动态层级律、随机涨落律、非线性协同律、阈值律和预警律。姜涛等（2002）应用投入产出模型对人口 – 资源 – 环境 – 经济系统的耦合度进行定量分析。生态空间功能的有效发挥取决于生态空间的构成、结构、分布格局、规模和管理水平等（毛齐正等，2012；傅伯杰等，2008）。

第十一章　国土空间利用质量综合评价的理论与方法

第一节　国土空间利用质量的概念

一、国土空间利用

2010年国务院发布的《全国主体功能区规划》中指出："国土空间是指国家主权与主权权利管辖下的地域空间，是国民生存的场所与环境，包括领土、领海、领空等"。这意味着国土空间是具有三维属性的空间，不仅包括土地资源，还包括矿产资源、水资源、大气资源等要素。国土空间也是一个地理空间，利用土地资源作为基础，同时和其他资源条件相结合的，并与具体地域相联系的地域资源（胡序威，1982）。国土空间作为一个多要素组成的复杂空间，其利用方式多种多样。国土空间从利用形态上可分为城市空间、乡村空间、生态空间等空间。在国土功能类型上，国土空间可以按主体功能划分为生产空间、生活空间、生态空间（即"三生"空间），但是国土空间单元是由若干生产、生态、生活空间混合而成，并不能将生活、生产、生态这三种空间完全分开。随着经济的快速发展和科技的提高，国土空间各种要素的联系愈加紧密，生产空间不断侵占生态空间和生活空间。本研究基于"三生"空间视角，在宏观尺度上，将国土空间视为生产空间、生活空间、生态空间的混合体，国土空间的利用也是"三生"空间的利用。

二、国土空间利用质量

质量在物理学上是指物体所含物质的多少，是物体的一种基本属性。在日常生活中提到的质量是指产品或工作的优劣程度。最具代表性的概念有三种，分别是美国的朱兰从顾客角度提出的定义、美国的克劳斯从生产者角度提出的定义和《质量管理和质量保证词汇（1）》（ISO 8402-1994）中提出的"质量"术语。

美国的朱兰从顾客的视角提出了产品的适用性就是产品质量的观点，包括产品在使用过程中能成功地满足用户需求程度（黄镇海，2009）。基于生产者角度，美国的克劳斯把质量概括为产品符合规定要求的程度（尤建新，2003）。美国的德鲁克认为质量就是满足需要（方创琳等，2017）。因此从生产者角度出发，质量的含义为使用要求和满足程度。使用要求和满足程度往往会受到使用对象、使用时间、社会环境等因素影响。这意味着质量是动态的。随着社会的进步，质量也不断更新。《质量管理和质量保证词汇（1）》（ISO 8402-1994）的“质量术语”定义为反映满足实体明确或隐含需要能力的特性总和。在质量管理中需要处于合同环境中是规定的，在其他环境下，需要是变化的。因此，质量是客观事物具有某种满足人类需要的能力的属性。客观事物是指可以单独描述和研究的事物。

目前，国内外学术界对国土空间利用的内涵还没有明确的界定。方创琳（2017）认为国土空间利用质量是国土空间的利用能够满足人类发展需要能力的特性的总和。李秋颖等（2016）在省级国土空间利用质量研究中提出，国土空间利用质量是指一定发展阶段的自身特性及其相互关系，是在一定生态环境中，人类生产行为和生活行为所发挥效应的程度，亦即一定地域空间所产生对自然界或人类发展作用的综合能力。空间系统在更大的地域范围内，通过发挥各组成要素的自身特性，能提升满足人类需求的能力。结合国土空间和质量的定义，本研究将国土空间利用质量定义为在一定的生态环境下，人类通过生产活动和生活行为对地域空间进行利用，地域空间能满足当前人类需求和潜在的人类可持续发展需求的能力的特性总和。

第二节　国土空间利用质量综合评价的理论基础

一、人地关系理论

人地关系是自人类起源以来自然界与人类社会中普遍存在的一种客观关系，人地关系系统是人与地之间一种复杂、开放的关系系统。在人地关系中，人与地既对立又统一，并在对立统一中发展。国土空间的核心要素是土地资源。但是在社会经济发展过程中，由于土地资源的稀缺性，经济增长、城镇化推进在与土地资源保护的不断博弈中产生的负面影响已经成为人类与土地资源之间不可避免的矛盾。人类对土地资源的利用存在着限制性，优质的土地资源承载着人类的各种生产生活方式，劣质的土地资源限制人类的生产活动，影响人类的生活方式。而在科技进步过程中，人口数量快速增加，人类为满足大量的人口生存生活需求而肆意开采矿产资源，为进行大量的生产活动而无序地扩张建设用地，随意破坏环境等高投入低产出的土地利用方式，导致土地资源质量下降，土地资源的供给越来越少，人类的生存和发展受到了更大的限制，形成恶性循环。因此，人类和土地资源之间存在相互依存和共生的关系，人类应当了解土地资源的特性，尊重自然规律，发挥人类的主观能动性，客观合理地开发和利用土地资源（李雪，2013）。能否成功拓展出土地资源更多的经济属性，是促进人类社会和土地关系和谐发展的关键（徐美，2013）。人地关系理论是提升国土空间利用质量的重要理论基础与指导思想。

二、社会 – 经济 – 自然复合生态系统理论

20世纪80年代，马世峻等（1984）提出了社会 – 经济 – 自然复合生态系统理论，认为虽然社会、经济和自然是3个不同性质的系统，均有其自身的结构、功能和发展规律，社会系统、经济系统和自然系统自成一体，但是其发展受到其余两个系统结构、功能的制约。因此，社会问题、经济问题或自然生态问题不仅是单一系统的问题，更是由若干系统相互作用和结合形成的复杂问题，称其为社会 – 经济 – 自然复合生态经济问题。在此类复合系统中，人既是积极因素，也是破坏因素，兼有复杂的社会属性和自然属性两方面的内容：一方面，人类作为社会经济活动中的主人，利用特有的文明和智慧驱使大自然为自己服务，令人类的物质生活水平和精神文明呈正反馈持续上升；另一方面，人类同样作为大自然中的成员，任何宏观性质的活动都不能违背自然生态系统的规律，否则，人类将受到自然生态系统的负反馈约束和调节。这两种力量间的冲突正是复合生态系统的一个最基本的特征（谷树忠等，2013）。根据社会 – 经济 – 自然复合生态系统理论，国土空间利用质量的研究对象应为构建于社会 – 经济 – 自然复合生态系统基础上的更加复杂的生产 – 生活 – 生态空间复合生态系统，其子系统与子系统之间的联系，以及它们的自组织演化都具有复杂的规律性，因此，必须采用复杂系统的思维方式和研究方法进行研究。除此之外，国土空间是人口、经济、社会、资源、生态环境相互依存、相互依赖、共同生存的共生系统，国土空间利用质量子系统构成的“生产 – 生活 – 生态”复合生态系统在其内部相互作用机理的影响下，形成自我调控功能，能够自我组织演化，协调各子系统间的相互作用关系。提高国土空间利用质量应该充分利用子系统间的这种自我调控机制，协调区域子系统的生产、生活与生态空间的关系，以及各子系统的各个要素间的联动关系，从而实现区域系统的协调发展。

三、生态文明建设理论

生态文明作为人类现代文明的重要组成部分，反映了人与自然和谐相处的关系。谷树忠等（2013）认为生态文明建设的内涵是在不破坏自然生态环境的前提下，合理开发和节约利用自然资源，转变生产生活方式，建设生态系统，以期为当代人和后代人的生存和发展留下足够的自然资源和优美的生态环境。党的十八大首次把生态文明建设纳入中国特色社会主义事业的政治、经济、文化和社会建设当中，并提出推进生态文明建设发展。党的十九大报告提出，人类与自然是命运共同体，需不断推进生态文明建设，形成绿色的生活和发展方式，坚定走生产发展、生活富裕、生态良好的文明发展道路，实现美丽中国梦（张惠远等，2017）。在环境逐渐恶化、生态系统日益退化、资源利用质量低下和环境容量低下等问题的背景下，建设生态文明既是社会－经济－自然复合系统发挥正反馈作用的重要基础，也是实现区域可持续发展的先决条件。国土空间既是地球所有生物生存的载体，又是生态文明建设的载体，必须遵照人口资源环境相互制衡，生产空间、生活空间、生态空间相互协调的原则，集约节约利用自然资源，控制城市扩张，调整“三生”空间布局，形成绿色的生产生活方式，提高生产空间的利用效率，让生活空间更加宜居舒适，给未来的世界留下更加美丽的生态空间。

四、土地资源优化配置理论

土地利用配置可以认为是为了达到一定的生态经济最优目标，依据土地特性和土地系统原理，依靠一定的科学技术手段，对区域有限的土地资源的利用结构、方向，在时空尺度上分层次进行安排、设计、组合和布局，以提高土地利用效率和效益，维持土地生态系统的相关平衡，实现土地资源的可持续利用（邓祥征等，2009）。土地利用优化配置不仅包括宏观数量和空间结构格局的优化，而且包括在微观尺度上生产要素的合理匹配，是一个多层次、多目标的持续拟合与决策过程（刘彦随，1999）。根据土地资源经济供给的稀缺性与不平衡性，针对不合理的土地利用，为达到资源系统的最大功能和综合效益而提出的土地资源优化配置理论，其中“优化”是对于不合理的土地利用问题，提出的人类期望和目标，同时也是科学决策操作与及时反馈调节相互作用的双向行为过程。与土地资源优化配置理论相关的理论包括地域分异理论、系统控制论、地租理论、空间结构关联理论等。

国土空间利用的目标就是要实现地区社会、经济、生态效益的最大化，实现空间的集约、有序和可持续利用。土地资源优化配置理论是国土空间利用优化配置的理论基础。国土空间利用优化模拟分析的主导方法就是土地资源优化配置中的科学技术与手段，即研究区域中多种土地利用类型的宏观构成及不同土地利用类型在国民经济各产业部门之间的高效组合。国土空间利用的调控过程就是利用政策和规划手段，对当前空间利用中存在的不良组织、非优化布局、非理性扩展问题进行引导和调整。

五、可持续发展理论

随着人类改造大自然的能力不断增强，人类对国土空间不断开发，消耗大量的自然资源，同时人类与自然的关系也加剧恶化。例如，国土空间利用质量的急剧下降、生态环境日益恶化和资源枯竭等一系列问题不断制约人类的生存和发展，在意识到这种发展的恶果后，众多学者开始探索对人类世世代代繁衍生息和社会发展更为有利的新的发展方式。

可持续发展的观点在提出后迅速在全球范围内获得广泛认可，并得到丰富与发展。其中，最为著名的观点是世界环境与发展委员会在《我们共同的未来》报告中提出的“可持续发展是指既满足当代人对生存和发展的需要，又不危害后代人满足其发展需要的能力”，强调了人类的发展不但要立足当前，更要着眼未来（蒋伟，1988）。在《我们共同的未来》报告提出后，学者们不断从各个角度丰富了可持续发展的理论体系，对不同领域具有指导作用。一方面，可持续发展理论强调“土地”是人类发展的基础条件，决定着人类发展的尺度，而良好的人地关系是可持续发展的关键；另一方面，因为人对“土地”具有一定的能动性，所以人类发展应依据可持续发展的理念，遵循自然客观规律发挥能动作用，人地关系会形成可持续的良性循环，能满足当代人及后代人的发展需求（刘彦随，1999）。国土空间是一个有限的空间，水资源、土地资源等资源的数量是有限度的。因此，对国土空间的利用必须以实现生产空间、生活空间和生态空间的可持续发展为目标，探索提升国土空间利用质量的有效途径。

第三节　国土空间利用质量综合评价的方法

一、国土空间利用质量综合评价指标体系建立

（一）评价指标的选取原则

国土空间作为复杂的生产－生活－生态空间复合生态系统的载体，进行着物质、能量与信息的交换联系与协调发展。为了能客观地反映研究区域的国土空间利用质量，构建国土空间利用质量综合评价指标体系，应遵循以下几个原则：

1. 可行性原则

因为需要对指标因子的信息进行定量化处理，所以指标因子的选取应具有实用性、可操作性。评价方法可运用到其他区域的国土空间利用质量评价。

2. 主导性原则

从影响国土空间利用质量的多种要素中，筛选代表生产空间利用强度和效益、生活空间便捷宜居、生态空间优美的因子。为了使综合评价的结果更加科学化、简洁化，各指标因子的概念应当清楚、明确。

3. 差异性原则

结合研究区域的“三生”空间概况进行指标的筛选，最终选取的评价指标应既能体现研究区域的“三生”空间利用现状，又与研究区域联系密切，能够体现区域的差异性。在指标筛选时，应尽量避免选入重叠、表达意义相差不大的指标及可以通过多项指标组合的衍生性指标，以确保指标的差异性，能直接客观地反映研究区域的国土空间利用质量。

4. 定性与定量相结合原则

在评价过程中，定量分析与定性描述相结合，以定量分析为主，尽可能采用定性描述定量化，以量化的形式呈现指标因子。

5. 整体性和层析性相结合原则

国土空间利用质量评价是基于复杂的社会–经济–自然复合生态系统，其评价体系的建立需要具有明晰的结构性。以全面性、整体性、客观性为原则，从“三生”空间视角反映国土空间利用质量的现状。

（二）评价指标体系的确立

国土空间利用质量评价指标体系的构建首先要确定国土空间利用质量分类。目前，基于“三生”空间视角的国土空间质量评价研究较少，我国在国土空间利用质量的研究上尚未形成标准的评价方法和体系。在微观尺度上，国土空间利用研究主要进行生产、生活、生态分类，如黄金川等（2017）和张红旗等（2015）对国土“三生”空间的分类评价。在宏观尺度上，基于“三生”空间对国土空间利用的研究是基于评价单元由生产空间、生活空间、生态空间混合而成的基础进行质量评价，如方创琳等（2017）从生产空间、生活空间、生态三方面进行地区承载力研究，李秋颖等（2016）从生产空间、生活空间、生态空间进行省级国土空间利用质量研究，张景鑫（2017）从“三生”空间进行区域国土空间利用质量及耦合协调度评价。通过对现有研究成果的总结归纳，从宏观尺度上，本研究以乡镇为评价单元，每个评价单元由生产空间、生活空间、生态空间混合而成，将其国土空间利用质量的一级类划分为生产空间、生活空间和生态空间利用质量。

“三生”空间的功能之间存在相互作用，并不是均衡地与其他功能发生作用，当某种功能出现减弱或增强时，会对另一部分功能产生积极或消极影响。通常国土空间多功能的作用形式有以下 3 种（图 11–1）：①拮抗作用，即某种国土空间功能的增强对另一种功能的发挥产生抑制作用，拮抗作用程度加剧时就表现为功能间的冲突；②协同作用，即一种功能的增强能促进另一种功能的发挥；③兼容性，即两种或多种功能之间的相互作用微弱或相互之间没有作用关系（刘玉等，2011）。

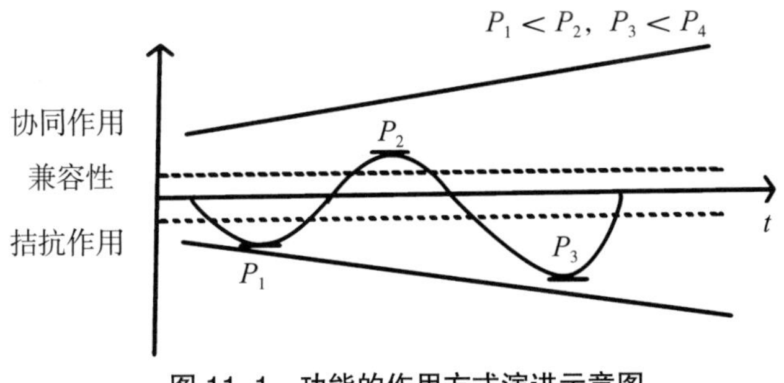

图 11–1　功能的作用方式演进示意图

相关的国土空间利用质量研究的二级类划分方式则因为具体研究的问题和不同特点的研究区域而不同，划分二级类的主要依据为国土空间利用的质量内涵。国土空间利用质量的研究起步较晚，相关文献较少，但是与国土空间利用质量存在内在联系的单一空间利用评价的研究较多，如宜居性评价（湛东升等，2014；李王鸣等，1999）、土地集约利用评价（王静等，2008；宋维佳等，2011；陈雯等，2009）、生态功能评价（刘钰，2012；毛齐正等，2012；傅伯杰等，2008）。

本研究在参考国土空间利用质量相关研究成果的基础上，充分考虑“三生”空间之间的拮抗作用、协同作用和兼容性，与贵港市国土空间利用相衔接，国土空间利用质量二级类指标选择包括：投入强度和产出效率体现生产空间利用质量；交通便捷度、教育医疗保障程度和居住水平体现生活空间利用质量；生态功能和景观质量体现生态空间利用质量。

在国土空间利用质量划分类型的基础上，参考王静等（2008）、陈雯等（2009）、唐常春等（2012）、傅伯杰等（2004，2017）、刘钰（2012）、方创琳（2017）、李秋颖等（2016）的研究成果，充分考虑“三生”空间的拮抗作用、协同作用和兼容性，以及指标的可获取性，选择22个指标建立贵港市国土空间利用质量综合评价指标体系（见表11-1）。

表11-1　贵港市国土空间利用质量评价指标体系

目标层	准则层	因素层	指标层	指标影响
国土空间利用质量	生产空间利用质量	投入强度	① 国土空间投资强度（万元 /hm^2）	+
			② 土地垦殖指数（%）	+
			③ 灌溉系数（%）	+
		产出效率	④ 地均财政收入（万元 /hm^2）	+
			⑤ 粮食播种面积单产（t/hm^2）	+
			⑥ 城镇工矿用地产出率（%）	+
	生活空间利用质量	交通便捷度	⑦ 人均交通建设用地（m^2/ 人）	+
			⑧ 交通用地密度（%）	+
			⑨ 路网密度（km/km^2）	+
		教育医疗保障程度	⑩ 教育设施配置密度（个 /km^2）	+
			⑪ 在职教师数（人）	+
			⑫ 医疗服务配置强度（个 /km^2）	+
			⑬ 每万人医疗技术人员（人 / 万人）	+
		居住水平	⑭ 单位建设用地人口承载量（人 /hm^2）	+
			⑮ 村镇建设用地比重（%）	+
			⑯ 城镇人口比重（%）	+

续表

目标层	准则层	因素层	指标层	指标影响
国土空间利用质量	生态空间利用质量	生态功能	⑰森林覆盖率（%）	+
			⑱水域覆盖率（%）	+
			⑲生态用地比例（%）	+
		景观质量	⑳生物丰度指数	+
			㉑景观多样性指数	+
			㉒景观破碎指数	−

注：表中的“+”“−”符号反映的是评价指标对因素层的影响，“+”表示正向指标，“−”表示逆向指标。

指标说明如下：

（1）国土空间投资强度：固定资产投资总额是以货币投入的建造和购置固定资产活动的工作量，通俗地说就是指修建建筑物、道路等不动产消耗的资产的总量。国土空间投资强度即固定资产投资总额除以土地总面积，反映生产空间投入强度。

（2）土地垦殖指数：耕地面积（包括水田、旱地和水浇地）除以区域土地总面积。土地垦殖指数表示的是区域耕地的相对数量，是反映生产利用投入强度和结构的重要指标。

（3）灌溉系数：有效灌溉面积除以耕地面积。灌溉系数也是耕地灌溉保证率，为实现农业生产效益进行投入活动，反映农业投入强度。

（4）地均财政收入：全年财政总收入除以土地总面积。财政收入是政府筹集的一切资金的总和，作为履行政府职能和提供公共物资及其公共服务的需要，通常表现为在一定时期内政府的货币总收入。地均财政收入表现的是评价单元的单位面积的财政收入水平，反映建设用地的生产效率。

（5）粮食播种面积单产：联合国粮农组织将粮食定义为包括麦类、豆类、粗粮类和稻谷类等谷物。粮食播种面积单产等于粮食总产量除以粮食播种面积，粮食播种面积包括复种的耕地面积。粮食播种面积单产是单位耕地面积的产能，反映耕地生产利用的效率。

（6）城镇工矿用地产出率：规模以上的工业产值除以城镇工矿建设用地。城镇工矿建设用地包括城市、建制镇和独立工矿用地。城镇工矿用地产出率是单位建设面积的生产效益，反映城镇工矿建设用地对工业产值的贡献程度，是体现工业生产效率的重要指标。

（7）人均交通建设用地：根据第二次全国土地调查采用的分类体系，交通建设用地包括公路用地、港口码头、铁路用地、农村道路、管道运输用地、机场用地。人均交通建设用地等于交通建设用地面积除以总人口数量，反映生活空间便捷程度和基础设施水平。

（8）交通用地密度：交通建设用地除以土地总面积。交通建设用地密度是交通畅达性的主要指标之一，反映区域建设与基础设施发展的完善程度。交通用地密度越大，表示区域交通便捷度越高，反之则交通便捷度越低，与生活空间利用质量呈正相关。

（9）路网密度：道路总长度除以土地总面积。道路总长度依据道路中心线计算道路长度，包括公路、铁路。路网密度反映交通设施水平，路网密度越大，交通可达性越高，反之则交通可达性越低。

（10）教育设施配置密度：教育设施总量除以土地总面积。教育设施包括具有办学许可证的幼儿园、义务教育学校、职业技术学校、特殊教育学校、老年教育学校。教育设施配置密度反映教育设施的完备程度和服务范围，一定程度体现教育保障。

（11）在职教师数：在职教师指具有教师资格证的在职专任教师，包括小学、中学和中 / 高等职业教育教师。充足的在职教师能够很好地保障教育服务和教育质量。

（12）医疗服务配置强度：医疗设施数除以土地总面积。医疗设施包括卫生所、村级诊室、医院。医疗服务配置强度、医疗服务设施完备程度和服务范围，一定程度体现医疗保障。

（13）每万人医疗技术人员：医疗技术人员除以总人口。医疗技术人员分为医疗人员和医学技术人员。其中，护士及各科医生属于医疗人员，而医院的所有类型技术员工，包括检验、影像（X 光、核磁共振、心电图、B 超室、脑电图等）、口腔技师、药剂和医疗器械维护人员。医疗技术人员越多，医疗服务质量越高，医疗服务保障程度越高。

（14）单位建设用地人口承载量：总人口除以城镇和农村建设用地面积之和。单位建设用地人口承载量反映建设用地的人口承载状况，体现生活空间的居住水平。

（15）村镇建设用地比重：城市、建制镇建设用地面积加上农村居民点建设用地除以区域土地总面积。城市、建制镇和农村居民点建设用地中居住用地的比例最高。该指标反映了国土空间利用居住功能水平的高低。

（16）城镇人口比重：城镇人口除以总人口。人口城镇化率越高，居住水平越高。城镇人口比重反映人口城镇化水平，是衡量区域城镇化率的重要指标。

（17）森林覆盖率：指包括有林地、灌木林地等林地和茶园、果园等园地的面积总和占区域国土总面积的比例。森林覆盖率是反映区域绿化程度和生态环境好坏程度的重要依据，体现生态功能的重要指标。

（18）水域覆盖率：水域包括河流、湖泊、水库、坑塘、内陆滩涂。水域覆盖率等于水域总面积除以国土总面积，是评价区域水资源丰富程度的重要指标。

（19）生态用地比例：具有涵养水源、保持水土、保护生物多样性等生态功能的土地利用类型为生态用地。生态用地比例是指林地、园地、草地、水域等生态用地占区域土地总面积的比例，是衡量区域生态功能状况的重要指标之一。

（20）生物丰度指数：利用具体的数学计算方法，得到表示生物群落的种类和个数量的数值，反映区域的生物多样性是否丰富，可用于评价区域的环境质量。根据生物丰度指数公式计算而得（环境保护部，2015），计算公式如式（11-1）。

$$V=\frac{0.35a+0.21b+0.28c+0.11d+0.04e+0.01f}{X}$$ 式（11-1）

式中：V 为生物丰度指数；a 为林地面积；b 为草地面积；c 为水域面积；d 为耕地面积；e 为建设用地面积；f 为未利用面积；X 为区域土地总面积。

（21）景观多样性指数：选择香农多样性指数（SHDI）表达景观多样性。该指标反映斑块类型的多少和各斑块类型在面积上分布的均匀程度。香农多样性指数计算公式如式（11-2）。

$$SHDI=\sum_{i}^{m}(p_i\ln p_i)$$ 式（11-2）

式中：P_i 表示景观 i 占区域土地总面积的比例；土地利用类型和结构越丰富，$SHDI$ 值越大；当 $SHDI$=0 时，表示只有一种均值的土地利用类型，景观格局单一。

（22）景观破碎指数：采用分离度指数（SPLIT）表征景观破碎指数。景观破碎指数表征景观被分割的破碎程度，反映景观空间结构的复杂性，在一定程度上反映了人类对景观的干扰程度。根据分离度公式计算得到景观破碎指数（董小俊，2014），计算公式如式（11-3）。

$$SPLIT_i=\frac{D_i}{M_i},\ D_i=\frac{1}{2}\sqrt{\frac{N_i}{A_i}}$$ 式（11-3）

式中：$SPLIT_i$ 为生态系统类型 i 的景观破碎指数；D_i 为生态系统类型 i 的距离指数；M_i 为生态系统类型 i 的面积指数；N_i 为生态系统类型 i 的斑块个数；A_i 为生态系统类型 i 的区域土地总面积。

二、国土空间利用质量综合评价指标数据标准化处理方法

本研究选取的 22 个指标的量纲和数量级差异较大，为消除数据量纲及大小悬殊不同对计算结果的影响，需对具体指标的原始数据进行标准化处理。根据乡镇尺度国土空间利用的一般特征，以及指标计算和指标权重客观确定的需要，选用较为成熟的模糊隶属度函数模型进行数据标准化。

模糊隶属度函数模型数据标准化处理基本步骤如下：

正向指标数值越大，表示国土空间利用质量越高。正向指标采用半升梯形模糊隶属度函数模型进行无量纲化处理，计算公式如式（11–4）。

$$\Phi_i = \frac{e_i - m_i}{M_i - m_i} = \begin{cases} 1 & e_i \geqslant M_i \\ \dfrac{e_i - m_i}{M_i - m_i} & m_i \leqslant e_i \leqslant M_i \\ 0 & e_i \leqslant m_i \end{cases} \qquad \text{式（11–4）}$$

负向指标数值越大，表示国土空间利用质量越低。负向指标采用半降梯形模糊隶属度函数模型进行无量纲化处理，计算公式如式（11–5）。

$$\Phi_i = \frac{M_i - e_i}{M_i - m_i} = \begin{cases} 1 & e_i \leqslant m_i \\ \dfrac{M_i - e_i}{M_i - m_i} & m_i < e_i < M_i \\ 0 & e_i \geqslant M_i \end{cases} \qquad \text{式（11–5）}$$

式（11–4）和式（11–5）中：e_i 为指标的具体属性值；Φ_i 为指标无量纲化后的指标值，即反映国土空间利用质量内涵的单项指标值：M_i 和 m_i 分别为同一指标的最大值和最小值。

三、国土空间利用质量综合评价指标权重确定方法

能否合理地对指标赋权，确定指标综合权重，影响着国土空间利用质量综合评价结果的科学性。如何确定评价指标权重，各个领域的专家和学者们对此进行了研究。目前，指标权重确定的方法依据指标的数据来源分为主观赋权法和客观赋权法。主观赋权法主要是依据决策者的理论知识和丰富的经验，对评价指标进行赋权。因此，采用主观赋权法确定的指标权重存在因为经验局限、个人偏好等主观因素造成最终的评价结果具有主观臆断、不确定性等问题。但是主观赋权法的理论体系较客观赋权法更完善，层次分析法、德尔菲法、非结构三角模糊数法及基于层次分析法的 G1 法均为主观赋权法。客观赋权法包括均方差法、熵值法、主成分分析法、CRITIC 法和标准离差法等方法，强调利用原始数据间的关联性和数学模型来确定指标的权重，从而使评价结果更加真实客观。到目前为止，学术界对何种赋权法获

得的结果最准确或普适性并未达成共识，因此权重的确定方法一定程度上还有待进一步的探讨。为了使指标权重具有一定的数学理论依据，又能兼顾决策者的知识和经验，使评价结果更加科学、客观，本研究在已有研究基础上，选择层次分析法结合熵权法 –CRTIC 法融合的主客观赋权法计算评价指标的权重。

（一）基于层次分析法的主观赋权

主观赋权法包括 G1 法、层次分析法、德尔菲法和非结构三角模糊数法等方法，其中层次分析法的理论体系成熟，在许多领域广泛应用。20 世纪 70 年代初，美国运筹学家萨蒂在研究不同工业部门的电力分配时提出的权重决策分析方法，即层次分析法。层次分析法是通过将与决策相关的指标分解为目标层、准则层、因素层和指标层等不同层次，然后对各个层次进行定性和定量分析的决策方法。层次分析法不仅计算简单、耗时少、高效，而且对确定复杂系统中不同层次的各指标权重，具有独到的优势。层次分析法的指标赋权分为以下 3 个步骤（徐建华，2014）：

1. 建立层次分析模型

通过对复杂决策系统的充分理解和掌握，将决策系统的各个指标划分成目标层、准则层、指标层等若干层次，用框架图的形式说明阶梯层次结构及各指标间的从属关系。当某一层次包含的指标较多时，可考虑将该层次再进一步分为若干个子层次。

2. 构造判断矩阵

从目标层开始，对同一个层次的各个指标采用成对比较法，根据专家引用的 1 ～ 9 及其倒数代表的指标重要程度作为标度对其逐一进行打分（见表 11–2），量化后得到判断矩阵 D。比较 n 个评价指标 C=（C_1，C_2，…，C_n）对目标 A 的影响，对指标进行两两比较，用 a_{ij} 表示评价指标 C_i 与 C_j 对目标 A 的影响之比。

表 11–2　指标重要程度判断矩阵及含义

标度	含义
1	C_i 与 C_j 的影响相同
3	C_i 与 C_j 的影响稍强
5	C_i 与 C_j 影响强烈
7	C_i 与 C_j 影响明显强烈
9	C_i 与 C_j 影响绝对强烈
2，4，6，8	C_i 与 C_j 影响之比在上述两个相邻等级之间

3. 权重计算及一致性检验

通过公式（11–6），由判断矩阵计算各指标的权重：

$$W_k = \sqrt[m]{\prod_{k=1}^{m} a_{ijk}} \qquad i,\ j=1,\ 2,\ \cdots,\ n \qquad 式（11–6）$$

判断矩阵 D 满足 $D_w = \lambda_{max}$ 时 W 的特征根和特征向量，W 为对应于的正规化特征向量，进行一致性检验。计算公式如式（11–7）至式（11–9）。

$$\lambda_{max} = \sum_{i=1}^{n} [(AW)_i / W_i]/n \qquad i=1,\ 2,\ \cdots,\ n \qquad 式（11–7）$$

$$CI = (\lambda_{max} - n)/(n-1) \qquad 式（11–8）$$

$$CR = \frac{CI}{RI} \qquad 式（11–9）$$

式中：λ_{max} 为最大特征根；A 为第 i 个元素值；n 为矩阵阶数；W 为向量；CI 为一致性指标；RI 为平均随机一致性指标（见表 11–3）；CR 为随机一致性指标。

表 11–3　平均随机一致性指标

n	1	2	3	4	5	6	7	8	9	10
RI	0	0	0.52	0.89	1.12	1.24	1.36	1.41	1.46	1.49

查阅平均随机一致性指标，确定 RI。当随机性比率 $CR<0.1$，层次单排序结果满足一致性检验，对层次总排序进行一致性检验，计算得到各层次的各个指标对系统总目标的合成权重。

（二）基于熵权法和 CRITIC 法的客观赋权

1. 熵权法

熵的概念来源于热学，最早被申农引入信息论用来表示指标的离散程度。通过熵权法来确定指标权重，使获得的指标权重更加客观。通常情况下，若某个指标的信息熵越小，表示该指标值的变异程度越大，提供的信息量越大，对综合评价的影响程度越高，则该指标权重越大。反之，若某个指标的信息熵越大，表示该指标值的变异程度越小，提供的信息量越小，对综合评价的影响程度越低，则该指标权重越小。熵权法的计算具体步骤如下。

（1）计算第 i 个乡镇第 i 个指标值的比重，计算公式如式（11–10）：

$$X_{ij} = x_{ij} \Big/ \sum_{i=1}^{m} x_{ij} \qquad 式（11–10）$$

（2）计算指标信息熵，计算公式如式（11–11）：

$$e_j = -\frac{1}{\ln m}\sum_{i=1}^{m}(X_{ij}\ln X_{ij}),\ 0 \leq e_j \leq 1 \qquad 式（11–11）$$

（3）计算信息冗余度，计算公式如式（11–12）：

$$d_j = 1 - e_j \qquad 式（11–12）$$

（4）计算指标权重，计算公式如式（11–13）：

$$W_j^1 = \frac{d_j}{\sum_{i=1}^{n} d_j} \qquad 式（11–13）$$

上述公式中：X_{ij} 为第 i 个评价单元第 j 个指标值；m 为评价单元个数；n 为指标数；W_j^1 为熵权法确定的权重。

2.CRITIC 法

CRITIC 法是由 Diakoulaki D（1995）提出的一种客观赋权法。该方法利用指标的对比强度和指标之间的冲突性来衡量指标权重。指标的对比强度用标准差表示，标准差越大，说明各指标内的取值差距越大。相关系数表示指标之间的冲突性，两个指标若呈正相关，则表明两者的冲突性较低。假设指标体系包含 m 个指标，n 个评价单元，则指标权重计算公式如式（11–14）和式（11–15）。

$$P_j = \sigma_j \sum_{i=1}^{m}(1 - r_{ij}) \qquad j = 1,\ 2,\ \cdots,\ m \qquad 式（11–14）$$

$$W_j^2 = P_j / \sum_{i=1}^{m} P_j \qquad 式（11–15）$$

式中：W_j^2 为 CRITIC 法确定的权重；r_{ij} 为第 i 个指标与第 j 个指标的相关系数；$\sum_{i=1}^{m}(1-r_{ij})$ 为第 j 个指标与其他指标之间的冲突性之和；σ_i 为标准差；P_j 表示第 j 个指标包含的信息量，P_j 越大，表示第 j 个指标的信息量越大，该指标的相关重要性越大，所赋权重越大。

3. 熵权法和 CRITIC 融合

熵权法考虑了指标的离散程度，CRITIC 法兼顾指标的相关性和对比度。因此，将熵权法和 CRITIC 法相融合，充分考虑指标的离散程度、对比度、相关性。将熵权法和 CRITIC 融合的指标权重计算公式如式（11–16）。

$$W_j = \frac{(\sigma_j + e_j)\sum_{i=1}^{n}(1 - r_{ij})}{\sum_{i=1}^{m}(\sigma_j + e_j)\sum_{i=1}^{n}(1 - r_{ij})} \qquad 式（11–16）$$

式中：W_j 是第 j 个指标权重；r_{ij} 是指标 i 与指标 j 的相关系数；σ_i 是指标 j 的标准差；e_j 是指标 j 的熵。

（三）组合赋权

由于主观赋权法和客观赋权法各有优缺点，为了能兼顾决策者对指标的偏好，同时又能尽量减少主观赋权的随意性，使指标的赋权能够形成主观赋权和客观赋权的基本统一，进而使最后的决策结果更加真实、客观、可靠，有必要和需要研究综合主观赋权和客观赋权结果的赋权方法，也就是组合赋权法或综合赋权法。对于组合赋权法，前人也进行了一定的研究，本研究采用广泛应用的避免归一化的“倍增效应”的线性加权法进行主客观组合赋权，计算公式如式（11–17）。

$$W_i' = aW_j + (1-a)W_k \qquad i = 1,\ 2,\ \cdots,\ n \qquad 式（11–17）$$

式中：W_i' 是组合赋权法得到的权重值；W_j 是客观赋权的权重值；W_k 是主观赋权的权重值；a 的取值（$0 \leqslant a \leqslant 1$）由决策者决定。

四、国土空间利用质量综合指数测算方法

由于国土空间利用质量是一个涉及多方面、多指标的自然－经济－社会复合的复杂系统，国土空间利用质量的构成指标和层级评价要素相互起协同、拮抗作用，或能彼此兼容。生产空间、生活空间和生态空间对国土空间利用质量都具有重要作用，不可或缺。采用综合指数法对国土空间利用质量指数进行计算，即将生产空间、生活空间或生态空间利用质量中所有评价指标标准化值与其权重的积进行累加获得生产空间、生活空间和生态空间利用质量的评价值，最后将生产空间、生活空间和生态空间利用质量的评价值求和即可获得国土空间利用质量综合指数，具体计算公式如式（11–18）和式（11–19）。

$$PTQI（LTQI、ETQI）= \sum_{j=i}^{m} Y_{ij} W'(C_{ij}) \qquad 式（11–18）$$

$$TQI = PTQI + LTQI + ETQI \qquad 式（11–19）$$

式（11–18）和式（11–19）中：$PTQI$、$LTQI$、$ETQI$ 分别为生产空间利用质量指数、生活空间利用质量指数和生态空间利用质量指数；TQI 为国土空间利用质量指数。

五、国土空间利用质量分级方法

分级方法是指使区域内差异达到最小化、区域间差异达到最大化目标的手段与过程。应用最为广泛的分级方法是聚类分析法和自然间断点法。其中，自然间断点分级法是对属性值进行自然分界点分级的方法，较适合于非均匀分布的数值分级。其最主要的功能是减少同一级中的差别而增加级间的差异，优点是操作简单、分级客观且可视性强。本研究采用自然间断点法对各评价单元国土空间利用质量指数进行分级。

第十二章　贵港市国土空间利用质量综合评价

第一节　贵港市国土空间概况

一、总体概况

贵港市地处广西东南部，位于广西最大的平原——浔郁平原，辖港北区、港南区、覃塘区、平南县和桂平市，共 74 个乡镇级行政单元，土地总面积为 10 605 km^2。2015 年户籍人口 548.94 万人（常住人口为 429.37 万人）。市政府驻港北区，距广西首府南宁市 175km。贵港市东临梧州市，南接玉林市，西邻南宁市，北靠来宾市。

在地理区位上，贵港市位于广西东南部，地处粤港澳、北部湾和西南三大经济圈的交汇点。贵港市面向粤港澳，背靠大西南，南连北部湾，通达东南亚，拥有承东启西的区位战略优势；在市场要素资源流向上，贵港市位于东部、西部及东盟三大区域市场经济要素流动的主轴线；在国家战略上，贵港市处于珠江 - 西江经济带、“一带一路”及中国—东盟自由贸易试验区叠加战略主轴上的重要节点，拥有战略上的叠加优势。因此，贵港市依托黎湛铁路形成西南向区域发展轴线，依托西江、南广高速铁路、高速公路形成的东西向区域发展轴线。

二、生产空间概况

2015 年，贵港市地区生产总值 865.2 亿元，人均 GDP 15 761 元，第一产业增加值为 173.96 亿元，第二产业增加值为 348.5 亿元，第三产业增加值为 342.75 亿元。全年农林牧渔总产值 301.53 亿元，粮食种植面积 27.33 万 hm^2，总产量 153.51 万 t，其中稻谷产量 127.61 万 t，玉米产量 15.9 万 t，粮食播种面积单产 5.62 t/hm^2。在港南区的桥圩镇、东津镇、湛江镇等乡镇建设 3 个万亩水稻高产示范片，打造现代农业基地，秋冬种马铃薯实现亩产最高 2 932.4 kg。全市 2015 年全社会固定资产投资 689.67 亿元，公共财政预算收入 72.75 亿元。近年来，贵港市国土生产空间的利用强度逐步增大，利用效益逐渐提高。2015 年国土空间投资强度为 7.34 万元 /hm^2，是 2005 年的 6 倍，地均财政收入从 2005 年的 0.16 万元 /hm^2 增长到 2015 年的 0.69 万元 /hm^2，具体见图 12-1、图 12-2。

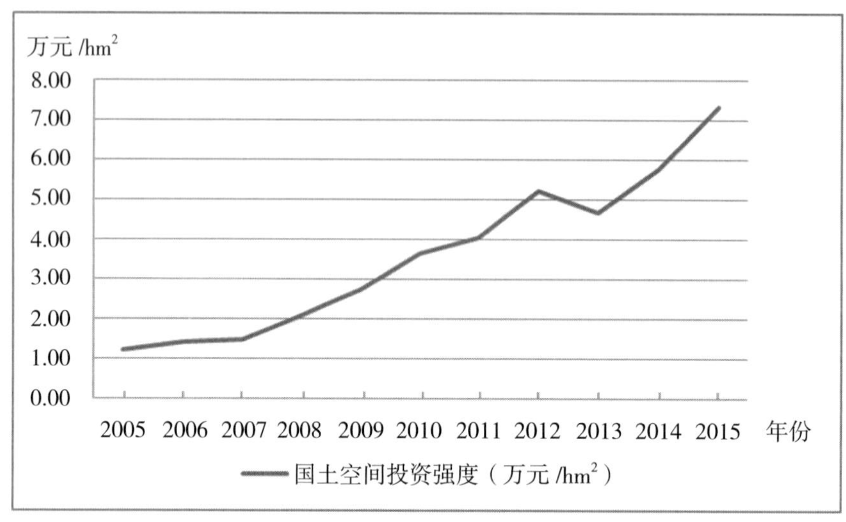

图 12-1　2005—2015 年贵港市国土空间投资强度变化趋势

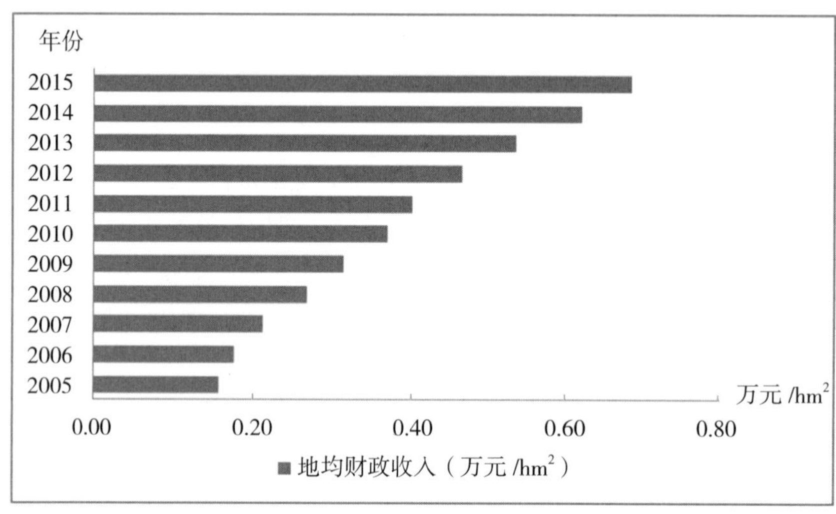

图 12-2　2005—2015 年贵港市地均财政收入变化趋势

三、生活空间概况

2015 年，贵港市户籍总人口为 548.94 万人，占广西总人口的 9.95%，人口密度 517 人 /km²，远大于广西人口密度，历来是广西人口密集地区（见图 12-3）。贵港市生活空间人口基数大，并呈缓步上升趋势。全市拥有中等教育学校和小学 1 382 所，幼儿园 914 所，共 2 296 所教育设施，平均每平方公里 0.22 个教育设施，专任教师共 39 834 人。医疗设施有 4 283 个，平均每平方公里 0.41 个医疗设施，医疗卫生技术人员共 16 763 人，平均每万人 30.54 个医疗卫生技术人员。

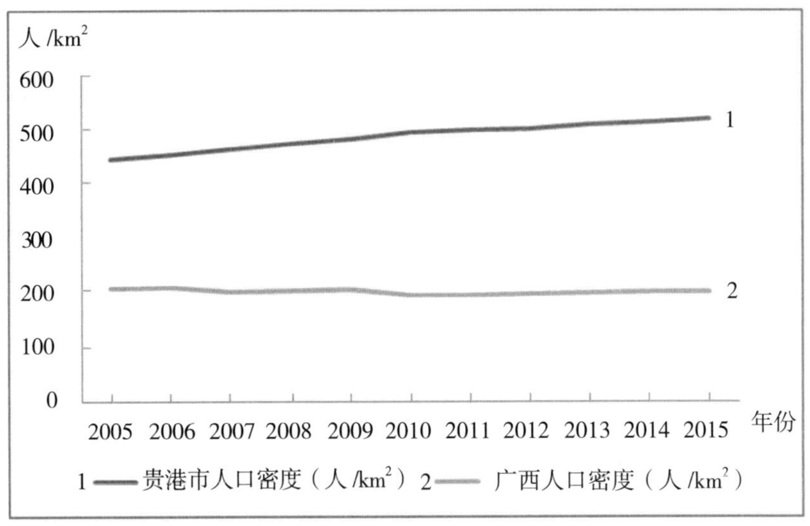

图 12-3　2005—2015 年广西、贵港市人口密度变化趋势对比

四、生态空间概况

贵港市划分生态环境安全和自然文化遗产保护控制区面积为 2 122 km^2，约占全市土地总面积的 20.01%。该区是国土生态安全、生态环境保护、自然与人文景观和遗产保护的重点控制区域，主要分布在贵港市东北侧的大瑶山、北面的莲花山、东南侧的大容山、西面的镇龙山及贵港市境内的浔江、郁江和黔江。四大山区的国土空间利用方向以生态环境保护为主，包括自然保护区、森林公园、风景名胜区和地质公园。浔江、郁江和黔江国土空间利用方向以保护河流生态为主，沿岸建设护岸林，保护河流。

全市年平均气温 22.8℃，年降水量 2 019.7 mm，水资源总量达 97.82 亿 m^3，森林覆盖率 46.3%。基于景观水平的标准法的景观多样性指数为 2.04，景观破碎指数为 37.54。基于景观水平的移动窗口法的景观多样性指数最高值为 2.04，最低值为 0，高值区主要分布在平原地区，低值区分布在东北侧的大瑶山、北面的莲花山、东南侧的大容山和西面的镇龙山地区，呈现以郁江、浔江两岸向四周递减的趋势。基于景观水平的移动窗口法的景观破碎指数化最高值为 9，最低值为 1，破碎化指数最高的地区主要为港南区的湛江镇、八塘街道、东津镇、桥圩镇和桂平市南面的大洋镇、木根镇、社步镇、大湾镇、下湾镇等乡镇。

五、数据来源及标准化

国土空间利用质量综合评价的指标需要大量的统计数据和相关资料支撑。因此，评价指标的原始数据是否真实可靠，将直接影响贵港市国土空间利用质量评价结果的客观合理性。本研究在对贵港市国土空间利用质量开始进行评价前，收集了大量的图件资料和统计资料，主要为贵港市 2015 年土地利用现状图等基础矢量图件，贵港市相关职能部门提供和贵港市政府网公布的自然、社会经济数据和统计资料。在收集了大量的原始数据后，通过 ArcGIS 等软件平台及数理计算统计获取评价指标，具体指标数据如下。

（一）生产空间利用质量指标数据

（1）国土空间投资强度：各乡镇固定资产投资总额通过《贵港年鉴（2016）》、贵港市各县（市、区）和乡镇 2015 年工作总结获取。土地总面积通过 ArcGIS10.2 对贵港市 2015 年土地利用现状数据进行分乡镇汇总。

（2）土地垦殖指数：耕地面积通过 ArcGIS10.2 对贵港市 2015 年土地利用现状数据按地类对耕地进行提取，分乡镇汇总。

（3）灌溉系数：通过《贵港年鉴（2016）》获取有效灌溉面积计算得到灌溉系数。

（4）地均财政收入：通过贵港市各县（市、区）的财政预决算平台决算的各乡镇的 2015 年决算报告获取财政总收入数据。

（5）粮食播种面积单产：通过贵港市各县（市、区）的政府门户网公布各乡镇 2015 年工作总结获取粮食总产量、粮食播种面积。

（6）城镇工矿用地产出率：规模以上工业产值来源于《贵港年鉴（2016）》，城镇和独立工矿用地通过土地利用数据提取。

（二）生活空间利用质量指标数据

（1）人均交通运输用地：交通建设用地面积通过 ArcGIS10.2 对贵港市 2015 年土地利用现状数据按地类对交通用地进行提取，分乡镇汇总。总人口数量由《广西统计年鉴（2016）》获取。

（2）交通用地密度：交通建设用地和土地总面积均来自贵港市 2015 年土地利用现状数据。

（3）路网密度：在 ArcGIS 平台提取公路、铁路并计算其长度，交通用地面积来源于贵港市 2015 年土地利用现状数据。

（4）教育设施配置密度：义务教育设施来自贵港市各县（市、区）教育信息网的各乡镇学区的学校介绍，各乡镇幼儿园数来自教育信息网公布的幼儿园年检报告。

（5）在职教师数：来源于贵港市各县（市、区）教育信息网。

（6）医疗服务配置强度：来自贵港市各县（市、区）的政府门户网的教育卫生领域信息。

（7）每万人医疗技术人员：医疗技术人员总数通过《贵港年鉴（2016）》获取。

（8）单位建设用地人口承载量：包括城市、建制镇和农村居民点面积，通过ArcGIS10.2对贵港市2015年土地利用现状数据按地类对城市、建制镇和农村居民点进行提取，分乡镇汇总。

（9）村镇建设用地比重：村镇建设用地数据来源和获取与单位建设用地人口承载量一致。

（10）城镇人口比重：城镇人口数据通过《广西统计年鉴（2016）》获取。

（三）生态空间利用质量指标数据

（1）森林覆盖率：林地、园地面积通过ArcGIS10.2对贵港市2015年土地利用现状数据按地类对林地、园地进行提取，分乡镇汇总。

（2）水域覆盖率：水域面积通过ArcGIS10.2对贵港市2015年土地利用现状数据按地类对水域进行提取，分乡镇汇总。

（3）生态用地比例：林地、草地、园地、水域等生态用地面积均为土地利用现状数据。

（4）生物丰度指数：从2015年土地利用现状数据提取各类生态用地数据，采用式（11-1）计算生物丰度指数。

（5）景观多样性指数：通过ArcGIS10.2对贵港市2015年土地利用现状数据按乡镇提取土地利用现状数据，在Fragstats4.2基于景观水平，采用式（11-2）计算香农多样性指数（SHDI）。

（6）景观破碎度：在Fragstats4.2上基于景观水平，采用式（11-3）计算景观分离度（SPLIT）。

通过上述途径获取原始数据，并进行计算得到22个评价指标的原始数据。利用模糊隶属度函数模型对原始数据进行标准化。其中，景观破碎指数为负向指标，采用式（11-5）进行标准化，其余指标均为正向指标，采用式（11-4）进行标准化。74个评价单元各指标的标准化数值见表12-1。

表 12-1　2015 年贵港市国土空间利用质量综合评价指标的原始数据标准化结果

评价单元	1 国土空间投资强度	2 土地垦殖指数	3 灌溉系数	4 地均财政收入	5 粮食播种面积单产	6 城镇工矿用地产出率	7 人均交通建设用地	8 交通用地密度	9 路网密度	10 教育设施配置密度	11 在职教师数
1 贵城街道	0.987	0.174	0.112	0.697	0.128	0.319	0.145	1.000	1.000	0.710	0.542
2 港城街道	0.190	0.616	0.691	0.124	0.151	0.180	0.499	0.284	0.385	0.126	0.642
3 大圩镇	0.024	0.844	0.751	0.011	0.171	0.107	0.201	0.126	0.166	0.070	0.259
4 庆丰镇	0.014	0.723	1.000	0.005	0.165	0.058	0.030	0.021	0.049	0.091	0.286
5 奇石乡	0.007	0.137	0.144	0.002	0.057	0.000	0.000	0.000	0.000	0.031	0.028
6 中里乡	0.002	0.296	0.468	0.001	0.163	0.000	0.000	0.000	0.000	0.040	0.171
7 根竹乡	0.030	0.459	0.690	0.049	0.109	0.176	1.000	0.192	0.239	0.000	0.081
8 武乐镇	0.040	0.904	0.534	0.006	0.132	0.230	0.268	0.151	0.199	0.066	0.051
9 江南街道	1.000	0.252	0.000	1.000	0.179	0.069	0.148	0.407	0.625	1.000	0.326
10 桥圩镇	0.098	0.905	0.427	0.040	0.863	0.887	0.139	0.133	0.208	0.096	0.298
11 木格镇	0.015	0.420	0.834	0.001	0.590	0.283	0.109	0.054	0.056	0.037	0.213
12 木梓镇	0.014	0.303	0.464	0.004	0.567	0.170	0.247	0.099	0.090	0.023	0.079
13 湛江镇	0.049	0.985	0.773	0.010	0.741	0.168	0.022	0.022	0.123	0.058	0.103
14 东津镇	0.027	0.967	0.562	0.005	1.000	0.053	0.047	0.036	0.042	0.055	0.126
15 八塘街道	0.090	0.804	0.753	0.037	0.189	0.218	0.291	0.207	0.238	0.080	0.271
16 新塘镇	0.083	0.900	0.409	0.010	0.243	0.067	0.139	0.087	0.103	0.082	0.137
17 瓦塘镇	0.018	0.405	0.566	0.004	0.255	0.351	0.267	0.103	0.094	0.035	0.101
18 覃塘街道	0.066	0.779	0.246	0.018	0.153	0.166	0.234	0.148	0.245	0.093	0.311
19 东龙镇	0.034	0.384	0.587	0.017	0.114	0.533	0.046	0.026	0.058	0.064	0.116

续表

评价单元	1 国土空间投资强度	2 土地垦殖指数	3 灌溉系数	4 地均财政收入	5 粮食播种面积单产	6 城镇工矿用地产出率	7 人均交通建设用地	8 交通用地密度	9 路网密度	10 教育设施配置密度	11 在职教师数
20 三里镇	0.024	0.785	0.392	0.006	0.142	0.204	0.057	0.028	0.055	0.040	0.081
21 黄练镇	0.015	0.433	0.522	0.007	0.127	1.000	0.403	0.146	0.223	0.053	0.048
22 石卡镇	0.029	0.958	0.505	0.057	0.105	0.179	0.198	0.082	0.098	0.029	0.113
23 五里镇	0.019	0.918	0.354	0.010	0.130	0.274	0.082	0.036	0.088	0.040	0.058
24 山北乡	0.028	0.647	0.356	0.008	0.106	0.295	0.024	0.014	0.028	0.055	0.121
25 樟木镇	0.009	0.733	0.280	0.001	0.096	0.000	0.035	0.012	0.005	0.038	0.139
26 蒙公镇	0.020	0.658	0.738	0.008	0.073	0.000	0.063	0.024	0.049	0.045	0.077
27 大岭乡	0.026	0.709	0.303	0.009	0.119	0.698	0.271	0.106	0.082	0.056	0.051
28 平南街道	0.150	0.603	0.317	0.205	0.095	0.276	0.171	0.262	0.193	0.268	0.913
29 平山镇	0.011	0.221	0.386	0.006	0.209	0.765	0.270	0.123	0.063	0.044	0.071
30 寺面镇	0.006	0.257	0.449	0.006	0.403	0.526	0.296	0.120	0.000	0.031	0.053
31 六陈镇	0.001	0.163	0.438	0.001	0.117	0.159	0.255	0.082	0.042	0.024	0.115
32 大新镇	0.002	0.428	0.417	0.004	0.435	0.166	0.167	0.119	0.111	0.064	0.165
33 大安镇	0.015	0.585	0.586	0.016	0.085	0.071	0.270	0.249	0.196	0.131	0.284
34 武林镇	0.032	0.428	0.358	0.027	0.209	0.790	0.503	0.318	0.119	0.094	0.043
35 大坡镇	0.000	0.240	0.273	0.003	0.120	0.137	0.171	0.067	0.000	0.042	0.031
36 大洲镇	0.005	0.186	0.321	0.004	0.113	0.173	0.410	0.146	0.070	0.033	0.046
37 镇隆镇	0.011	0.475	0.634	0.009	0.114	0.132	0.517	0.258	0.165	0.037	0.121
38 上渡街道	0.053	0.600	0.515	0.069	0.099	0.201	0.275	0.246	0.058	0.071	0.129

续表

评价单元	1 国土空间投资强度	2 土地垦殖指数	3 灌溉系数	4 地均财政收入	5 粮食播种面积单产	6 城镇工矿用地产出率	7 人均交通建设用地	8 交通用地密度	9 路网密度	10 教育设施配置密度	11 在职教师数
39 安怀镇	0.002	0.249	0.619	0.003	0.129	0.178	0.270	0.089	0.000	0.021	0.067
40 丹竹镇	0.063	0.408	0.328	0.079	0.167	0.395	0.215	0.149	0.020	0.040	0.115
41 官成镇	0.005	0.281	0.609	0.004	0.469	0.151	0.167	0.088	0.081	0.046	0.130
42 思旺镇	0.006	0.360	0.689	0.004	0.101	0.111	0.132	0.075	0.087	0.047	0.192
43 大鹏镇	0.002	0.067	0.478	0.003	0.035	0.304	0.247	0.047	0.019	0.011	0.025
44 同和镇	0.001	0.205	0.514	0.001	0.227	0.000	0.174	0.055	0.051	0.010	0.036
45 东华镇	0.005	0.330	0.627	0.008	0.186	0.025	0.184	0.103	0.000	0.031	0.020
46 思界乡	0.032	0.779	0.251	0.015	0.317	0.168	0.164	0.188	0.066	0.113	0.013
47 国安瑶族乡	0.000	0.092	0.468	0.005	0.137	0.000	0.261	0.055	0.018	0.028	0.013
48 马练瑶族乡	0.000	0.095	0.397	0.000	0.102	0.026	0.247	0.048	0.004	0.004	0.026
49 木乐镇	0.043	0.546	0.599	0.020	0.297	0.798	0.205	0.158	0.102	0.074	0.188
50 木圭镇	0.014	0.640	0.686	0.006	0.136	0.520	0.184	0.131	0.000	0.043	0.158
51 石咀镇	0.030	0.736	0.712	0.010	0.110	0.705	0.162	0.136	0.069	0.076	0.083
52 油麻镇	0.005	0.202	0.463	0.001	0.162	0.054	0.163	0.056	0.000	0.030	0.052
53 社坡镇	0.019	0.363	0.658	0.008	0.096	0.504	0.442	0.219	0.125	0.040	0.094
54 罗秀镇	0.009	0.173	0.404	0.001	0.187	0.440	0.169	0.070	0.000	0.037	0.105
55 麻垌镇	0.012	0.175	0.901	0.002	0.510	0.000	0.131	0.065	0.033	0.033	0.062
56 社步镇	0.017	0.470	0.631	0.006	0.323	0.314	0.243	0.117	0.058	0.042	0.099
57 下湾镇	0.006	0.846	0.885	0.007	0.152	0.000	0.292	0.146	0.009	0.025	0.076

续表

评价单元	1 国土空间投资强度	2 土地垦殖指数	3 灌溉系数	4 地均财政收入	5 粮食播种面积单产	6 城镇工矿用地产出率	7 人均交通建设用地	8 交通用地密度	9 路网密度	10 教育设施配置密度	11 在职教师数
58 木根镇	0.013	0.388	0.424	0.005	0.321	0.000	0.175	0.094	0.036	0.041	0.061
59 中沙镇	0.007	0.145	0.484	0.003	0.211	0.306	0.199	0.057	0.000	0.020	0.064
60 大洋镇	0.014	0.876	0.534	0.004	0.183	0.000	0.258	0.151	0.000	0.035	0.069
61 大湾镇	0.015	0.855	0.717	0.003	0.076	0.000	0.398	0.200	0.000	0.043	0.112
62 白沙镇	0.017	0.921	0.382	0.003	0.092	0.205	0.449	0.231	0.051	0.038	0.097
63 石龙镇	0.011	0.328	0.646	0.003	0.086	0.054	0.675	0.207	0.137	0.020	0.158
64 蒙圩镇	0.028	0.695	0.468	0.007	0.171	0.061	0.475	0.231	0.147	0.043	0.162
65 西山镇	0.040	0.107	0.256	0.143	0.062	0.790	0.215	0.110	0.101	0.057	1.000
66 南木镇	0.075	0.621	0.326	0.005	0.128	0.010	0.278	0.154	0.055	0.042	0.110
67 江口镇	0.018	0.521	0.227	0.009	0.235	0.079	0.198	0.149	0.046	0.067	0.119
68 金田镇	0.011	0.223	0.982	0.001	0.434	0.016	0.212	0.091	0.052	0.039	0.085
69 紫荆镇	0.001	0.000	0.345	0.000	0.000	0.000	0.395	0.044	0.041	0.007	0.000
70 马皮乡	0.034	0.640	0.541	0.009	0.114	0.168	0.154	0.122	0.059	0.072	0.019
71 寻旺乡	0.022	0.582	0.689	0.005	0.229	0.360	0.370	0.221	0.155	0.077	0.036
72 罗播乡	0.012	0.280	0.495	0.004	0.066	0.000	0.147	0.072	0.059	0.047	0.002
73 厚禄乡	0.022	1.000	0.216	0.004	0.161	0.068	0.552	0.339	0.155	0.048	0.043
74 垌心乡	0.014	0.058	0.409	0.004	0.117	0.000	0.213	0.050	0.001	0.023	0.014

续表

评价单元	12 医疗服务配置强度	13 每万人医疗技术人员	14 单位建设用地人口承载量	15 村镇建设用地比重	16 城镇人口比重	17 森林覆盖率	18 水域覆盖率	19 生态用地比例	20 生物丰度指数	21 景观多样性指数	22 景观破碎指数
1 贵城街道	0.793	0.532	1.000	1.000	0.820	0.040	0.669	0.000	0.000	0.627	0.919
2 港城街道	0.095	0.539	0.074	0.340	0.460	0.201	0.294	0.570	0.228	1.000	0.835
3 大圩镇	0.080	0.151	0.432	0.154	0.291	0.235	0.289	0.843	0.068	0.804	0.898
4 庆丰镇	0.149	0.172	0.604	0.133	0.098	0.375	0.181	0.891	0.447	0.640	0.966
5 奇石乡	0.035	0.093	0.915	0.014	0.000	0.769	0.551	0.997	0.862	0.490	0.966
6 中里乡	0.065	0.042	0.926	0.034	0.000	0.779	0.026	0.980	0.807	0.260	0.987
7 根竹乡	0.000	0.362	0.000	0.144	0.000	0.516	0.250	0.828	0.532	0.869	0.962
8 武乐镇	0.086	0.289	0.414	0.141	0.000	0.178	0.522	0.841	0.190	0.627	0.919
9 江南街道	1.000	1.000	0.283	0.982	1.000	0.000	1.000	0.101	0.064	0.675	0.957
10 桥圩镇	0.241	0.158	0.620	0.185	0.221	0.210	0.263	0.827	0.087	0.705	0.833
11 木格镇	0.100	0.051	0.493	0.106	0.156	0.634	0.059	0.908	0.592	0.593	0.894
12 木梓镇	0.074	0.031	0.793	0.050	0.226	0.715	0.209	0.953	0.759	0.521	0.852
13 湛江镇	0.172	0.042	0.481	0.230	0.133	0.144	0.216	0.797	0.151	0.562	0.949
14 东津镇	0.173	0.043	0.522	0.164	0.067	0.121	0.451	0.844	0.199	0.684	0.943
15 八塘街道	0.173	0.073	0.264	0.249	0.135	0.182	0.324	0.735	0.159	0.921	0.593
16 新塘镇	0.175	0.066	0.291	0.203	0.166	0.102	0.679	0.792	0.230	0.792	0.755
17 瓦塘镇	0.096	0.050	0.525	0.072	0.000	0.596	0.367	0.926	0.599	0.675	0.957
18 覃塘街道	0.113	0.495	0.360	0.178	0.573	0.246	0.195	0.735	0.278	0.828	0.879

续表

评价单元	12 医疗服务配置强度	13 每万人医疗技术人员	14 单位建设用地人口承载量	15 村镇建设用地比重	16 城镇人口比重	17 森林覆盖率	18 水域覆盖率	19 生态用地比例	20 生物丰度指数	21 景观多样性指数	22 景观破碎指数
19 东龙镇	0.112	0.015	0.626	0.101	0.090	0.612	0.112	0.855	0.634	0.621	0.969
20 三里镇	0.050	0.001	0.663	0.078	0.613	0.371	0.267	0.929	0.442	0.637	0.963
21 黄练镇	0.086	0.051	0.527	0.066	0.367	0.521	0.075	0.757	0.478	0.721	0.984
22 石卡镇	0.063	0.116	0.357	0.110	0.186	0.095	0.683	0.820	0.227	0.700	0.905
23 五里镇	0.042	0.040	0.487	0.091	0.193	0.239	0.175	0.875	0.266	0.696	0.957
24 山北乡	0.125	0.056	0.578	0.110	0.000	0.413	0.040	0.805	0.441	0.694	0.906
25 樟木镇	0.070	0.017	0.713	0.046	0.000	0.063	0.106	0.422	0.037	0.479	0.869
26 蒙公镇	0.094	0.072	0.590	0.064	0.000	0.246	0.549	0.767	0.352	0.798	0.932
27 大岭乡	0.092	0.139	0.400	0.094	0.000	0.321	0.541	0.868	0.304	0.889	0.782
28 平南街道	0.154	0.324	0.490	0.370	0.203	0.134	0.749	0.583	0.171	0.900	0.784
29 平山镇	0.102	0.165	0.422	0.108	0.000	0.750	0.060	0.871	0.697	0.295	0.927
30 寺面镇	0.070	0.095	0.431	0.092	0.000	0.726	0.070	0.882	0.689	0.315	0.741
31 六陈镇	0.042	0.066	0.443	0.067	0.000	0.747	0.245	0.908	0.707	0.422	0.935
32 大新镇	0.061	0.020	0.613	0.134	0.058	0.521	0.160	0.861	0.461	0.636	0.951
33 大安镇	0.220	0.064	0.697	0.161	0.115	0.411	0.253	0.822	0.374	0.696	0.869
34 武林镇	0.128	0.394	0.828	0.088	0.435	0.428	0.907	0.869	0.476	0.868	0.898
35 大坡镇	0.090	0.154	0.493	0.078	0.000	0.762	0.027	0.906	0.747	0.257	0.943
36 大洲镇	0.089	0.150	0.456	0.074	0.000	0.801	0.030	0.900	0.804	0.115	0.970
37 镇隆镇	0.082	0.083	0.540	0.098	0.453	0.469	0.162	0.848	0.448	0.701	0.853

续表

评价单元	12 医疗服务配置强度	13 每万人医疗技术人员	14 单位建设用地人口承载量	15 村镇建设用地比重	16 城镇人口比重	17 森林覆盖率	18 水域覆盖率	19 生态用地比例	20 生物丰度指数	21 景观多样性指数	22 景观破碎指数
38 上渡街道	0.086	0.064	0.612	0.174	0.523	0.265	0.788	0.781	0.188	0.941	0.537
39 安怀镇	0.010	0.052	0.621	0.050	0.000	0.698	0.152	0.932	0.641	0.900	0.784
40 丹竹镇	0.034	0.061	0.686	0.117	0.158	0.415	0.597	0.787	0.305	0.969	0.811
41 官成镇	0.047	0.022	0.591	0.096	0.157	0.629	0.218	0.894	0.521	0.677	0.958
42 思旺镇	0.060	0.067	0.661	0.096	0.289	0.585	0.160	0.894	0.562	0.646	0.952
43 大鹏镇	0.026	0.080	0.843	0.011	0.157	0.823	0.040	0.980	0.824	0.191	1.000
44 同和镇	0.028	0.027	0.874	0.031	0.437	0.753	0.085	0.939	0.779	0.343	0.978
45 东华镇	0.032	0.091	0.786	0.079	0.000	0.645	0.308	0.917	0.530	0.566	0.973
46 思界乡	0.183	0.134	0.645	0.220	0.136	0.135	0.905	0.769	0.284	0.629	0.978
47 国安瑶族乡	0.053	0.161	0.809	0.015	0.244	0.826	0.116	0.968	0.811	0.279	0.992
48 马练瑶族乡	0.002	0.054	0.677	0.017	0.110	0.841	0.035	0.967	0.861	0.093	0.993
49 木乐镇	0.120	0.099	0.540	0.163	0.181	0.396	0.284	0.827	0.476	0.783	0.928
50 木圭镇	0.073	0.036	0.558	0.145	0.119	0.246	0.668	0.807	0.369	0.904	0.789
51 石咀镇	0.162	0.082	0.568	0.172	0.087	0.236	0.738	0.821	0.371	0.741	0.886
52 油麻镇	0.081	0.059	0.552	0.060	0.057	0.772	0.079	0.921	0.675	0.493	0.975
53 社坡镇	0.094	0.014	0.450	0.113	0.103	0.584	0.322	0.861	0.602	0.785	0.487
54 罗秀镇	0.084	0.032	0.722	0.058	0.159	0.813	0.020	0.925	0.723	0.485	0.893
55 麻垌镇	0.105	0.000	0.849	0.062	0.069	0.745	0.148	0.914	0.437	0.783	0.928

续表

评价单元	12 医疗服务配置强度	13 每万人医疗技术人员	14 单位建设用地人口承载量	15 村镇建设用地比重	16 城镇人口比重	17 森林覆盖率	18 水域覆盖率	19 生态用地比例	20 生物丰度指数	21 景观多样性指数	22 景观破碎指数
56 社步镇	0.086	0.081	0.602	0.084	0.146	0.536	0.213	0.879	0.347	0.671	0.000
57 下湾镇	0.063	0.011	0.621	0.087	0.087	0.212	0.288	0.826	0.192	0.634	0.726
58 木根镇	0.127	0.038	0.707	0.083	0.145	0.579	0.204	0.874	0.522	0.622	0.944
59 中沙镇	0.077	0.119	0.832	0.027	0.104	0.804	0.027	0.947	0.654	0.602	0.912
60 大洋镇	0.075	0.013	0.503	0.126	0.125	0.167	0.204	0.764	0.200	0.582	0.771
61 大湾镇	0.112	0.045	0.596	0.090	0.094	0.143	0.391	0.798	0.241	0.620	0.850
62 白沙镇	0.054	0.029	0.562	0.098	0.117	0.124	0.445	0.835	0.243	0.643	0.734
63 石龙镇	0.033	0.040	0.526	0.053	0.087	0.640	0.325	0.915	0.700	0.660	0.974
64 蒙圩镇	0.049	0.104	0.363	0.131	0.135	0.276	0.399	0.808	0.360	0.828	0.833
65 西山镇	0.052	0.786	0.581	0.095	0.739	0.804	0.257	0.896	0.837	0.238	0.993
66 南木镇	0.096	0.051	0.392	0.144	0.048	0.339	0.574	0.811	0.407	0.707	0.963
67 江口镇	0.125	0.026	0.680	0.130	0.085	0.446	0.471	0.854	0.515	0.694	0.910
68 金田镇	0.055	0.044	0.587	0.076	0.063	0.748	0.212	0.926	0.753	0.432	0.985
69 紫荆镇	0.020	0.067	0.701	0.000	0.144	1.000	0.000	1.000	1.000	0.000	1.000
70 马皮乡	0.103	0.026	0.535	0.170	0.000	0.275	0.321	0.812	0.358	0.840	0.865
71 寻旺乡	0.088	0.026	0.166	0.265	0.182	0.301	0.439	0.710	0.370	0.803	0.945
72 罗播乡	0.081	0.043	0.650	0.081	0.000	0.696	0.052	0.899	0.586	0.495	0.946
73 厚禄乡	0.061	0.034	0.448	0.146	0.000	0.113	0.206	0.781	0.189	0.563	0.888
74 垌心乡	0.029	0.137	0.742	0.023	0.000	0.921	0.074	0.980	0.930	0.216	0.997

第二节 贵港市国土空间利用质量综合评价指标权重确定

在获取指标无量纲值的基础上，根据第十一章第三节“国土空间利用质量综合评价方法”，采用主客观组合赋权法对不同领域的 22 个参评指标进行赋权。主观赋权方法选择层次分析法，客观赋权方法选择基于熵权法 –CRITIC 法融合的客观赋权方法。

一、层次分析法

先根据评价指标体系逐层构建判断矩阵，并借鉴已有研究成果进行指标两两比较（方创琳等，2017；吴艳娟等，2016；傅伯杰等，2017；张景鑫，2017；李秋颖等，2016），然后根据式（11–6）计算各指标权重向量，再根据式（11–7）、式（11–8）、式（11–9）对判断矩阵计算的权重向量进行一致性检验。以构建准则层判断矩阵为例，见表 12–2。

表 12–2 目标层 – 准则层判断矩阵和权重

国土空间利用质量	生产空间利用质量	生活空间利用质量	生态空间利用质量	权重
生产空间利用质量	1	1	1	0.334
生活空间利用质量	1	1	1	0.333
生态空间利用质量	1	1	1	0.333

对目标层 – 准则层判断矩阵进行一致性检验，λ_{max}=3.000，CI=0.000，RI=0.58，CR=0 < 0.1，因此目标层 – 准则层判断矩阵合理。

各层评价指标的权重计算完并通过一致性检验后，进行层次总排序并检验一致性。根据式（11–7）、式（11–8）、式（11–9）检验一致性合格后，采用层次分析法确定权重的结果。

二、基于熵权法 –CRITIC 法融合的赋权法

在 EXCEL 中，利用式（11–10）和式（11–11）计算 22 个具体指标的熵；利用 STDEVP 函数计算标准差，在 SPSS22.0 的描述统计中计算两两指标间的相关系数，然后计算得到各指标间的冲突性之和（见表 12–3），通过式（11–16）计算得到

具体指标权重。

表 12–3　各具体指标的熵、标准差和指标间冲突性之和

具体指标	熵	标准差	指标间冲突性之和
1 国土空间投资强度	0.155	0.16	15.503
2 土地垦殖指数	0.223	0.28	22.564
3 灌溉系数	0.225	0.203	23.538
4 地均财政收入	0.131	0.141	15.556
5 粮食播种面积单产	0.217	0.182	21.227
6 城镇工矿用地产出率	0.203	0.237	20.441
7 人均交通运输用地	0.212	0.164	21.431
8 交通用地密度	0.213	0.132	16.316
9 路网密度	0.189	0.154	15.817
10 教育设施配置密度	0.179	0.137	15.585
11 在职教师数	0.206	0.175	17.832
12 医疗服务配置强度	0.209	0.141	15.749
13 每万人医疗技术人员	0.197	0.173	16.361
14 单位建设用地人口承载量	0.229	0.186	22.444
15 村镇建设用地比重	0.211	0.159	15.497
16 城镇人口比重	0.199	0.202	16.415
17 森林覆盖率	0.217	0.264	24.415
18 水域覆盖率	0.216	0.243	18.35
19 生态用地比例	0.231	0.161	27.332
20 生物丰度指数	0.224	0.244	24.48
21 景观多样性指数	0.228	0.22	19.968
22 景观破碎度	0.231	0.145	21.441

三、组合赋权

结合层次分析，并根据熵权法 –CRITIC 法的优缺点，采用线性加权法进行组合赋权，计算公式见式(11–17)。为了减少主观赋权的随意性和不确定性，α 取值中，客观赋权法为 0.6，主观赋权法则为 0.4。根据式（ 11–17 ）计算得到国土空间利用质量指标综合权重（ 见表 12--4)。

表 12-4 国土空间利用质量指标权重

目标层	准则层	因素层	指标层	层次分析法权重	熵权法 -CRITIC 法权重	综合权重
国土空间利用质量	生产空间利用质量	投入强度	1 国土空间投资强度	0.075	0.036	0.052
			2 土地垦殖指数	0.045	0.058	0.053
			3 灌溉系数	0.053	0.05	0.051
		产出效率	4 地均财政收入	0.045	0.031	0.037
			5 粮食播种面积单产	0.054	0.046	0.049
			6 城镇工矿用地产出率	0.074	0.051	0.060
	生活空间利用质量	交通便捷度	7 人均交通运输用地	0.024	0.043	0.035
			8 交通用地密度	0.028	0.04	0.035
			9 路网密度	0.038	0.04	0.039
		教育医疗保障程度	10 教育设施配置密度	0.036	0.037	0.037
			11 在职教师数	0.018	0.044	0.034
			12 医疗服务配置强度	0.036	0.04	0.038
			13 每万人医疗技术人员	0.018	0.043	0.033
		居住水平	14 单位建设用地人口承载量	0.045	0.048	0.047
			15 村镇建设用地比重	0.028	0.043	0.037
			16 城镇人口比重	0.035	0.046	0.042
	生态空间利用质量	生态功能	17 森林覆盖率	0.071	0.056	0.062
			18 水域面积覆盖率	0.071	0.053	0.060
			19 生态用地比例	0.034	0.045	0.041
		景观质量	20 生物丰度指数	0.074	0.054	0.062
			21 景观多样性指数	0.049	0.052	0.051
			22 景观破碎度	0.049	0.044	0.045

第三节 贵港市国土空间利用质量综合指数计算

将评价指标标准化数值和指标权重代入式（11–18），计算得到 2015 年贵港市各乡镇（街道）生产空间利用质量指数、生活空间利用质量指数、生态空间利用质量指数；通过式（11–19）计算，对各乡镇（街道）的生产空间利用质量、生活空间利用质量、生态空间利用质量求和，得到国土空间利用质量指数（见表 12–5）。

表 12-5　2015 年贵港市各乡镇（街道）国土空间利用质量指数

乡镇（街道）	生产空间利用质量指数	生活空间利用质量指数	生态空间利用质量指数	国土空间利用质量指数
1 贵城街道	0.115	0.286	0.115	0.516
2 港城街道	0.099	0.124	0.154	0.377
3 大圩镇	0.098	0.074	0.150	0.322
4 庆丰镇	0.101	0.065	0.172	0.338
5 奇石乡	0.018	0.049	0.240	0.307
6 中里乡	0.047	0.055	0.195	0.297
7 根竹乡	0.078	0.071	0.199	0.348
8 武乐镇	0.097	0.063	0.160	0.320
9 江南街道	0.113	0.251	0.144	0.508
10 桥圩镇	0.170	0.090	0.140	0.400
11 木格镇	0.110	0.055	0.185	0.350
12 木梓镇	0.078	0.071	0.205	0.354
13 湛江镇	0.139	0.056	0.134	0.329
14 东津镇	0.132	0.052	0.157	0.341
15 八塘街道	0.108	0.074	0.142	0.324
16 新塘镇	0.088	0.056	0.166	0.310
17 瓦塘镇	0.084	0.053	0.209	0.346
18 覃塘街道	0.074	0.103	0.154	0.331
19 东龙镇	0.089	0.052	0.192	0.333
20 三里镇	0.081	0.070	0.178	0.329
21 黄练镇	0.115	0.078	0.176	0.369
22 石卡镇	0.095	0.053	0.169	0.317
23 五里镇	0.090	0.048	0.155	0.293
24 山北乡	0.076	0.046	0.162	0.284
25 樟木镇	0.058	0.046	0.093	0.197
26 蒙公镇	0.077	0.045	0.182	0.304
27 大岭乡	0.101	0.050	0.185	0.336
28 平南街道	0.084	0.123	0.167	0.374
29 平山镇	0.087	0.053	0.183	0.323
30 寺面镇	0.087	0.047	0.175	0.309
31 六陈镇	0.046	0.045	0.203	0.293

续表

乡镇（街道）	生产空间 利用质量指数	生活空间 利用质量指数	生态空间 利用质量指数	国土空间 利用质量指数
32 大新镇	0.075	0.061	0.179	0.314
33 大安镇	0.070	0.093	0.170	0.333
34 武林镇	0.100	0.115	0.227	0.442
35 大坡镇	0.040	0.045	0.185	0.271
36 大洲镇	0.042	0.057	0.185	0.284
37 镇隆镇	0.071	0.092	0.173	0.336
38 上渡街道	0.079	0.089	0.177	0.345
39 安怀镇	0.061	0.048	0.208	0.318
40 丹竹镇	0.075	0.064	0.196	0.335
41 官成镇	0.078	0.058	0.196	0.332
42 思旺镇	0.066	0.069	0.190	0.325
43 大鹏镇	0.048	0.062	0.197	0.307
44 同和镇	0.048	0.073	0.197	0.318
45 东华镇	0.060	0.055	0.199	0.314
46 思界乡	0.081	0.074	0.186	0.341
47 国安瑶族乡	0.035	0.068	0.204	0.307
48 马练瑶族乡	0.032	0.050	0.194	0.276
49 木乐镇	0.123	0.072	0.184	0.379
50 木圭镇	0.106	0.058	0.190	0.354
51 石咀镇	0.123	0.064	0.191	0.378
52 油麻镇	0.045	0.046	0.198	0.289
53 社坡镇	0.088	0.066	0.187	0.341
54 罗秀镇	0.065	0.059	0.196	0.320
55 麻垌镇	0.080	0.060	0.199	0.339
56 社步镇	0.092	0.063	0.135	0.290
57 下湾镇	0.097	0.057	0.140	0.294
58 木根镇	0.058	0.062	0.188	0.308
59 中沙镇	0.061	0.062	0.200	0.323
60 大洋镇	0.083	0.054	0.129	0.266

续表

乡镇（街道）	生产空间利用质量指数	生活空间利用质量指数	生态空间利用质量指数	国土空间利用质量指数
61 大湾镇	0.086	0.067	0.148	0.301
62 白沙镇	0.085	0.068	0.148	0.301
63 石龙镇	0.058	0.075	0.214	0.347
64 蒙圩镇	0.074	0.070	0.174	0.318
65 西山镇	0.075	0.138	0.208	0.421
66 南木镇	0.060	0.053	0.191	0.304
67 江口镇	0.056	0.066	0.196	0.318
68 金田镇	0.084	0.053	0.207	0.344
69 紫荆镇	0.017	0.059	0.207	0.283
70 马皮乡	0.078	0.051	0.171	0.300
71 寻旺乡	0.099	0.060	0.178	0.337
72 罗播乡	0.044	0.049	0.185	0.278
73 厚禄乡	0.077	0.070	0.130	0.277
74 垌心乡	0.030	0.051	0.212	0.293

第四节　贵港市国土空间利用质量综合评价结果及分析

根据表 12–5 的统计数据可知，贵港市各乡镇的生产空间利用质量、生活空间利用质量、生态空间利用质量和国土空间利用质量呈现非均匀分布。为了使同一等级的区域内差异达到最小化，不同等级区域间差异达到最大化，并且能客观、直接地表现贵港市国土空间利用质量空间分布情况，在 ArcGIS 平台下，利用自然间断点法将各乡镇的生产空间利用质量、生活空间利用质量、生态空间利用质量和国土空间利用质量分为高质量、中等质量、低质量三个等级。

一、生产空间利用质量评价

根据生产空间利用质量指数，将贵港市各乡镇的生产空间利用质量分为高质量、中等质量、低质量三个等级，其中，高质量区共有 19 个乡镇，中等质量区共有 34 个乡镇，低质量区共有 21 个乡镇（见表 12–6）。

表 12-6　贵港市各乡镇生产空间利用质量等级

生产空间利用质量等级	质量指数	乡镇（街道）
高质量	0.096 ～ 0.169	贵城街道、江南街道、桥圩镇、东津镇、湛江镇、木格镇、八塘街道、木圭镇、木乐镇、下湾镇、黄练镇、大岭乡、石咀镇、庆丰镇、武乐镇、港城街道、大圩镇、武林镇、寻旺乡
中等质量	0.062 ～ 0.095	蒙公镇、山北乡、三里镇、大湾镇、蒙圩镇、社步镇、马皮乡、大安镇、丹竹镇、官成镇、上渡街道、金田镇、麻桐镇、寺面镇、瓦塘镇、根竹乡、覃塘街道、五里镇、石卡镇、新塘镇、厚禄乡、白沙镇、大洋镇、平南街道、思界乡、西山镇、木梓镇、大新镇、东龙镇、社坡镇、平山镇、镇隆镇、罗秀镇、思旺镇
低质量	0.017 ～ 0.061	垌心乡、罗播乡、油麻镇、中沙镇、紫荆镇、安怀镇、大鹏镇、大坡镇、大洲镇、国安瑶族乡、六陈镇、马练瑶族乡、奇石乡、石龙镇、同和镇、东华镇、中里乡、樟木镇、木根镇、南木镇、江口镇

统计数据显示，贵港市生产空间利用高质量区为贵城街道、江南街道、桥圩镇、东津镇、湛江镇等 19 个乡镇，生产空间利用质量指数为 0.096 ～ 0.169。其中，贵城街道、江南街道是贵港市的政治、经济中心，也是信息汇集、人群聚集的中心，国土面积小，因此国土空间投资强度大、地均财政收入高，从而使生产空间的投入强度大，产出效率高。下湾镇、庆丰镇、桥圩镇、东津镇、湛江镇、木格镇地处郁江平原南面，地势平坦开阔，土壤肥沃，是广西万亩水稻高产示范基地，也是生产富硒水稻的现代农业基地，因此土地垦殖率高，粮食单产高，其中马铃薯亩产高达 2 932.4 kg。大岭乡、港城街道、大圩镇、武乐镇、木圭镇、木乐镇、石咀镇、寻旺乡、黄练镇均有第二产业分布，用地面积小，工业产值较高，所以城镇工矿用地产出率高，其中木乐镇的“中健”等品牌运动服远销国内外。因此，贵城街道、江南街道、桥圩镇等乡镇的生产空间利用质量高。

生产空间利用中等质量区共有 34 个乡镇，生产空间利用质量指数为 0.062 ～ 0.095，主要分布在郁浔平原和地势较平坦的台地、盆地。该区域地势较平坦，土壤垦殖率较高，降水丰富，土壤肥沃，粮食单产高，但是第二产业发展较慢，因此国土空间投资强度较小、地均财政收入和城镇工矿用地产出率较低。虽然在根竹乡、石卡镇等乡镇布局有工业园区，但是用地结构粗放，生产效益不高，因此地均财政收益低，生产空间利用效率较低。虽然西山镇、平南街道分别是桂平市和平南县的政治中心，但是农业投入较低，产出效率较低，城镇工矿用地呈摊饼式扩张，城镇工矿用地产出率较低。因此，这 34 个乡镇的生产空间利用质量中等。

生产空间利用低质量区主要分布在贵港市莲花山、大瑶山等山地区，共有 21 个乡镇，生产空间利用质量指数为 0.017 ～ 0.061。由于该地区耕地少，山地多，导致土地垦殖率低；土壤贫瘠，致使粮食播种面积单产低；交通不便利，经济发展缓慢，因此城镇工矿产出率低；此外财政收入主要来源为第一产业，因此地均财政收入低。因此，这 21 个乡镇的生产空间利用质量低。

生产空间是人类为了满足物质需求、经济发展进行生产活动的场所，受人类活动影响大。贵港市平原、台地、盆地地区平坦开阔，水资源丰富，土壤肥沃，是人类进行生产活动场所的优先选择。贵港市生产空间利用高质量区分布在政治、经济中心或政策倾斜的地区，中等质量区分布在有良好的自然条件，适宜进行生产活动的浔郁平原地区，低质量区分布在土壤贫瘠、地势崎岖的山区，呈现中间高、四周低的分布特征。

二、生活空间利用质量评价

根据生活空间利用质量指数，将贵港市生活空间利用质量分为高质量、中等质量、低质量三个等级，其中，高质量区共有 2 个乡镇，中等质量区共有 10 个乡镇，低质量区共有 62 个乡镇（见表 12–7）。

表 12–7　贵港市各乡镇生活空间利用质量等级

生活空间利用质量等级	质量指数	乡镇（街道）
高质量	0.139 ～ 0.285	贵城街道、江南街道
中等质量	0.079 ～ 0.138	西山镇、覃塘街道、港城街道、桥圩镇、平南街道、镇隆镇、武林镇、上渡街道、大安镇、中沙镇
低质量	0.045 ～ 0.078	垌心乡、罗播乡、油麻镇、紫荆镇、安怀镇、大鹏镇、大坡镇、大洲镇、国安瑶族乡、六陈镇、马练瑶族乡、奇石乡、石龙镇、同和镇、东华镇、中里乡、樟木镇、木根镇、南木镇、江口镇、蒙公镇、山北乡、三里镇、大湾镇、蒙圩镇、社步镇、马皮乡、丹竹镇、官成镇、金田镇、麻桐镇、寺面镇、瓦塘镇、根竹乡、五里镇、石卡镇、新塘镇、厚禄乡、白沙镇、大洋镇、思界乡、木梓镇、大新镇、东龙镇、社坡镇、平山镇、罗秀镇、思旺镇、东津镇、湛江镇、木格镇、八塘街道、木圭镇、木乐镇、下湾镇、黄练镇、大岭乡、石咀镇、庆丰镇、武乐镇、大圩镇、寻旺乡

统计数据显示，贵港市生活空间利用高质量区为贵城街道、江南街道，生活空间利用质量指数为 0.139 ～ 0.285。贵城街道、江南街道作为贵港市政治、经济中心，历来是贵港市的中心城区，城镇化水平高，已形成完善的交通网络结构，居民能享有便捷的交通服务；拥有充足的教师和医疗卫生技术人员，教育医疗设施配置密度高，因此当地教育医疗保障水平高；城镇化率高，农村人口少，生活空间整体居住水平高。

生活空间利用中等质量区共有 10 个乡镇，生活空间利用质量指数为 0.079 ～ 0.138。中等质量区的人均交通运输用地多，路网密度、交通用地密度处于中等水平，因此当地交通较便捷；教育、医疗设施配置密度较高，因此教育、医疗保障水平较高，医疗技术人员较多；城镇化率较高。这 10 个乡镇生活空间的交通便捷程度、教育医疗保障程度、居住水平均处于中等水平。其中，港城街道、覃塘街道、西山镇、平南街道分别为港北区、覃塘区、桂平市、平南县的政治中心，交通便捷、教育医疗保障较好，居住水平中等。镇隆镇、武林镇、大安镇和上渡街道分布在平南街道周边，受到一定的政策因素倾斜影响，南广高铁、南广高速贯穿全镇，港口码头较多，交通便捷，城镇化率较高，有良好的居住环境。桥圩镇作为港南区工业快速发展的乡镇，贵港市第二人民医院坐落于此，当地居民有较好的医疗服务保障。

生活空间利用低质量区共有 62 个乡镇，生活空间利用质量指数为 0.045 ～ 0.078。其中东津镇、瓦塘镇、大洲镇等乡镇教育医疗保障低。而且低质量区的农村人口多，城镇化率低、村镇建设用地比重低，因此居住水平较低。另外，该区的交通用地类型以农村道路为主，生活空间出行便捷程度较低。

生活空间是满足人类居住、服务等生活需求的场所，是人类长期活动影响下形成的场所。贵港市生活空间利用质量指数最高值为 0.285，最低值为 0.045。贵港市位于浔郁平原，气候温暖，水资源丰富，且区位条件优越，位于广西重要城市南宁、柳州、梧州、北海的几何中心，交通便利，适宜人类生活，是广西人口密集地区。因此，除贵港市政治中心所在的乡镇外，各区域间生活空间便捷程度、宜居程度差异较小，贵港市生活空间利用由政策因素主导，利用质量自贵港市政治中心向四周降低。

三、生态空间利用质量评价

根据生态空间利用质量指数，将贵港市生态空间利用质量分为高质量、中等质量、低质量三个等级，其中，高质量区共有 25 个乡镇，中等质量区共有 31 个乡镇，低质量区共有 18 个乡镇（见表 12–8）。

统计数据显示，贵港市生态空间利用高质量区共有 25 个乡镇，生态空间利用质量指数为 0.192 ～ 0.239，主要分布在山地区。贵港市山地区分布在东北面的大瑶山区、北面的莲花山区、东南面的大容山区和东南面的亚计山，是贵港市重要的生态功能区，山地多，耕地少，森林覆盖率高，生态用地比重大，生物多样性丰富，景观破碎指数低，因此该区域生态功能良好，景观质量高，生态空间利用质量高。

生态空间利用中等质量区共有 31 个乡镇，生态空间利用质量指数为 0.161 ～ 0.191，分布在大瑶山、大容山、莲花山和镇龙山的周边地区。中等质量区的森林覆盖率和水域覆盖率较高，因此生态功能完整。另外，该地区的土地利用类型较多，斑块个体的分离程度较低，景观多样性指数、景观破碎指数处于中等水平，因此景观质量较高。

生态空间利用低质量区共有 18 个乡镇，生态空间利用质量指数为 0.093 ～ 0.160。低质量区主要分布在郁江平原，土地垦殖率高，森林覆盖率低，因此生态功能较弱；土地利用类型较多，在区域内不同土地利用类型的地块分离度高，景观破碎指数较高。

表 12-8　贵港市各乡镇生态空间利用质量等级

生态空间利用质量等级	质量指数	乡镇（街道）
高质量	0.192 ～ 0.239	垌心乡、油麻镇、紫荆镇、安怀镇、大鹏镇、国安瑶族乡、六陈镇、马练瑶族乡、奇石乡、石龙镇、同和镇、东华镇、中里乡、中沙镇、江口镇、金田镇、麻桐镇、罗秀镇、丹竹镇、武林镇、官成镇、根竹乡、瓦塘镇、木梓镇、西山镇
中等质量	0.161 ～ 0.191	平南街道、镇隆镇、上渡街道、大安镇、南木镇、蒙公镇、山北乡、三里镇、蒙圩镇、马皮乡、寺面镇、石卡镇、新塘镇、思界乡、大新镇、东龙镇、社坡镇、平山镇、思旺镇、木格镇、木圭镇、木乐镇、黄练镇、大岭乡、石咀镇、庆丰镇、寻旺乡、木根镇、罗播乡、大坡镇、大洲镇
低质量	0.093 ～ 0.160	贵城街道、江南街道、樟木镇、覃塘街道、五里镇、港城街道、大圩镇、武乐镇、东津镇、八塘街道、桥圩镇、湛江镇、厚禄乡、白沙镇、大湾镇、大洋镇、下湾镇、社步镇

生态空间是满足生产空间功能、生活空间功能的基础，对生产空间、生活空间起着重要的支撑和制约作用。良好的地形条件、丰富的水资源和生物资源是高质量的生态空间的重要条件。由表 12-8 可知，贵港市生态空间利用质量指数最高值和

最低值的差值为 0.146，跨度较大。因为贵港市郁江、浔江贯穿全市，总体上地势平坦开阔，区域内的水资源较丰富，而且贵港市东北面为大瑶山，北面为莲花山，东南面为大容山，西南面为亚计山，森林覆盖率高，因此贵港市生态空间利用质量呈现四周高、中间低的分布特征。

四、国土空间利用质量的综合评价

根据国土空间利用质量指数，将贵港市国土空间利用质量分为高质量、中等质量、低质量三个等级，其中，国土空间利用高质量区共有 4 个乡镇，国土空间利用质量指数为0.400～0.515；中等质量区共有41个乡镇，国土空间利用质量指数为0.314～0.399；低质量区共有 29 个乡镇，国土空间利用质量指数为 0.196 ～ 0.313（见表 12–9）。

表 12–9　贵港市各乡镇国土空间利用质量等级

国土空间利用质量等级	质量指数	乡镇（街道）
高质量	0.400 ～ 0.515	西山镇、贵城街道、江南街道、武林镇
中等质量	0.314 ～ 0.399	平南街道、镇隆镇、上渡街道、大安镇、三里镇、蒙圩镇、石卡镇、思界乡、东龙镇、社坡镇、平山镇、思旺镇、木格镇、木圭镇、木乐镇、黄练镇、大岭乡、石咀镇、庆丰镇、寻旺乡、覃塘街道、安怀镇、石龙镇、同和镇、中沙镇、江口镇、金田镇、麻桐镇、罗秀镇、丹竹镇、官成镇、根竹乡、瓦塘镇、木梓镇、港城街道、大圩镇、武乐镇、东津镇、八塘街道、桥圩镇、湛江镇
低质量	0.196 ～ 0.313	樟木镇、五里镇、厚禄乡、白沙镇、大湾镇、大洋镇、下湾镇、社步镇、蒙公镇、山北乡、中里乡、奇石乡、新塘镇、木根镇、罗播乡、油麻镇、六陈镇、寺面镇、大新镇、大坡镇、大洲镇、东华镇、马皮乡、国安瑶族乡、马练瑶族乡、大鹏镇、垌心乡、紫荆镇、南木镇

统计数据显示，贵港市国土空间利用高质量区主要分布在城区中心。高质量区的城区历史悠久，城镇化率高，居住水平高，由于郁江、浔江贯穿该区域，水资源丰富。此外，高质量区交通便捷，经济发展较好，是贵港市工业园区的所在地区，因此，贵港市国土空间利用质量高质量区集中分布在城区中心。高质量区的生产空间利用质量、生活空间利用质量、生态空间利用质量在国土空间利用质量占比较均匀，体现“三生”空间的兼容性作用，能较好地协调发展，相互促进“三生”空间利用质量，因此国土空间利用质量高。

国土空间利用中等质量区主要分布在平原地区。良好的自然条件是利用质量的重要支撑，土地垦殖率高，基本形成交通网络结构，教育医疗保障水平较高，但是部分乡镇经济发展缓慢，产业结构较单一，缺少第二产业或者生态服务功能较弱，景观破碎指数高，侧重生产空间、生活空间和生态空间的其中两个空间发展，其中一个空间利用质量较低，生态空间和生产空间、生活空间开始产生拮抗作用，导致国土空间利用质量中等。

国土空间利用低质量区主要分布在山区，是贵港市重要的生态功能保护区。低质量区的森林覆盖率高，生态服务功能较好，生物丰度指数高，景观破碎指数低，生态空间利用质量高，但是土地流转慢，利用类型单一，交通条件较平原地区差，教育医疗设施较少，因此生活空间服务功能和便捷程度较低，且缺少第二产业，生产空间利用效益和效率低，“三生”空间利用不协调，因此国土空间利用质量低。例如，部分乡镇分布在贵港市南面的平原地区，土地垦殖率高，生产空间利用质量较高，生态空间利用质量或生活空间利用质量较低，“三生”空间发展失调，不同空间两两之间产生拮抗作用，因此国土空间利用质量低。

国土空间是具有三维属性，由生产、生活、生态组成的复杂的地理空间。国土空间利用质量受生产空间、生活空间、生态空间相互作用和制约。生产空间利用质量占比高的地区，生活空间利用质量、生态空间利用质量较低；生活空间利用质量占比高的地区，生产空间利用质量、生态空间利用质量较低；生态空间利用质量占比高的地区，生产空间利用质量、生活空间利用质量较低。贵港市国土空间利用质量自政治、经济中心呈递减趋势向四周扩散。

第五节　贵港市国土空间利用质量提升对策

本研究根据贵港市国土空间利用质量的综合评价结果分析，针对国土空间利用存在的问题，提出贵港市生产空间、生活空间、生态空间利用质量的提升对策。

一、生产空间利用质量的提升对策

1. 提高土地资源集约高效利用水平

贵港市具有优越的自然条件，可以发挥集约高效的规模效应。贵港市人口基数大，历来是广西人口密集地区，2015 年人口密度约为全广西人口密度的两倍，并呈缓步上升趋势。因此，针对工业园区所在地区，结合贵港市优越的自然条件，发挥集约高效的规模效应。整合城乡建设用地，提高工业园区用地集约利用水平，加强工业项目用地的投资强度，促使工业园区从水平空间建设转变为垂直空间建设，有效节约工业用地规模，推进优化产业结构，拓展产业深度，提高利用效益。此外，随着贵港市中心城区的不断扩大，经济的转型升级和市区土地功能分区的变化，位于城区的企业用地效率趋于低效，而且城区用地紧张也会使企业发展空间受限。因此，应制定优惠政策，鼓励工业企业进驻园区发展。

2. 发挥区位优势，承接产业转移

贵港市紧靠广西首府南宁市，位于浔郁平原，是西江—珠江经济带的重要组成部分，具有优越的区位条件。因此，贵港市在承接产业转移、配置生产要素、拓展经济腹地、提升综合实力等方面拥有天然的优势。贵港市应当充分发挥紧靠南宁市（广西最大的人才、技术流、信息流和资金流的集散地）的优势，面向东南亚，与周边地区进行产业整合，合理定位分工，提高区域配套能力，壮大新能源、电动车、零件生产、服务外包等区域产业，提高贵港市生产空间利用质量。

3. 发展高效、生态、安全的现代农业

依托贵港市农业资源优势，强化耕地和永久基本农田保护，围绕“稳定面积、优化布局、提高单产、改善品质、增加效益”的总体要求发展现代农业，推进粮、糖、油向优质、高产发展，稳步提升区域农业生产功能。一方面，通过“中心村提升、大村扩容、小村归并、散户搬迁”的整合模式，以空心村整治为切入点，逐步形成完善的城乡等级结构体系。空心村整治增地以还田为主，结合土地开发整理工程和永久基本农田建设项目，构建大型现代农业园区，集中发展高效、特色、节水农业。另一方面，根据市场需求调整农业生产用地结构，改造中低产田，改善农业生产设施和农机装备条件，加大科技兴农力度，加快科技创新和科技成果转化，深化产业化经营，生产规模化，打造品牌农业，提高农用地的利用效率，提高农业综合产出能力，从而提高生产空间利用质量。此外，充分利用沟、渠、路、村内边角等线状地物构建绿色廊道，预防“林粮争地”现象。最终形成宏观上贵港市农业多样性、区域农业产业优化集中、微观上乡镇特色农业突出的生产格局，打造广西特色的高效、生态、安全的现代农业基地。

二、生活空间利用质量的提升对策

1. 完善交通网络

贵港市西江航道贯穿全境，要推进港口航运工程建设，完善基础配套设施，提高内河航运能力；要加快建设疏港铁路与高等级疏港公路建设，完善港口铁路货运运输线路与疏港运输通道，实现水陆联运；积极推进贵港铁路枢纽建设，充分依托铁路运输促进城市与产业发展；合理布局铁路客货运场站，提升市域铁路系统服务能级；优化高速公路网络，扩大覆盖；提升国省干线通行能力，加快实施既有公路升级改造，加快建设县、乡镇未贯通路段，实现乡镇二级及以上公路连通；全面推进农村公路建设，完善农村公路覆盖，促进农村公路提档升级。

2. 完善公共资源服务

加大教育、医疗投资，把为民服务落到实处，不断完善乡镇教育、医疗设施，吸引专业人才，扩大教育、医疗等公共服务的服务范围，让当地居民就地就近享受公共服务，提高综合服务的高效便捷度，从而提升生活空间利用质量。

3. 优化调整农村建设用地结构

由于贵港市人口稠密，客观上要求农村建设用地节约集约利用，实施以“中心村”和“内部挖潜”为主的农村居民点整理，在奇石乡、中里乡、紫荆镇、马练瑶族乡等耕地资源较少的乡镇开展中心村或中心社区建设，实行社区管理模式。但是一味压缩农村居民点面积，并不能从根本上改善农村人口居住水平，应当在实施农村居民点整理的同时，实行“政府主导＋政策推动＋统一规划＋市场运作”的旧村改造模式，统一规划布局，组团建设，集中安置，建设美丽乡村，优化农村建设用地结构，构建市、县、镇、村“四位一体”的城乡发展新体系。

三、生态空间利用质量的提升对策

1. 提高生态服务功能，保障生态安全

贵港市生态空间高、中质量区分布在东北部的大瑶山、北部的莲花山、东南部的大容山、西部的镇龙山和东南部的亚计山，是涵养水源、保持水土、维护生物多样性等多种生态服务功能极重要或重要区域，是贵港市重要的生态安全屏障，在维护生态平衡、促进社会和经济持续发展等方面发挥着重大作用。要保护和修复山地

生态系统，就要提高山地涵养水源、保持水土、维护生物多样性等生态服务功能，保障生态安全。这些区域林地面积大，要全面落实林地占用生态补偿机制，禁止毁林开垦和非法占用土地，因地制宜发展资源和环境可承载的适宜产业，如生态旅游业、林下经济等，引导超载人口逐步有序转移。

2. 建设生态农业，促进生态可持续发展

在贵港市生态空间低质量区，土地垦殖率高，林地面积少，适宜发展现代生态农业及旅游观光农业基地。要进行农用地整理，小块并大块，降低景观破碎指数，将农业生产连片规模化，提高粮食、经济作物生产效率。同时，要发挥生产空间和生态空间的协同作用，建立集生态保护、自然观光、绿色农业为一体的现代生态农业示范区，促进生态可持续发展，提高生态空间利用效率。

四、国土空间利用质量的提升对策

考虑“三生”空间存在拮抗作用、协同作用、兼容性，结合贵港市国土空间利用存在的问题，对国土空间利用质量提出以下提升对策（见图 12–4）。

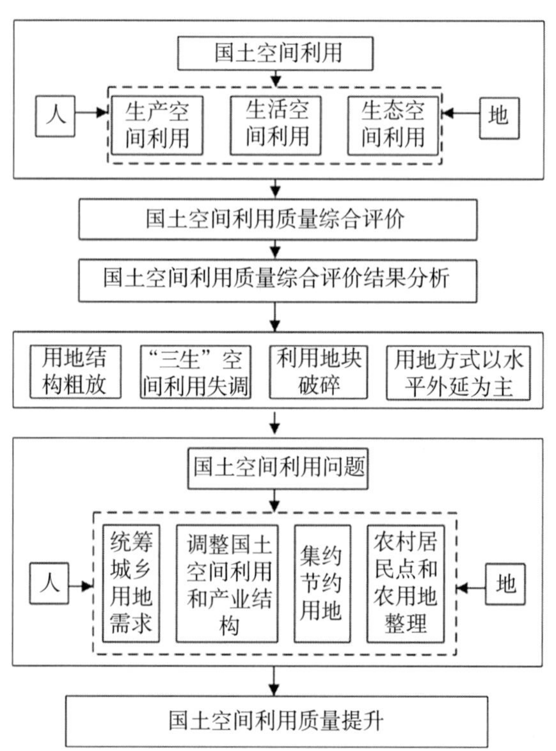

图 12–4　贵港市国土空间利用质量提升路径

1. 统筹城乡发展用地需求

统筹城乡发展是区域经济发展的一种模式，是指土地、资本、劳动力、物质、信息等社会经济要素在城乡空间的双向流动与优化配置。土地资源是国土空间的核心要素，也是统筹城乡用地的重要基础。贵港市国土空间利用高质量区主要集中在城市中心及周边地区，但是土地面积小，远郊乡镇的农村建设用地利用粗放，利用质量较低。通过优化整合农村建设用地，支援城市建设，提高农村建设用地集约程度，同时合理规范征用土地，推动土地和劳动力由农村流向城市，资金、信息、技术由城市流向农村，实现农村支援城市、城市反哺农村，有充裕的资金支持新农村、现代农业建设，从而提高城乡用地效率，提升贵港市国土空间利用质量。贵港市存在城乡建设用地结构不够合理和用地粗放现象，因此，统筹城乡用地应当规划先行，优化国土空间配置。贵港市要通过国土空间规划，明确未来的国土空间发展方向，实施国土空间用途管制，消除不合理用地现象，促进国土空间利用质量提升。

2. 调整国土空间利用和产业结构

在特定范围内，国土空间利用结构决定了国土空间的利用效率。产业的结构布局决定了社会经济的生产效率。二者均对国土空间利用质量有重要影响。贵港市国土空间利用结构不够协调，生产空间利用质量高，生态空间、生活空间利用质量较低。国土空间利用结构调整后，“三生”空间比例更为协调。随着经济发展，产业结构变化呈现出从“第一产业主导、第二产业次之、第三产业最弱”，到“第二产业主导、第三产业次之、第一产业最弱”，再到“第三产业主导、第二产业次之、第一产业最弱”的升级规律。这种升级规律说明了主导产业部门的生产效率不断提高，对土地等自然资源的依赖程度越来越弱，人口集聚、效益、技术、信息、资金在生产空间利用中发挥越来越大的作用。结合贵港市的国土空间利用的情况，城市地区应从以第二产业为主逐步调整为以第三产业为主，城市周边乡镇应从以第一产业为主不断调整为以第二产业为主，远离城市、处于生态保育区乡镇的产业结构调整为旅游观光、提供生态产品的现代绿色农业。国土空间利用结构和产业结构的双向优化调整，促进区域“三生”空间协调发展，从而提升国土空间利用质量。

3. 集约节约利用国土空间

土地资源作为国土空间的核心要素，只有进行集约节约利用，才能有效提高国土空间利用质量。土地节约集约利用是以区域可持续发展为导向，改变传统的以水平方向外延为主的土地利用方式，在有限的土地面积上增加单位面积劳动力、资本、技术等生产要素投入，实现土地与其他生产要素的优化整合，以增加单位面积效益，从而提高生产空间利用效率，这是提高国土空间利用质量的重要举措。国土空间是一个三维的立体空间，要对国土空间进行立体开发和利用。贵港市城区和工业区主要以水平外延扩张为主，立体空间利用不足，土地利用方式较粗放。要从严控制新增建设用地，通过加强国土空间投入强度定额限制、产业技术革新等方式，引导向地表空间垂直向上发展，并鼓励管道、污水处理设施、雨水储备等公共设施逐步向地下空间发展，增加单位国土面积投资强度，减少土地资源不可逆的消耗，促进区域可持续发展。此外，要实行规划先行，严格管控用地总量。加快“多规合一”的国土空间规划编制，统筹划定生态保护红线、永久基本农田保护红线、规划建设用地控制线、产业区块控制线。对废弃工矿进行整理复垦，进行产业结构调整，对工业搬迁后遗留的旧厂房进行改造，部分旧街区，可以考虑改造为集休闲、观光、商业于一体的服务中心。通过对土地的节约集约利用，提高国土空间利用效率，从而提升国土空间利用质量。

4. 加强农村居民点和农用地整理

贵港市部分乡镇土地利用地块过于破碎，线状地物如田坎过多，导致耕地破碎，分离度高，且农村居民点、园地分散，因此农业生产用地利用效率低下，生态服务功能较差。提升农业用地利用质量应从优化乡村地域系统结构与功能出发，对农村居民点、农用地进行整理。针对贵港市人口密集、农村居民点分散的乡村特点，以空心村为整治重点，结合乡村规划，建设中心村，构建“城市－中心城镇－中心村（社区）－基层村”的城镇体系；以农田整治为重点，减少不必要的线状地物，实现农田连片化，发展现代农业，促进生产组织化、规模化，农业产业化，形成农业生产加工销售产业链；以农村居民点、农用地整理为突破口，以发展现代农业、生态农业为动力，优化乡村布局，促进生产规模化、生活中心化、环境生态化，构建良好的国土空间景观格局，实现生产空间、生活空间、生态空间协调发展，提升国土空间利用质量。

通过统筹贵港市国土空间城乡用地需求，调整国土空间利用结构和产业结构，对国土空间节约集约利用，整理农村居民点和农用地，从而协调“三生”空间的拮抗作用、协同作用和兼容性，促进“三生”空间协调发展，促进生产空间集约高效、生活空间舒适宜居、生态空间美丽和谐。

参考文献

[1] 邹利林，章丽君，刘彦随. 生态文明背景下国土空间利用功能研究：过去、现在与未来［J］. 地理科学进展，2022，41（7）：1312-1324.

[2] 姜海，陈磊. 县域国土空间主体功能区土地资源空间配置效率及管制策略：以江苏赣榆为例［J］. 自然资源学报，2021，36（9）：2424-2436.

[3] WIENS J A. Spatial Scaling in Ecology［J］. Functional Ecology，1989，3（4）：385-397.

[4] 邬建国.景观生态学：格局、过程、尺度与等级［M］. 北京：高等教育出版社，2007.

[5] 刘继来，刘彦随，李裕瑞.中国“三生空间”分类评价与时空格局分析［J］.地理学报，2017，72（7）：1290-1304.

[6] 张振龙，侯琰珍，孙鸿鹄，等.乡镇街道尺度国土“三生”空间功能评价及协调关系［J］.自然资源学报，2022，37（11）：2898-2914.

[7] 张扬，陈雨露.成渝城市群“三生空间”时空格局与耦合协调分析［J］.地域研究与开发，2022，41（5）：119-125.

[8] 张红旗，许尔琪，朱会义.中国“三生用地”分类及其空间格局［J］.资源科学，2015，37（7）：1332-1338.

[9] TAO J，FU M，SUN J，et al. Multifunctional assessment and zoning of crop production system based on set pair analysis-A comparative study of 31 provincial regions in China's mainland［J］. Communications in Nonlinear Science and Numerical Simulation，2014，19（5）：1400-1416.

[10] 焦庚英，杨效忠，黄志强，等.县域“三生空间”格局与功能演变特征及可能影响因素分析：以江西婺源县为例［J］.自然资源学报，2021，36（5）：1252-1267.

[11] 赵筱青，李思楠，谭琨，等.城镇—农业—生态协调的高原湖泊流域土地利用优化［J］.农业工程学报，2019，35（8）：296-307，336.

[12] 柳冬青，张金茜，巩杰，等.基于“三生功能簇”的甘肃白龙江流域生态功能分区［J］.生态学杂志，2019，38（4）：1258-1266.

[13] 程宪波，陶宇，欧维新.江苏省乡村三生功能耦合协调时空变化特征分析［J］.长江流域资源与环境，2022，31（1）：222-233.

[14] 李欣，方斌，殷如梦，等.村域尺度“三生”功能与生活质量感知空间格局及其关联：以江苏省扬中市为例[J].地理科学，2020，40(4)：599-607.

[15] 黄安，许月卿，刘超，等.基于土地利用多功能性的县域乡村生活空间宜居性评价[J].农业工程学报，2018，34(8)：252-261，304.

[16] 李广东，方创琳.城市生态—生产—生活空间功能定量识别与分析[J].地理学报，2016，71(1)：49-65.

[17] TALEAI M，SHARIFI A，SLIUZAS R，et al. Evaluating the Compatibility of Multi-functional and Intensive Urban LandUses[J]. International Journal of Aplied Earth Observation and Geoinformation，2007，9(4)：375-391.

[18] 李思楠，赵筱青，普军伟，等.西南喀斯特典型区国土空间地域功能优化分区[J].农业工程学报，2020，36(17)：242-253，314.

[19] 李欣. 经济发达区土地利用功能时空演化机理及转型路径研究[D].南京：南京师范大学，2020.

[20] 樊杰.我国主体功能区划的科学基础[J].地理学报，2007(4)：339-350.

[21] WEILAND U. Strategic Environmental Assessment in Germany—Practice and open questions[J]. Environmental Impact Assessment Review，2009，30(3)：211-217.

[22] KING P，ANNANDALE D，BAILEY J. Integrated economic and environmental planning in Asia：A review of progress and proposals for policy reform[J]. Progress in Planning，2003，59(4)：233-315.

[23] BABCOCK E A，PIKITCH E K，MCALLISTER M K，et al. A perspective on the use of spatialized indicators for ecosystem-based fishery management through spatial zoning[J]. ICES Journal of Marine Science，2005，62(3)：469-476.

[24] HAMOUDI H，RISUEÑO M. The effects of zoning in spatial competition[J]. Journal of Regional Science，2012，52(2)：361-374.

[25] TALEN E，ANSELIN L，LEE S，et al. Looking for logic：The zoning—land use mismatch[J].Landscape and Urban Planning，2016，152(8)：27-38.

[26] SHERTZER A，TWINAM T，Walsh R P. Zoning and the economic geography of cities[J]. Journal of Urban Economics，2018，105(5)：20-39.

[27] 刘传明，李伯华，曾菊新.主体功能区划若干问题探讨[J]. 华中师范大学学报(自然科学版)，2007，41(4)：627-631.

[28] 李传武，张小林，吴威，等.安徽省无为、和县区域主体功能的分区[J].长江流域

资源与环境，2010，19（2）：127-132.

[29] 樊杰.主体功能区战略与优化国土空间开发格局 [J].中国科学院院刊，2013，28（2）：193-206.

[30] 刘金花，郑新奇.基于改进生态足迹模型的市域主体功能区划 [J].农业工程学报，2013，29（13）：226-236.

[31] 樊杰.中国主体功能区划方案 [J].地理学报，2015，70（2）：186-201.

[32] 樊杰，周侃.以“三区三线”深化落实主体功能区战略的理论思考与路径探索 [J].中国土地科学，2021，35（9）：1-9.

[33] 解永庆，张婷，曾鹏.省级国土空间规划中主体功能区细化方法初探 [J].城市规划，2021，45（4）：9-15，23.

[34] 朱跃，杨兴柱，杨周，等.主体功能视角下皖南旅游区乡村多功能演化特征与影响机制 [J].地理科学，2021，41（5）：815-823.

[35] MAIER L, SHOBAYASHI M. Multifunctionality: Towards and Analytical Framework [M]. Paris: Organization for Economic Cooperation and Development, 2001.

[36] KÖNIG H J, PODHORA A, HELMING K. Confronting international research topics with stakeholders on multifunctional land use: The case of Inner Mongolia, China [J]. iForest-Biogeosciences and Forestry. 2014, 7（6）: 403-413.

[37] PÉREZ-SOBA M, PETIT S, JONES L, et al. Land use functions-a multifunctionality approach to assess the impact of land use changes on land use sustainability [J]. Sustainability impact assessment of land use changes, 2008, 19: 375-404.

[38] 梁小英，顾铮鸣，雷敏，等.土地功能与土地利用表征土地系统和景观格局的差异研究：以陕西省蓝田县为例 [J].自然资源学报，2014，29（7）：1127-1135.

[39] 徐磊，董捷，陈恩.基于“三生”功能的长江中游城市群国土空间利用协调特征 [J].水土保持研究，2018，25（2）：257-263.

[40] 徐雯雯，宁晓刚，王浩，等.基于GIS的城镇、农业、生态空间分区与国土开发风险识别：以陕西省南泥湾景区为例 [J].地域研究与开发，2021，40（3）：127-132，139.

[41] 林树高，陆汝成，叶宗达，等.中越边境地区国土空间利用功能时空演变与耦合协调 [J].中国土地科学，2022，36（9）：90-101.

[42] AKADIRI S S, BEKUN F V, SARKODIE S A. Contemporaneous interaction between energy consumption, economic growth and environmental sustainability in South Africa: What drives what? [J]. Science of the Total Environment, 2019, 686: 468-475.

[43] 杨忍，刘彦随，龙花楼.中国环渤海地区人口—土地—产业非农化转型协同演化特征[J]. 地理研究，2015，34(3)： 475-486.

[44] MOMBLANCH A, PAPADIMITRIOU L, JAIN S K, et al. Untangling the water-food-energy-environment nexus for global change adaptation in a complex Himalayan water resource system [J]. Science of the Total Environment, 2019, 655: 35-47.

[45] 葛世帅，曾刚，杨阳，等.黄河经济带生态文明建设与城市化耦合关系及空间特征研究[J].自然资源学报，2021，36(1)：87-102.

[46] 凌子燕，李延顺，蒋卫国，等. 山江海交错带城市群国土三生空间动态变化特征：以广西北部湾城市群为例[J]. 经济地理，2022，42(2)：18-24.

[47] 刘春芳，王奕璇，何瑞东，等.基于居民行为的三生空间识别与优化分析框架[J].自然资源学报，2019，34(10)：2113-2122.

[48] 赵筱青，李思楠，谭琨，等.基于功能空间分类的抚仙湖流域“3类空间”时空格局变化[J]. 水土保持研究，2019，26(4)：299-305，313.

[49] 李思楠，赵筱青，普军伟，等.西南喀斯特典型区国土空间利用功能质量评价及耦合协调分析：以广南县为例[J].自然资源学报，2021，36(9)：2350-2367.

[50] 巩垠熙，刘若梅，王发良，等.多元信息综合的市县国土空间规划空间功能识别方法[J].自然资源学报，2021，36(8)：2006-2019.

[51] 冉娜，金晓斌，范业婷，等.基于土地利用冲突识别与协调的“三线”划定方法研究：以常州市金坛区为例[J].资源科学，2018，40(2)：284-298.

[52] 王亚飞，樊杰，周侃.基于“双评价”集成的国土空间地域功能优化分区[J].地理研究，2019，38(10)：2415-2429.

[53] 岳文泽，王田雨，甄延临.“三区三线”为核心的统一国土空间用途管制分区[J].中国土地科学，2020，34(5)：52-59，68.

[54] 扈万泰，王力国，舒沐晖.城乡规划编制中的“三生空间”划定思考[J].城市规划，2016，40(5)：21-26，53.

[55] 念沛豪，蔡玉梅，谢秀珍，等.基于生态位理论的湖南省国土空间综合功能分区[J].资源科学，2014，36(9)：1958-1968.

[56] 徐磊，董捷，陈恩.基于“三生”功能的长江中游城市群国土空间利用协调特征[J].水土保持研究，2018，25(2)：257-263.

[57] 谢晓彤，李效顺.河南省“三生”功能时空演变特征及影响因素[J].农业工程学报，2021，37(22)：243-252.

[58] 金星星，陆玉麒，林金煌，等.闽三角城市群生产—生活—生态时空格局演化与功能测度［J］.生态学报，2018，38（12）：4286-4295.

[59] 李欣，方斌，殷如梦，等.江苏省县域“三生”功能时空变化及协同/权衡关系［J］.自然资源学报，2019，34（11）：2363-2377.

[60] 张磊，沙美君，马超前. 三生功能视角下京津冀城镇圈类型划分与变化特征［J］. 经济地理，2022，42（4）：82-92.

[61] 逯承鹏，纪薇，刘志良，等. 黄河流域甘肃段县域“三生”功能空间时空格局及影响因素识别［J］. 地理科学，2022，42（4）：579-588.

[62] 陕永杰，魏绍康，原卫利，等. 长江三角洲城市群“三生”功能耦合协调时空分异及其影响因素［J］. 生态学报，2022，42（16）：6644-6655.

[63] 李小建，李国平，曾刚，等.经济地理学［M］.北京：高等教育出版社，2006.

[64] 路昌，徐雪源，周美璇. 中国三大城市群收缩城市“三生”功能耦合协调度分析［J］.世界地理研究，2023，32（3）：76-88.

[65] WILLEMEN L，HEIN L，MENSVOORT M E F V，et al. Space for people，plants，and livestock? Quantifying interactions among multiple landscape functions in a Dutch rural region［J］. Ecological Indicators，2010，10（1）：62-73.

[66] PENG J，CHEN X，LIU Y X，et al. Spatial identification of multifunctional landscapes and associated influencing factors in the Beijing-Tianjin-Hebei region，China［J］. Applied Geography，2015，74：170-181.

[67] 康庆，郭青霞，丁一，等.山西省“三生”功能协同/权衡关系分析［J］.自然资源学报，2021，36（5）：1195-1207.

[68] CARPENTER S R，DEFRIES R，DIETZ T，et al. Ecology： Millennium ecosystem assessment： Research needs［J］. Science，2006，314： 257-258.

[69] HAKEN H.大自然成功的奥秘：协同学［M］.上海译文出版社，2018.

[70] 王全喜，孙鹏举，刘学录，等. 黄土丘陵沟壑区“三生”空间的功能权衡与协同时空格局分析：以武山县为例［J］. 中国农业资源与区划，2020，41（11）：122-130.

[71] 杨晓楠，李晶，秦克玉，等.关中—天水经济区生态系统服务的权衡关系［J］.地理学报，2015，70（11）：1762-1773.

[72] 钱彩云，巩杰，张金茜，等.甘肃白龙江流域生态系统服务变化及权衡与协同关系［J］.地理学报，2018，73（5）：868-879.

[73] 彭焕智，周国华，崔树强，等. 湘江流域土地利用多功能性评价及障碍因子识别

［J］．水土保持研究，2022，29（4）：308-315.

［74］卓蓉蓉，余斌，曾菊新，等．中国重点农区乡村地域功能演变及其影响机理：以江汉平原为例［J］．地理科学进展，2020，39（1）：56-68.

［75］崔树强，朱佩娟，周国华，等．"三生"视角下的城市空间功能变化及调控路径：以长沙市为例［J］．长江流域资源与环境，2020，29（8）：1733-1745.

［76］张玉臻，陈阳，王洁，等．黄河流域"三生"功能协调性测度及其差异性优化调控［J］．农业工程学报，2021，37（12）：251-261，321.

［77］冀正欣，刘超，许月卿，等.基于土地利用功能测度的"三生"空间识别与优化调控［J］.农业工程学报，2020，36（18）：222-231，315.

［78］付晶莹，郜强，江东，等.黑土保护与粮食安全背景下齐齐哈尔市国土空间优化调控路径［J］.地理学报，2022，77（7）：1662-1680.

［79］吴宇斌，徐进才，郝润梅，等．呼和浩特市国土空间利用功能评价及优化分区研究［J］．干旱区资源与环境，2022，36（4）：56-63.

［80］刘彦随．现代人地关系与人地系统科学［J］．地理科学，2020，40（8）：1221-1234.

［81］吴传钧．论地理学的研究核心：人地关系地域系统［J］．经济地理，1991（3）：1-6.

［82］方创琳．中国人地关系研究的新进展与展望［J］．地理学报，2004，（S1）：21-32.

［83］吴次芳，宋戈.土地利用学［M］.北京：科学出版社，2009.

［84］盛科荣，樊杰，杨昊昌．现代地域功能理论及应用研究进展与展望［J］．经济地理，2016，36（12）：1-7.

［85］樊杰．地域功能-结构的空间组织途径：对国土空间规划实施主体功能区战略的讨论［J］.地理研究，2019，38（10）：2373-2387.

［86］陈小良，樊杰，孙威，等．地域功能识别的研究现状与思考［J］．地理与地理信息科学，2013，29（2）：72-79.

［87］史莎娜，李晓青，胡宝清．喀斯特地域多功能理论及研究展望［J］．经济地理，2022，42（2）：74-83.

［88］周绍杰，王有强，殷存毅．区域经济协调发展：功能界定与机制分析［J］．清华大学学报（哲学社会科学版），2010，25（2）：141-148，161.

［89］殷平．主体功能区协调发展理论与实践研究［M］.北京：电子工业出版社，2013.

［90］刘树成．中国地区经济发展研究［M］.北京：中国统计出版社，1994.

［91］金相郁．20世纪区位理论的五个发展阶段及其评述［J］．经济地理，2004，（3）：294-298，317.

[92] 徐阳，苏兵.区位理论的发展沿袭与应用［J］.商业时代，2012，580（33）：138-139.

[93] 梁留科，曹新向，孙淑英. 土地生态分类系统研究［J］. 水土保持学报，2003，17（5）：142-146.

[94] 刘超，许月卿，刘焱序，等. 基于系统论的土地利用多功能分类及评价指标体系研究［J］. 北京大学学报（自然科学版），2018，54（1）：181-188.

[95] 邹利林，章丽君，梁一凡，等.新时代国土空间利用功能的科学认知与研究框架［J］.自然资源学报，2022，37（12）：3060-3072.

[96] 冯晓娟，雷国平，马泉来，等. 1990—2020年河南省黄淮海平原国土空间“三生”功能时空演变［J］. 水土保持通报，2022，42（4）：357-364.

[97] 傅伯杰. 地理学：从知识、科学到决策［J］. 地理学报，2017，72（11）：1923-1932.

[98] 李欣，殷如梦，王丹，等.“三生”用地功能分类体系构建与实证分析：以江苏省扬中市为例［J］.南京师大学报（自然科学版），2021，44（2）：55-61.

[99] 金贵，邓祥征，张倩，等. 武汉城市圈国土空间综合功能分区［J］. 地理研究，2017，36（3）：541-552.

[100] 任国平，刘黎明，孙锦，等.基于GRA和TOPSIS模型的都市郊区乡村景观多功能定位［J］.地理研究，2018，37（2）：263-280.

[101] 李文辉，周兴，钟锦玲. 2009-2018年中国农用地多功能利用与乡村发展的时空耦合关系［J］. 水土保持通报，2021，41（5）：244-254.

[102] 曲衍波，王世磊，朱伟亚，等.黄河三角洲国土空间演变的时空分异特征与驱动力分析［J］.农业工程学报，2021，37（6）：252-263，309.

[103] 周浩，金平，夏卫生. 省级国土空间“三生”功能评价及其分区研究：以河南省为例［J］. 中国土地科学，2020，34（8）：10-17.

[104] QI J C, LIU H P, LIU X P, et al. Spatiotemporal evolution analysis of time-series land use change using self-organizing map to examine the zoning and scale effects［J］. Computers, Environment and Urban Systems, 2019, 76.（11）：11-23.

[105] VERBURU P H, EICKHOUT B, MEIJL H V. A multi-scale, multi-model approach for analyzing the future dynamics of European land use［J］. The Annals of Regional Science, 2008, 42（1）：55—77.

[106] 单薇，金晓斌，冉娜，等.江苏省土地利用“生产-生活-生态”功能变化与耦合特征分析[J].长江流域资源与环境，2019，28(7)：1541-1551.
[107] 冉娜. 江苏省国土空间“三生”功能评价及耦合协调特征分析[D].南京：南京大学，2018.
[108] 王成，唐宁. 重庆市乡村三生空间功能耦合协调的时空特征与格局演化[J]. 地理研究，2018，37(06)：1100-1114.
[109] 李睿康，黄勇，李阳兵，等.三峡库区腹地土地功能演变及其驱动机制分析[J].长江流域资源与环境，2018，27(3)：594-604.
[110] 刘愿理，廖和平，李涛，等.山区土地利用多功能时空分异特征及影响因素分析[J].农业工程学报，2019，35(21)：271-279.
[111] 范业婷，金晓斌，甘乐，等. 长三角地区土地利用功能权衡的空间特征及其影响机制[J]. 资源科学，2022，44(8)：1589-1603.
[112] 王劲峰，徐成东. 地理探测器：原理与展望[J]. 地理学报，2017，72(1)：116-134.
[113] 谭伟福.广西十万大山自然保护区生物多样性及其保护体系[M].北京：中国环境出版社，2005.
[114] 周放，周解.十万大山地区野生动物研究与保护[M].北京：中国林业出版社，2004.
[115] 赵旭.基于空间冲突分析的昌黎县“三生”空间优化研究[D].保定：河北农业大学，2019.
[116] 孟鹏，冯广京，吴大放，等.“多规冲突”根源与“多规融合”原则：基于“土地利用冲突与‘多规融合’研讨会”的思考[J].中国土地科学，2015，29(08)：3-9，72.
[117] 胡俊.规划的变革与变革的规划：上海城市规划与土地利用规划“两规合一”的实践与思考[J].城市规划，2010，34(06)：20-25.
[118] 王国恩，唐勇，魏宗财，等.关于“两规”衔接技术措施的若干探讨：以广州市为例[J].城市规划学刊，2009(05)：20-27.
[119] 朱江，邓木林，潘安.“三规合一”：探索空间规划的秩序和调控合力[J].城市规划，2015，39(01)：41-47，97.
[120] 林坚，乔治洋.博弈论视角下市县级“多规合一”研究[J].中国土地科学，2017，31(05)：12-19.
[121] CAMPBELL D J, GICHOHI H, MWANGI A, et al. Land use conflict in kajiado

District, Kenya [J] . Land Use Policy, 2000, 17: 337-348.

[122] RUSU M R. Land conflict : theory and practice [J] . Agricultural Management, 2008, 14 (01) : 69-76.

[123] YUSRAN Y, SAHIDE M A K, SUPRATMAN S, et al. The empirical visibility of land use conflicts: From latent to manifest conflict through law enforcement in a national park in Indonesia [J] . Land Use Policy, 2017 (62) : 302-315.

[124] COCKLIN C. Environmental Values, Confilcts and issuse in evaluation [J] .The Environmentalist, 1998, 8 (2) : 93-105.

[125] EMILIO B.Spatial Dimensions of Conflicts [J] . Geojournal, 1993, 31 (2) : 119-128.

[126] MADULU N F. Lingking poverty levels to water resource use and conflicts in rural Tanzannia [J] .Physics and Chemistry of the Earth, 2003, 28 (20/27) : 911-971.

[127] 谭术魁.中国土地冲突的概念、特征与触发因素研究 [J] .中国土地科学，2008，22 (04) : 4-11.

[128] 周国华，彭佳捷.空间冲突的演变特征及影响效应：以长株潭城市群为例 [J] .地理科学进展，2012，31 (06) : 717-723.

[129] 周德，徐建春，王莉.近15年来中国土地利用冲突研究进展与展望 [J] .中国土地科学，2015，29 (02) : 21-29.

[130] 高磊. 济宁市土地利用空间冲突测度及其调控研究 [D] .泰安：山东农业大学，2019.

[131] 王华，陆艳.长江三角洲区域跨界水资源冲突及其解决途径 [J] .水利技术监督，2010，18 (04) : 11-13，29.

[132] 刘世玉.论企业竞争与冲突对行业经济发展的影响 [J] .财经问题研究，2003 (02) : 81-84.

[133] 程进. 我国生态脆弱民族地区空间冲突及治理机制研究 [D] .上海：华东师范大学，2013.

[134] 沈迟. 我国“多规合一”的难点及出路分析 [J] .环境保护，2015，43 (Z1) : 17-19.

[135] 刘利锋，韩桐魁.浅谈“两规”协调中容易产生的误区 [J] .中国土地科学，1999，13 (03) : 22-25.

[136] 杨树佳，郑新奇.现阶段“两规”的矛盾分析、协调对策与实证研究 [J] .城市规划学刊，2006 (05) : 62-67.

［137］吕维娟，杨陆铭，李延新.试析城市规划与土地利用总体规划的相互协调［J］.城市规划，2004，28（04）：58-61.

［138］王国恩，唐勇，魏宗财，等.关于“两规”衔接技术措施的若干探讨：以广州市为例［J］.城市规划学刊，2009（05）：20-27.

［139］刘彦随，王介勇.转型发展期“多规合一”理论认知与技术方法［J］.地理科学进展，2016，35（05）：529-536.

［140］陈永生. 扬州市规划冲突区域诊断及其协同措施研究［D］.南京：南京农业大学，2016.

［141］CARR M H，ZWICK P. Using GIS suitability analysis to identify potential future land use conflicts in North Central Florida［J］. Journal of Conservation Planning，2005，1（1）：89-105.

［142］闵婕，汪洋，白茹月，等.基于多目标适宜性的山地城市土地利用潜在冲突研究：以重庆市綦江区为例［J］.重庆师范大学学报（自然科学版），2018，35（03）：82-89，150.

［143］冉娜，金晓斌，范业婷，等.基于土地利用冲突识别与协调的“三线”划定方法研究：以常州市金坛区为例［J］.资源科学，2018，40（02）：284-298.

［144］李俏，吴秀芹，王曼曼.荒漠化地区县级潜在土地利用冲突识别［J］.北京大学学报（自然科学版），2018，54（03）：616-624.

［145］TERRYN E，BOELENS L，PISMAN A. Beyond the divide：evaluation in co-evolutionary spatial planning［J］.European Planning Studies，2016，24（6）：1079-1097.

［146］KAPLAN R，KING J，KOSTER R，et al. The Neural Representation of Prospective Choice during Spatial Planning and Decisions［J］.PLOS Biology，2017，15（1）.

［147］GRÊT-REGAMEY A，ALTWEGG J，SIRÉN EA，et al. Integrating ecosystem services into spatial planning—A spatial decision support tool［J］. Landscape and Urban Planning，2016，165：206-219.

［148］MCCALL M K，DUNN C E. Geo-information tools for participatory spatial planning：Fulfilling the criteria for ‘good’ governance?［J］. Geoforum，2012，43（1）：81-94.

［149］吕维娟.城市总体规划与土地利用总体规划异同点初探［J］.城市规划，1998（01）：33-35.

[150] 顾京涛，尹强.从城市规划视角审视新一轮土地利用总体规划［J］.城市规划，2005（09）：9-13.

[151] 赖寿华，黄慧明，陈嘉平，等.从技术创新到制度创新：河源、云浮、广州“三规合一”实践与思考［J］.城市规划学刊，2013（05）：63-68.

[152] 胡飞，吕维娟，林云华，等. 基于利益协调的乡村建设规划许可管理研究：以武汉市为例［C］//中国城市规划学会.城乡治理与规划改革——2014中国城市规划年会论文集. 海口：中国城市规划学会，2014：8.

[153] 尹向东，朱江.面向自然资源统一管理的空间规划指标体系构建［J］.上海城市管理，2018，27（04）：51-55.

[154] 刘菁华，李伟峰，周伟奇，等.权衡城市扩张、耕地保护与生态效益的京津冀城市群土地利用优化配置情景分析［J］.生态学报，2018，38（12）：4341-4350.

[155] 马冰滢，黄姣，李双成.基于生态-经济权衡的京津冀城市群土地利用优化配置［J］.地理科学进展，2019，38（01）：26-37.

[156] 柯新利，郑伟伟，杨柏寒.权衡城市扩张、耕地保护与生态保育的土地利用布局优化：以武汉市为例［J］.地理与地理信息科学，2016，32（05）：9-13，51，（2）.

[157] 孙爱博，张绍良，公云龙，等.国土空间用途的权衡决策方法研究［J］.中国土地科学，2019，33（10）：13-21.

[158] 孔繁宇.基于GIS的“一张图”规划成果管理体系设计［J］.测绘工程，2015，24（09）：66-70.

[159] 杨玲.基于空间管制的“多规合一”控制线系统初探：关于县（市）域城乡全覆盖的空间管制分区的再思考［J］.城市发展研究，2016，23（02）：8-15.

[160] 梁启帆，姚慧英，胡佳，等.“多规合一”背景下综合控制线体系构建研究：基于德清县探索的思考［J］.规划师，2016，32（S2）：190-193.

[161] 王国恩，唐勇，魏宗财，等.关于“两规”衔接技术措施的若干探讨：以广州市为例［J］.城市规划学刊，2009（05）：20-27.

[162] 赵焕巨.层次分析法［M］.北京：科学出版社，1986.

[163] 王小兰，彭立，苏春江.四川省泸州市龙马潭区低丘缓坡建设用地适宜性评价［J］.湖南师范大学自然科学学报，2017，40（03）：7-14.

[164] 赵筱青，普军伟，饶辉，等.云南喀斯特山区城乡建设用地开发适宜性及分区［J］.水土保持研究，2020，27（01）：240-248.

[165] 文博，刘友兆，夏敏，等.基于生态环境保护视角的农村居民点用地布局适宜性评

价：以江苏省宜兴市为例［J］.水土保持通报，2016，36（04）：280-285.

［166］王桂林，江蔚，汪鹏，等."反规划"理念下的山地农村建设用地适宜性评价［J］.重庆交通大学学报（自然科学版），2018，37（09）：66-72.

［167］杨家芳，赵卫权，周文龙，等.脆弱生态约束下的典型喀斯特区域建设用地适宜性评价：以贵州省平塘县为例［J］.重庆师范大学学报（自然科学版），2018，35（06）：124-131，2，144.

［168］孙凌蔚，李月臣，朱康文，等.生态视角下的山区城镇建设用地适宜性评价［J］.重庆师范大学学报（自然科学版），2017，34（03）：121-127，2，141.

［169］崔耀平，吕可文，何春玲，等.生态敏感性限制下的城市建设用地适宜性评价［J］.测绘科学，2016，41（09）：47-53，59.

［170］王成金，张岸.基于交通优势度的建设用地适宜性评价与实证：以玉树地震灾区为例［J］.资源科学，2012，34（09）：1688-1697.

［171］田恬，谷达华，郑财贵，等.基于土地资源限制性等级的重庆市建设用地开发适宜性评价［J］.中国农业资源与区划，2019，40（11）：26-34.

［172］喻忠磊，庄立，孙丕苓，等.基于可持续性视角的建设用地适宜性评价及其应用［J］.地球信息科学学报，2016，18（10）：1360-1373.

［173］陈永生，郭杰，欧名豪.基于景观适宜性评价的建设用地管制分区研究［J］.水土保持通报，2016，36（06）：189-194.

［174］吴艳娟，杨艳昭，杨玲，等.基于"三生空间"的城市国土空间开发建设适宜性评价：以宁波市为例［J］.资源科学，2016，38（11）：2072-2081.

［175］张晓平，何昌明，胡紫红，等.低丘缓坡土地资源综合适宜性评价研究［J］.生态经济，2019，35（03）：166-169.

［176］王雷涛，尹林克，陈艳锋，等.基于GIS的乌鲁木齐市城市荒山建设用地适宜性评价［J］.干旱区研究，2017，34（01）：208-214.

［177］多斯波力·哈力木别克，阿里木江·卡斯木.基于RS和GIS的阿尔泰山南麓城镇建设用地扩张与适宜性评价［J］.生态科学，2017，36（03）：166-174.

［178］穆飞翔，蒲春玲，刘祥鑫.基于GIS的乌鲁木齐市中心城区空间增长边界研究［J］.中国农业资源与区划，2018，39（04）：108-115，175.

［179］岳文泽，王田雨.资源环境承载力评价与国土空间规划的逻辑问题［J］.中国土地科学，2019，33（03）：1-8.

［180］朱梓铭，覃盟琳，宋苑震，等.突发公共卫生事件下社区体检模型的构建与南宁实践

［J］.西部人居环境学刊，2020，35（02）：52-59.

［181］武婷婷. 社会冲突理论视角下城中村改造问题的研究［D］.贵阳：贵州财经大学，2013.

［182］唐凯. 基于经济学视角的空间冲突风险测度及其预警研究［D］.长沙：湖南师范大学，2012.

［183］邬建国.景观生态学：概念与理论［J］.生态学杂志，2000（01）：42-52.

［184］郭丽英. 陕北农牧交错区土地利用景观动态与优化途径研究［D］.西安：陕西师范大学，2008.

［185］陈利顶，李秀珍，傅伯杰，等.中国景观生态学发展历程与未来研究重点［J］.生态学报，2014，34（12）：3129-3141.

［186］李慎鹏，张建新，项广鑫，等.生态文明建设背景下的国土资源环境承载力评价技术［J］.中国农学通报，2018，34（24）：82-87.

［187］刘孝富，舒俭民，张林波.最小累积阻力模型在城市土地生态适宜性评价中的应用：以厦门为例［J］.生态学报，2010，30（02）：421-428.

［188］KNAPPEN J P，SCHEFFER M，HARMS B. Estimating Habitat isolation in landscape planning［J］. Landscape&Urban Planning，1992，23（92）：1-16.

［189］俞孔坚.生物保护的景观生态安全格局［J］.生态学报，1999（01）：10-17.

［190］VOGEL H J，WELLER U，SCHLTJER S.Quantification of soil structure based on Minkowski functions ［J］.Computers & Geosciences，2010，36（10）：1236-1245.

［191］王万忠，焦菊英.中国的土壤侵蚀因子定量评价研究［J］.水土保持通报，1996（05）：1-20.

［192］周伏建，陈明华，林福兴，等.福建省降雨侵蚀力指标R值［J］.水土保持学报，1995，9（1）：13-18.

［193］张盼盼，胡远满，肖笃宁，等.一种基于多光谱遥感影像的喀斯特地区裸岩率的计算方法初探［J］.遥感技术与应用，2010，25（04）：510-514.

［194］李晖，易娜，姚文璟，等.基于景观安全格局的香格里拉县生态用地规划［J］.生态学报，2011，31（20）：5928-5936.

［195］许文雯，孙翔，朱晓东，等.基于生态网络分析的南京主城区重要生态斑块识别［J］.生态学报，2012，32（04）：260-268.

［196］吴健生，岳新欣，秦维.基于生态系统服务价值重构的生态安全格局构建：以重庆两江新区为例［J］.地理研究，2017，36（03）：429-440.

[197] 李宗尧，杨桂山，董雅文.经济快速发展地区生态安全格局的构建：以安徽沿江地区为例［J］.自然资源学报，2007（01）：106-113.

[198] 刘媛. 基于MCR模型的志丹县土地利用生态安全格局构建［D］.西安：长安大学，2017.

[199] 王秋兵，郑刘平，边振兴，等.沈北新区潜在土地利用冲突识别及其应用［J］.农业工程学报，2012，28（15）：185-192.

[200] 陈威，刘学录.基于适宜性评价的潜在土地利用冲突诊断研究：以云南省红河县为例［J］.兰州：甘肃农业大学学报，2015，50（01）：123-130，139.

[201] 闵婕，汪洋，白茹月，等.基于多目标适宜性的山地城市土地利用潜在冲突研究：以重庆市綦江区为例［J］.重庆师范大学学报（自然科学版），2018，35（03）：82-89，150.

[202] 刘巧芹，赵华甫，吴克宁，等.基于用地竞争力的潜在土地利用冲突识别研究：以北京大兴区为例［J］.资源科学，2014，36（08）：1579-1589.

[203] 宋亚男. 基于用地竞争力评价的潜在土地利用冲突研究［D］.武汉：武汉大学，2017.

[204] 冷疏影，李秀彬. 土地质量指标体系国际研究的新进展［J］. 地理学报，1999（02）：83-91.

[205] COLLINS M G, STEINER F R, RUSHMAN M J. Land-use suitability analysis in the United States: historical development and promising technological achievements［J］. Environmental Management, 2001, 28（5）: 611-621.

[206] HOPKINS L D. Methods for Generating Land suitability Maps: A Comparative Evaluation［M］. Washington, DC: Island Press/Center for Resource Economics, 2014.

[207] GAO X, ASAMI Y. The External Effects of Local Attributes on Living Environment in Detached Residential Blocks in Tokyo［J］. Urban Studies, 2001, 38（3）: 487-505.

[208] 张庭伟. 构筑21世纪的城市规划法规：介绍当代美国“精明地增长的城市规划立法指南”［J］. 城市规划，2003（03）：49-52.

[209] 刘慧，樊杰，王传胜. 欧盟空间规划研究进展及启示［J］. 地理研究，2008（06）：1381-1389.

[210] 王根绪，程国栋，钱鞠. 生态安全评价研究中的若干问题［J］. 应用生态学报，2003（09）：1551-1556.

[211] CARVER S. Integrating multi-criteria evaluation with geographical information systems［J］. International Journal of Geographical Information Systems, 1991, 5（3）: 321-339.

[212] DIAKOULAKI D, MAVROTAS G, PAPAYANNAKIS L. Determining objective weights in multiple criteria problems: The critic method [J]. Computers & Operations Research, 1995, 22 (7): 763-770.

[213] DUMANSKI J. Land quality indicators-Preface [J]. Agriculture Ecosystems & Environment, 2000, 81 (2): 81.

[214] 王兴中. 当代国外对城市生活空间评价与社区规划的研究 [J]. 人文地理, 2002 (06): 1-5.

[215] SPENCER J H. An Emergent Landscape of Inequality in Southeast Asia: Cementing Socio-Spatial Inequalities in VietNam [J]. Globalizations, 2010, 7 (3): 431-443.

[216] KIJIMA M, NISHIDE K, OHYAMA A. Economic models for the environmental Kuznets curve: A survey [J]. Journal of Economic Dynamics & Control, 2010, 34 (7): 1187-1201.

[217] CAVIGLIA-HARRIS J L, CHAMBERS D, KAHN J R. Taking the "U" out of Kuznets [J]. Ecological Economics, 2009, 68 (4).

[218] 倪绍祥, 刘彦随. 区域土地资源优化配置及其可持续利用 [J]. 农村生态环境, 1999 (02): 9-13.

[219] 傅伯杰, 陈利顶, 蔡运龙. 环渤海地区土地利用变化及可持续利用研究 [M]. 北京: 科学出版社, 2004.

[220] 陈百明. 基于区域制定土地可持续利用指标体系的分区方案 [J]. 地理科学进展, 2001, 20 (3): 247-253.

[221] 陈百明. 区域土地可持续利用指标体系框架的构建与评价 [J]. 地理科学进展, 2002, 21 (3): 204-215.

[222] 陈逸, 黄贤金, 陈志刚, 等. 城市化进程中的开发区土地集约利用研究: 以苏州高新区为例 [J]. 中国土地科学, 2008, 22 (6): 11-16.

[223] 李红波, 张慧, 赵俊三, 等. 基于元胞生态位适宜度模型的低丘缓坡土地开发建设适宜性评价 [J]. 中国土地科学, 2014, 28 (6): 23-29.

[224] 魏海, 秦博, 彭建, 等. 基于GRNN模型与邻域计算的低丘缓坡综合开发适宜性评价: 以乌蒙山集中连片特殊困难片区为例 [J]. 地理研究, 2014, 33 (5): 831-841.

[225] 李伟芳, 俞腾, 李加林, 等. 海岸带土地利用适宜性评价: 以杭州湾南岸为例 [J]. 地理研究, 2015, 34 (4): 701-710.

[226] 张志斌，巨继龙，陈志杰. 兰州城市宜居性评价及其空间特征［J］. 生态学报，2014，34（21）：6379-6389.

[227] 唐常春，孙威. 长江流域国土空间开发适宜性综合评价［J］. 地理学报，2012，67（12）：1587-1598.

[228] 姜产辉. 北京国土空间结构与未来空间秩序研究：基于主体功能区划框架［J］. 北京社会科学，2011（4）：106.

[229] 陈红霞. 土地集约利用背景下城市人口规模效益与经济规模效益的评价［J］. 地理研究，2012，31（10）：1887-1894.

[230] LI G，FANG C. Quantitative measure and influencing mechanism of land intensive use in China at the county level［J］. 地理学报，2014，69（12）：1739-1752.

[231] 安玉娟，门明新，霍习良，等. 河北省耕地利用集约度变化特征［J］. 地理科学进展，2009，28（4）：611-616.

[232] 郑百龙，翁伯琦，周琼. 台湾“三生”农业发展历程及其借鉴［J］. 中国农业科技导报，2006，8（4）：67-71.

[233] 方创琳，贾克敬，李广东，等. 市县土地生态-生产-生活承载力测度指标体系及核算模型解析［J］. 生态学报，2017，37（15）：5198-5209.

[234] 陈德强. 贵港市区土地利用功能评价研究［D］. 南宁：广西师范学院，2017.

[235] 吴艳娟，杨艳昭，杨玲，等. 基于“三生”空间的城市国土空间开发建设适宜性评价：以宁波市为例［J］. 资源科学，2016，38（11）：2072-2081.

[236] 洪惠坤. “三生”功能协调下的重庆市乡村空间优化研究［D］. 重庆：西南大学，2016.

[237] 陆启荣. 国土生态空间评价研究进展与展望［J］. 广东土地科学，2014（4）：12-17.

[238] 刘钰. 生态空间评价及控制研究［D］. 上海：复旦大学，2012.

[239] 傅伯杰，于丹丹，吕楠. 中国生物多样性与生态系统服务评估指标体系［J］. 生态学报，2017，37（2）：341-348.

[240] 张景鑫. 基于“三生”空间的区域国土空间利用质量及耦合协调度评价：以苏南城市群为例［J］. 农业科学研究，2017，38（3）：57-63.

[241] 李秋颖，方创琳，王少剑. 中国省级国土空间利用质量评价：基于“三生”空间视角［J］. 地域研究与开发，2016，35（5）：163-169.

[242] 曾宪报. 组合赋权法新探［J］. 预测，1997（5）：69-72.

[243] 江强强，方堃，章广成. 基于新组合赋权法的地质灾害危险性评价［J］. 自然灾害

学报，2015（3）：28-36.

［244］叶霜，李承茨，邱霞，等．基于组合赋权的TOPSIS模型在果实品质评价中的应用［J］．西北农林科技大学学报（自然科学版），2017，45（10）：111-121.

［245］宋冬梅，刘春晓，沈晨，等．基于主客观赋权法的多目标多属性决策方法［J］．山东大学学报（工学版），2015，45（4）：1-9.

［246］邵晓梅，刘庆，张衍毓．土地集约利用的研究进展及展望［J］．地理科学进展，2006，25（2）：85-95.

［247］王静，邵晓梅．土地节约集约利用技术方法研究：现状、问题与趋势［J］．地理科学进展，2008，27（3）：68-74.

［248］宋维佳，贺雷．辽宁沿海经济带土地集约利用问题研究［J］．城市发展研究，2011，18（8）：53-58.

［249］陈雯，孙伟，禚振坤．无锡都市区制造业的区位决策影响与适宜性分区［J］．地理科学进展，2009，28（6）：926-931.

［250］湛东升，孟斌，张文忠．北京市居民居住满意度感知与行为意向研究［J］．地理研究，2014，33（2）：336-348.

［251］李王鸣，叶信岳，孙于．城市人居环境评价：以杭州城市为例［J］．经济地理，1999（2）：38-43.

［252］王德利，杨青山．北京城区交通便捷性空间分异特征及问题分析［J］．经济地理，2012，32（10）：49-55.

［253］乔标，方创琳，黄金川．干旱区城市化与生态环境交互耦合的规律性及其验证［J］．生态学报，2006，26（7）：2183-2190.

［254］姜涛，袁建华，何林，等．人口-资源-环境-经济系统分析模型体系［J］．系统工程理论与实践，2002，22（12）：67-72.

［255］毛齐正，罗上华，马克明，等．城市绿地生态评价研究进展［J］．生态学报，2012，1（17）：5589-5600.

［256］傅伯杰，吕一河，陈利顶，等．国际景观生态学研究新进展［J］．生态学报，2008，28（2）：798-804.

［257］李雪．陕西省耕地资源安全预警研究［D］．西安：西北大学，2013.

［258］徐美．湖南省土地生态安全预警及调控研究［D］．长沙：湖南师范大学，2013.

［259］马世骏，王如松．社会-经济-自然复合生态系统［J］．生态学报，1984，4（1）：3-11.

[260] 谷树忠，胡咏君，周洪．生态文明建设的科学内涵与基本路径［J］．资源科学，2013（01）：2-13.

[261] 张惠远，张强，刘淑芳．新时代生态文明建设要点与战略架构解析［J］．环境保护，2017（22）：28-31.

[262] 邓祥征，林英志，黄河清．土地系统动态模拟方法研究进展［J］．生态学杂志，2009，28（10）：2123-2129.

[263] 刘彦随．土地利用优化配置中系列模型的应用：以乐清市为例［J］．地理科学进展，1999，18（1）：26-31.

[264] 蒋伟．《我们共同的未来》简介［J］．城市环境与城市生态，1988（01）：46-47.

[265] 胡序威．国土规划与区域规划［J］．经济地理，1982（1）：3-8.

[266] 黄镇海．现代社会的质量概念［J］．自然辩证法研究，2009（7）：33-36.

[267] 尤建新．质量的价值观探讨：企业与顾客质量价值观的统一［C］.首届亚洲质量网大会暨中国质量学术论坛，2003：17-19.

[268] 方创琳，马海涛，李广东，等．城市群地区国土空间利用质量提升理论与技术方法［M］．科学出版社，2017.

[269] 黄金川，林浩曦，漆潇潇．面向国土空间优化的“三生”空间研究进展［J］．地理科学进展，2017，36（3）：378-391.

[270] 张红旗，许尔琪，朱会义．中国“三生用地”分类及其空间格局［J］．资源科学，2015，37（7）：1332-1338.

[271] 刘玉，刘彦随，郭丽英．乡村地域多功能的内涵及其政策启示［J］．人文地理，2011（6）：103-106.

[272] 付刚，肖能文，乔梦萍，等．北京市近二十年景观破碎化格局的时空变化［J］．生态学报，2017，37（8）：2551-2562.

[273] 董小俊．南方红壤丘陵区森林景观格局分析和优化研究［D］．北京：首都师范大学，2014.

[274] 徐建华．计量地理学［M］．北京：高等教育出版社，2014.

[275] 方创琳，马海涛，李广东，等．城市群地区国土空间利用质量提升理论与技术方法［M］．北京：科学出版社，2017.